互联网+时代的教育信息化理论发展丛书　　主编　胡钦太

本丛书系教育部－中国移动科研基金“教育信息化理论研究”项目（MCM20121011）成果

超越与变革：
翻转课堂与项目学习

Chaoyue yu Biange

柯清超　著

高等教育出版社·北京

图书在版编目(CIP)数据

超越与变革:翻转课堂与项目学习/柯清超著.--北京:高等教育出版社,2016.4(2018.10重印)

(互联网+时代的教育信息化理论发展丛书/胡钦太主编)

ISBN 978-7-04-044797-2

Ⅰ.①超… Ⅱ.①柯… Ⅲ.①网络教学-研究 Ⅳ.①G434

中国版本图书馆CIP数据核字(2016)第018976号

策划编辑 王玉衡　责任编辑 丁艳红　封面设计 张 志　版式设计 童 丹

责任校对 杨凤玲　责任印制 刘思涵

出版发行	高等教育出版社	网　址	http://www.hep.edu.cn
社　址	北京市西城区德外大街4号		http://www.hep.com.cn
邮政编码	100120	网上订购	http://www.hepmall.com.cn
印　刷	山东临沂新华印刷物流集团		http://www.hepmall.com
开　本	787mm×1092mm 1/16		http://www.hepmall.cn
印　张	19.75		
字　数	360千字	版　次	2016年4月第1版
购书热线	010-58581118	印　次	2018年10月第2次印刷
咨询电话	400-810-0598	定　价	52.00元

物 料 号　44797-00

总　　序

科学技术创新在推动社会发展的同时,也推动着教育的变革。信息技术作为一种基础性、变革性的技术,改变了人类知识创造与传播的方式,改变了整个教育生态,影响着教育的理念、模式以及走向。信息技术在教育中的广泛渗透与应用,将促进人类教育的第三次革命。

教育信息化是教育在信息时代发展与转型的过程,是教育体系发生深层变革的过程。教育信息化既是我国当前教育发展路径的战略选择,也是学校传统教育变革的实践领域,更是当代教育与学习科学研究需要解决的重大课题。

教育信息化作为一个研究领域,需要从宏观、中观、微观多个层次、多个角度去开展研究。在宏观层面,需要解决政府的发展政策、发展路径、资源配置等问题;在中观层面,需要解决如何应用信息技术促进学校的基础性变革,构建信息时代的学校教育教学模式等问题;在微观层面,需要研究学习者在信息技术环境下的认知与学习规律、学习行为,指导并重新设计教学。

"互联网+"战略的提出为教育信息化研究提供了新的思路。在线教育与学校教育的融合,是教育信息化发展的新趋势。"互联网+"教育发展战略的核心是应用互联网的创新思维、创新成果与教育教学的本质规律相结合,形成对教育政策、机制体制、学校、课程与教学等因素的重新定位与思考,探索应用互联网思维改造传统教育的方法与途径。

2012年,教育部—中移动科研基金启动了教育信息化的专项研究课题,本人有幸作为主持人,负责"教育信息化理论研究(编号:MCM20121011)"课题的研究。其目标是针对"如何构建与应用教育信息化理论,指导和促进中国教育信息化良性发展"这一重大问题,围绕教育信息化的理论框架、发展战略、绩效评价体系、标准体系、学校实践等领域开展系列研究,形成教育信息化的系统理论、方法与实践模式,指导我国教育信息化的实践与创新。

本套丛书是该研究课题成果的梳理与总结,是整个课题组共同努力的结果。丛书围绕着"信息技术对教育具有革命性影响"这一命题,既论述了"互联网+"时代教育信息化发展的基本理论、发展战略、技术规范与绩效评价,又论述了智慧校园、电子书包、信息化环境建设与应用;同时论述了资源建设、新型教育教学模式等内容。从书由课题的子课题负责人参与撰写。

本课题在研究过程中得到了教育部科技司及课题研究合作单位清华大学、北京大学、中山大学、西北师范大学相关学者、教授的支持，在此一并表示感谢！

胡钦太

2015年10月28日

前　言

社会发展与转型呼唤人类产生第三次教育革命。信息技术改变人类知识创新与分享的方式,网络化新思维、新技术已完成对整个教育生态的渗透,推动着教育理念、教学内容、教学方法、学习方式和管理模式的深刻变革。网络技术教学应用的深入发展催生了一系列新型教育教学模式,如翻转课堂、网络自组织学习、大规模在线开放课程、项目学习等,它们从不同角度颠覆了以班级授课制为核心的学校教学模式。

传统学校教学以课堂为中心、以教师为中心、以应试为中心,教学评价主要是为了区分学生等级,给学生贴上“学霸”“学渣”的标签,并非测试他们的实际能力。传统学校已无法培养出工业 4.0 社会与“互联网+”时代真正需要的创新人才,学校“标准化课堂”的教学理念、课程体系、教学方法越来越脱节于社会的发展。

信息社会需要具有能够从事创造性劳动的人才,而不是工业社会里从事标准化劳动的工人。全球视野、信息素养、批判性思维、数据建模与分析、复杂问题解决、数字化学习能力等已成为信息社会人才的基本要求,传统的课堂教学已无法满足信息时代创新人才培养的要求。

技术创新为学校变革传统教育教学提供了新的可能。网络技术为学校拓宽传统教学时空、改变教学内容呈现、革新教学组织与管理、转变师生关系提供了新的手段,成为了现代学校的基础支撑与创新动力。学校教学环境由原来的封闭教室演变为自由开放的教学时空,传统的师授生接的教学方式也逐步演化为多样化的自组织学习、个性化学习,建构于网络思维之上的翻转课堂、大规模在线开放课程,把学校传统的封闭式标准化课堂教学转变为开放、个性化的教学体系,让所有学生处处可学、时时可学。

生长于信息社会的“数字土著”——新一代学习者,他们认知与学习行为的改变,加速了传统学校教育模式的转变。新一代学习者习惯非线性思维、超文本阅读、图形化思考、信息并行处理等,他们这种学习行为的改变,要求教师的教学行为做出调整,学与教的改变不断推动学校的课程、管理、政策、机制体制等做出根本性的变化,从而实现学校的结构性变革。

信息时代学校教育大变革是社会转型的需要,是技术创新的赋能,是下一代学习者的推动。但从传统教育模式向新教育模式转变,需要跨越漫长的时间,因为人类教育的发展如同大自然进化般缓慢。目前我们仍然处在新旧两种学校系统并存的时代,学校教学改革的重要任务是要积极吸收在线教育的创新思维、创新模式,促进学校教育与在线教育的深度融合。

翻转课堂借助网络的连接技术,拓宽课堂时空,变革传统教学流程,重新定义了课堂的概念;项目学习通过网络的协作互动,以问题解决为核心,重构知识建构体系,重新定义了学习的概念。这些具有鲜明时代特征的教学模式,就像教育变革大潮中的两朵小水花,亮丽夺目,激发了人们探索信息时代新型教育模式的热情。

笔者对翻转课堂的关注始于可汗学院和国际学术会议对翻转课堂理念的传播。2011 年开始,笔者应邀到一些地区教研部门开设翻转课堂、微课设计方面的讲座,并参与学校翻转课堂实践的研讨与指导。在实践中发现,微课、翻转课堂等理念得到一线教师们的广泛认同,有时一场讲座听众上千人。但笔者在此期间依然感觉到,目前国内的翻转课堂实践还处于初期的模仿甚至是生搬硬套的阶段,应用翻转课堂真正改变学校传统课堂的案例寥寥无几。如何把来自自由网络世界的创新教学模式融入传统学校教学体系中,这是一个值得持续研究与探索的问题。

笔者对项目学习的关注则源于自己参与的由教育部基础二司、中央电教馆组织实施的多个教育信息化国际合作项目,包括教育部-微软“携手助学”项目、中国和联合国儿童基金会远程协作学习项目、中国和联合国儿童基金会“技术启迪智慧”项目、中国教育发展基金会-戴尔“互联创未来”项目等。从 2006 年起,这些项目在全国先后组织了数百所学校,应用项目学习的理念开展教改实践,形成了大量富有创意的教学案例。在此过程中,笔者培训了数百所项目学校的教师,与项目学校的学生进行了广泛深入的交流,分享了他们开展项目学习带来的收获与乐趣。2010 年,笔者与中央电教馆的郑大伟主任合著出版了《信息技术支持的项目学习》。此外,近年来还指导了多名研究生参与项目学习研究与实践,这些研究生完成了多篇硕士学位论文:《校际远程协作学习模式的对比研究》(熊姿,2010 届)、《项目学习中学习支架的设计研究》(张晓娜,2011 届)、《项目学习的评价研究》(魏忠英,2011 届)、《项目学习促进学生高阶思维能力发展的研究》(李小逵,2011 届),本书项目学习的很多内容就来源于这些研究成果。

本书是笔者近年来在翻转课堂与项目学习领域研究与实践的一个梳理与总结。全书着眼于学校教学改革与创新,分别论述了翻转课堂与项目学习的基本理念、基本方法、基本模式与基本操作，希望借此帮助教师开展翻转课堂与项目学习实践，促进信息技术与教学的深度融合，超越与变革传统学校课堂教学。

本书的主要内容来源于上述的教育信息化与学校教改项目实践，是笔者和笔者带领的研究生团队共同努力创作的结果。笔者的研究生团队为本书的资料与案例整理付出了辛勤劳动，包括李永剑、张文、崔珊珊、黄倩影、刘宇琪、刘其秋、孙蓉菲、黄思娜、黄伟娟、王朋利等同学，在此表示衷心感谢！本书引用了中山市教研室李宇韬老师的“平行四边形的面积”案例，广州市华景小学马伟豪老师的“三角形复习课”案例，深圳南方科技大学附属学校唐晓勇老师的“蚂蚁行为探究”案例，深圳福民小学与甘肃平凉市东大街小学、平凉市新民路小学、兰州市秦安路小学合作的“校园植物知多少”案例，四川苍溪县陵江镇第一小学校与成都市人北小学合作的“我种豆芽”案例，在此一并表示感谢！由于笔者水平有限，如有不当之处，敬请指正。

柯清超

于华南师范大学

2015 年 8 月

目　录

第一章

信息时代的教学变革与创新

网络时代下，各种突破传统课堂的新型教育教学模式不断涌现，如翻转课堂、网络化自组织学习、项目学习、大规模在线开放课程等，其核心是应用互联网的新技术与新思维拓宽教学时空，创新教学组织方式，构建新型课程与教学形态。翻转课堂借助网络的连接技术，拓宽课堂时空，变革传统教学流程，重新定义了课堂的概念；基于项目的学习通过网络的协作互动，以问题解决为核心，重构知识体系，重新定义了学习的概念；大规模在线开放课程利用网络的开放分享特征，应用自组织方式整合教育资源，实现社会化开放学习，重新定义了课程的概念。学校教育应积极吸收在线教育的新理念、新方法，推动学校教育与在线教育的深度融合，实现“互联网+”时代学校教育模式的变革与创新。

第一节　互联网重构教学形态

互联网具有连接、开放、共享等特征，是天然的知识创新、传播与分享工具。互联网技术在教育教学中的应用，重构了原来的师生关系、教育资源供给方式，近年来，在学校教育信息化变革大潮中，网络发挥了催化剂的作用，催生了大量具有网络时代特色的新型教学模式，推动学校教学由封闭走向开放。

一、学校教学由封闭走向开放

传统的学校课堂教学往往受限于时间地域等要素，容易出现优质教学资源不均衡、教育孤岛、难以实施个性化教学等问题。网络技术改变了人类存储、创造、分享与传播知识的方式，推动了知识全球化发展。同时网络连接也为师生的协作、互动与交流提供了全新工具与手段，这些新技术在教育中的应用，使得传统的课堂受到了强烈的冲击，教学环境由原来的封闭教室演变为自由开放的教学时空，传统的师授生接的教学方式也逐步演化为多样化的自组织学习、个性化学习。近年来涌现出来的各种教学模式，如翻转课堂、混合式学习、大规模在线开放课程等，呈现出非常鲜明的网络化特征：开放、融合、个性化，其教学时空、教学组织方式较传统课堂教学发生了质的变化。在教学组织方式上，由传统的封闭式课堂，发展到基于网络互连的翻转课堂式教学、整合网络与传统课堂优势的混合式教学，形成了整合传统课堂与网络时空的"半开放式"的教学系统；大规模在线开放课程则是完全依赖于网络的社会化学习，是自组织的深度协作式、开放式教学，其教学时空、师生关系进一步多元化（如图 1.1.1 所示）。

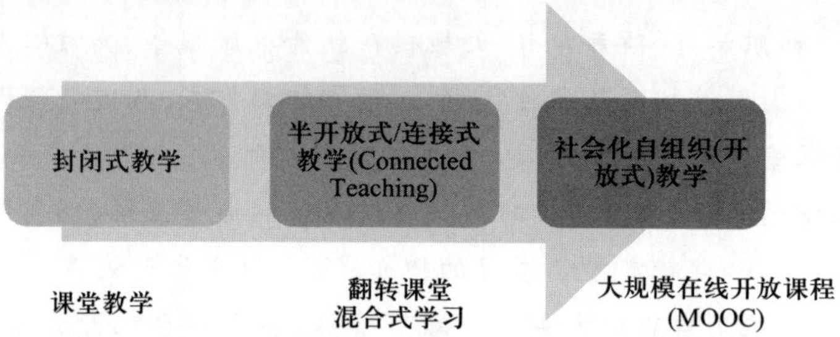

图 1.1.1　网络时代教学由封闭走向开放

网络环境下的翻转课堂、项目学习、大规模在线开放课程等新型教学模式为新一代个性化学习提供了更大限度的选择自由。网络时代的学习者不受固定的学校、课程、教师、学习方式的限制，他们可以选择自己喜欢的认知与学习方式、学习路线、学习时空进行学习。学校整合了网络新型教学方式，能够更好地实现学校群体化课堂教学与学生个性化学习的融合。

二、超越传统课堂教学的新模式

网络教学对传统课堂教学的超越，体现在课程内容、教学时空、组织方式、教学评价等诸多方面，其目标是更好地服务于学生的个性化、自主化、多样化发展要求。如何应用网络技术突破传统课堂教学的局限，形成信息时代的新型教育教学模式，是人类在信息时代进行教学研究与教育实践的热点之一。近年来，经过广泛深入探索并获得较大范围认同的新型教学模式主要有：翻转课堂、项目学习和大规模在线开放课程等。这些教学模式在课程内容、教学内容、组织方式、教学评价等不同角度超越了传统的课堂教学，为信息时代教育教学的变革与创新提供了新的思维与视角。

（一）翻转课堂

翻转课堂（the Flipped Classroom）也被翻译为"颠倒的课堂"，起源于美国，近年来随着网络的传播，其教学理念与模式席卷全球基础教育界，获得了广泛的关注与实践探索。翻转课堂的核心目的是应用网络连接技术,实现对知识传授和知识内化这两个教学环节的优化,重构课堂教学中的师生角色、课堂时间安排和教学流程等要素,实现对传统课堂教学模式的改革与创新。

翻转课堂的核心是借助网络连接技术打破传统教学时空的局限,实现对传统课堂教学流程的"翻转"。如可汗学院(Khan Academy)的翻转课堂式教学,学生晚上在家自主观看可汗学院网站的教学视频来学习新知识,第二天回到教室做作业,遇到问题时与同学和老师讨论,与传统教学中白天听课、晚上做作业的教学方式完全"颠倒"。实践者们普遍认为这种教学流程的"翻转"有利于照顾到每位学生的个性化学习需要,更有助于学生对知识的理解内化。

(二)项目学习

项目学习(Project-Based Learning,简称 PBL)主要源自美国教育家杜威(Dewey)倡导的"从做中学(learning by doing)"。"做项目"在美国教育中有着长期的传统,项目学习就是源于这种传统。近年来,随着网络教学应用的普及,项目学习与网络技术融合,形成另一种超越传统课堂、以学生为中心的新型教学模式。项目学习是一种把项目管理的理念应用于教学中的教学模式,它强调以学生为中心,强调学生在教师的指导下围绕现实生活中的真实问题,让学生扮演特定的社会角色,运用学科的基本概念和原理,借用多种资源、工具和技术,通过调查、观察、探究、交流、展示、分享等方式开展实践探究活动,解决一系列问题,从而获取知识和技能。

项目学习突破了传统教学中以"教师、课程、课堂"为中心,体现了以"学习者、经验、活动"为中心的理念,是一种以学生为中心的教学模式,支撑它的教育理论主要有建构主义学习理论、杜威的实用主义教育理论和布鲁纳(Bruner)的发现学习理论等。

近年来我国多个大型教育信息化国际合作项目,均采用了项目学习的理念,在上千所学校开展了网络环境下项目学习的教改研究,形成了大量优秀教学案例。这些国际合作项目包括:中国和联合国儿童基金会远程协作学习项目、中国和联合国儿童基金会"技术启迪智慧"项目、教育部-微软"携手助学"项目、中国教育发展基金会-戴尔"互联创未来"项目等。

(三)大规模在线开放课程

大规模在线开放课程(Massive Open Online Courses,简称 MOOC)是最近几年兴起的一种网络课程教学方式。第一门 MOOC 课程由加拿大学者乔治·西门子(George Siemens)与斯蒂芬·唐斯(Stephen Downes)在 2008 年按照关联主义学习理论的原则,利用社会网络软件组织实施的,课程名称为"联通主义和联通的知识(Connectivism and Connective Knowledge)”。亚历山大麦考利(Alexander McAuley)等认为MOOC是免费注册的,支持公开分享与开放式成果的课程,它整合了社会化网络、在线资源并由所学领域的领先实践者负责指导,更为重要的是MOOC依靠学习者的参与,学习者将根据自身的学习目标、先前的知识与技能、共同兴趣爱好来参与自我组织的活动①。英格德瓦(Inge de Waard)认为MOOC将愿意交换知识和经验的参与者集合起来,课程参与者和组织者能够根据需要随时修正课程,允许他们使用信息建构个人观点与项目②。唐斯(Downes)认为MOOC是符合分布式关联模型的课程,课程内容是由围绕学科领域的资源群而不是每个学习者必须学习的线性材料构成的……参与者需要创建属于自己的材料,……(参与者)需要自行选取感兴趣且对自己有用的材料,并在这些材料的基础上创建或形成个性化视角与观点③。MOOC的理念在后续的大量网络化教学实践中不断发展,逐步向实用主义的方向演化。

2012年,一些大学机构在开放教育资源的基础上,融合MOOC的教学理念,开发Coursera、Udacity、edX三大MOOC课程平台,整合了大量名校的课程视频资源,为世界各地的网络学习者提供优质的高等教育课程。

第二节　翻转课堂

“翻转课堂”作为超越传统课堂教学的新模式之一,在全球教育界备受关注。翻转课堂也称颠倒课堂,它通过对知识传授和知识内化这两个教学环节的颠倒安排,改变传统教学中的教学理念、教学流程和师生角色,并对课堂时间进行重新分配和调整,以帮助事务繁忙和学习有困难的学生自定步调学习,促进学生的自主学习和教师专业发展,从而实现对传统教学模式的革新。本节将主要介绍翻转课堂的教学特点,并通过翻转课堂的教学案例展示其核心理念。

一、翻转课堂的教学特点

翻转课堂起源于美国科罗拉多州落基山的林地公园高中,国内外对翻转

---

① Alexander McAuley, Bonnie Stewart, George Siemens, Dave Cormier. The MOOC Model for Digital Practice[EB/OL]. http://bit.ly/GWB7hL.

② Inge de Waard. MOOC Guide[DB/OL]. http://bit.ly/GT7a0M.

③ Downes. Access 20ER: The CCK08 Solution[DB/OL]. http://halfanhour.blogspot.com/2009/02/access2oer-cck08-solution.html.

课堂的定义众多,但本质基本相似。翻转课堂实质上是利用网络技术和创新活动设计,从根本上影响学生的学习方式,改变教学流程,使学生从传统的课堂听讲转变为课下观看微型教学视频、自主学习知识,课堂上和教师、同学共同解决在学习中遇到的问题,进一步完成自身知识体系建构的一种新型教学模式。因此本书所采纳的翻转课堂定义为:翻转课堂就是在信息化环境中,课程教师提供以教学视频为主要形式的学习资源,学生在上课前观看和学习教学视频等学习资源,师生在课堂上完成作业、答疑、协作探究和互动交流等活动的新型教学模式①。

翻转课堂有着不同于传统课堂的教学特点。教学过程通常包括知识传授和知识内化两个阶段。传统课堂教学模式下,知识传授通过教师在课堂中的讲授来完成,知识内化则是由学生在课后通过作业、练习或操作来实现。而"翻转课堂"教学模式变革了传统的教学流程,将知识传授和知识内化两个阶段的顺序颠倒过来:翻转课堂的知识传授阶段在课前进行,学生课前利用教学视频等教学材料对新知识进行自主学习,并独立思考解决问题;课中,教师通过对学生课前学习所遇到的问题进行交流答疑,组织开展各种交互学习活动,并且教师提供充分的个性化辅导帮助学生完成知识内化过程。因此,首先,翻转课堂颠倒了传统的教学理念,强调"以学生为中心",真正做到了"因材施教";其次,它颠覆了传统的教学流程,将新知识的学习放在课前,课上则以小组协作学习和教师答疑解惑为主;再次,它颠倒了教师和学生的角色。此外,通过传统课堂与翻转课堂各要素的对比能更好地反映出翻转课堂的教学特点,具体对比情况如表 1.2.1 所示

表 1.2.1　传统课堂与翻转课堂各要素的对比情况②

	传统课堂	翻转课堂
教师	知识传授者、课堂管理者	学习指导者、促进者
学生	被动接受者	主动研究者和学习者
教学形式	课堂讲解+课后作业	课前学习+课堂探究
课堂内容	知识讲解传授	交流答疑、交互学习活动、个性化辅导
技术应用	内容展示	自主学习、交流反思、协作讨论

① 钟晓流,宋述强,焦丽珍.信息化环境中基于翻转课堂理念的教学设计研究[J].开放教育研究,2013,(2):58-63.

② 张金磊,王颖,张宝辉.翻转课堂教学模式研究[J].远程教育杂志,2012,(04):46-51.

二、翻转课堂的教学案例

教育改革与教育信息技术的深度融合,使得教师的“教”与学生的“学”发生了质的变化。在推动教育创新、落实教学改革的进程中,许多一线教师勇于创新,积极进行翻转课堂教学实践尝试,从而催生了一系列优秀的翻转课堂创新教学案例,广东省中山市教研室李宇韬老师的“平行四边形的面积”便是其中一个有效的教学示范实例。“平行四边形的面积”是数学五年级上册人教版第六单元第一课时的内容,主要讲述的是平行四边形面积计算公式的推导过程。李宇韬老师采用翻转课堂教学模式,课前由学生利用微课视频学习平行四边形面积的计算公式;课中针对学生课前自主学习出现的问题设计了交流答疑、智慧碰撞和练习提升三部分教学活动,以此帮助学生完成知识内化的过程。

(一)课前学生自学

在李宇韬老师的“平行四边形的面积”翻转课堂教学实践中,课前,学生先在电脑室通过观看微课视频进行自主学习(见图 1.2.1),并完成配套的学习任务单。李宇韬老师的“平行四边形面积”微课视频以“面积的概念”为切入点,以“长方形的面积推导”为铺垫,借助“平行四边形中相关线段的长度”展开臆想,引导学生根据个体学习情况将未知转化为已知来推导验证平行四边形的面积,最后回顾学习过程凸显转化方法。学生在利用微课视频自学的过程中,充分地经历了阅读、动手、操作、思考、探索等过程,不仅获得了平行四边形面积的知识与技能,更是积累了完整的数学思考经验。

此外,李宇韬老师在其翻转课堂实践中总结出监控学生微课学习过程的三个策略:一是关注微课中的提问设计;二是通过“暂停”,让学生思考;三是配套的学习任务单。学习任务单中设有学习思考题,课本练习题,以及询问学生关于“平行四边形面积”、疑惑与不明白之处的主观题。学习任务单有助于老师了解学生的学习情况,为接下来课中的答疑、解惑环节作铺垫,提高教学效率。

(二)课中答疑解惑

“平行四边形的面积”翻转课堂教学实践案例的“课中”设置了“交流答疑”“智慧碰撞”“练习提升”三个环节。“交流答疑”环节中,学生首先自由表达,交流课前学习的收获,分享思考的经验,以及指出学习过程中值得注意的内容等;接着小组协助解决学习任务单“自主练习”中的错题;最后学生针对课前学习中的疑惑问题进行小组交流,师生互动。“智慧碰撞”环节,教师针对学

图 1.2.1　学生课前通过微课进行自主学习

生学习“平行四边形面积”时的疑惑问题以及教学重点知识进行统一答疑，并详细讲解数格子求平行四边形面积以及把平行四边形转化为长方形的方法(见图 1.2.2)。“练习提升”环节，教师通过设置针对性练习和发展性练习，使学生从知识到能力得到提升。

课中“交流答疑”“智慧碰撞”“练习提升”这一系列具有导向性的活动，不但解决了学生在课前自主学习中遇到的问题，而且进一步帮助学生内化所习得的知识。

图 1.2.2　课中教师讲解知识

李宇韬老师的翻转课堂教学实践，由课前的自主学习为学生提供了自主阅读、探究和思考的途径，由课中的教学环节激发了学生达到自知、自醒、自觉的学习状态。这种课前借助微课视频进行自主学习，课中通过交流答疑、师生互动、自主练习解决教学问题的方式，有效解决了传统课堂中学生有效学习时间不足、教学资源缺乏、问题解决不够深入等问题，通过课前—课中这种颠倒式的教学活动组织安排，使得学生有更充分的时间熟练掌握新知，并且有充分的机会内化和升华知识。这样的一种新型教学模式为教育改革注入了新的活力，为有效课堂构建了新的元素。

第三节　项目学习

项目学习强调学生基于现实问题的主动探究，是实现传统课堂教学革新的一种新型教学模式，有助于促进应试教育向素质教育转化。选择合适的主题开展项目学习，组织学生以团队协作的方式围绕该主题进行综合实践活动，并形成项目成果进行展示交流，这有助于促进学生的有意义学习，帮助学生实现知识建构，发展学生高层次思维，帮助学生掌握21世纪技能，从而促进学生的全面发展。

一、项目学习的教学特点

项目学习强调以“学”为中心，改变了传统以“教”为中心的课堂教学惯性。师生形成学习共同体并进行协作学习，共同探究某一特定主题，并针对主题开展教学实践活动，最终形成可视化的学习成果并相互交流，从而促进学习者知识体系的建构和思维的发展。项目学习与传统的教学相比有以下特点。

（一）围绕特定主题展开教学实践活动

项目学习强调学生利用所学知识和信息技术工具在教师的指导下围绕特定主题展开教学实践活动。项目学习的主题一般是现实生活中真实而具体的问题，而不是单纯而抽象的某个学习问题，这更容易激发学生的学习兴趣。学生在丰富多彩的实践活动中要充分利用多方面的知识与技能，如利用多媒体和网络等信息技术，通过实践体验、知识学习、创造想象等多种途径来完成学习任务。学生在实践活动中体验、学习，不断提高高层次思维能力，实现全面发展。

（二）开展团队协作学习形成项目成果

项目学习强调学生之间的协作交流，学生自发形成学习共同体，在教师的指导下围绕特定主题开展合作探究。学生在学习共同体内部根据任务和兴趣进行合理分工，并以各种形式开展合作探究。学生在学习过程中针对学习任务协商、讨论观点看法，开展实验探究，最终形成一致意见。项目学习能充分调动学生学习的积极性和合作学习的热情,有助于加强学生之间的相互理解和思想交流,培养学生的团队精神和人际交往能力。另外,项目学习最终要在活动过程和活动结束后产生一系列的学习成果,学生可以根据项目学习的活动内容形成不同形式的最终成果,如语言类的研究报告,数字类的调查文章,艺术类的歌舞、小品、绘画等。

(三)任务驱动促进多学科深度融合

"项目学习围绕真实问题开展"这一核心也就决定了其以任务为驱动的教学特点,而项目学习的实施首先需要对学习主题进行解析以形成不同的任务,并对任务完成的流程进行清晰地规划。由于学习主题来源于现实生活情景,所以为了解决问题要完成的任务必定也是错综复杂的,这需要学生综合运用多学科知识和技能。

(四)多样化评价符合学生个性化发展需要

项目学习的真实性、协作性、实践性等特性也决定了项目学习的评价需综合学生参与项目的表现、任务的完成情况等多个方面,它贯穿于整个教学过程中,与传统课堂教学中的总结性评价方式不同。另外,项目学习根据学生的自身兴趣选择学习主题和内容,充分尊重每个学生的特殊需要,强调学生在丰富的学习实践活动中的个性化学习体验和创造性表现。项目学习给学生充分的自主选择权,从主题的确定、任务的解析、资料的收集到成果的展示都由学生自主完成。

二、项目学习的教学案例

"正午测量"项目(http://www.k12science.org/curriculum/noonday/)是一个面向全世界学生的国际项目(见图 1.3.1),主题是让学生采用一种特殊的方法来测量地球的周长。项目通过校际远程协作的方式,使纬度不同的两个地区的学生通过应用通讯工具结成学习共同体,合作测量出地球的周长。学生在项目实践过程中不仅可以掌握测量地球周长的方法,学习综合应用多个学科的知识解决实际问题的方法,而且可以体验科学实验基本过程,培养协作探究精神。

(一)项目简介

"正午测量"项目让学生们采用一种特殊的方法来测量地球的周长,这种方法早在 2 000 多年前已被希腊的天文学家埃拉托色尼使用过。在这个项目中,世界上不同地区的学生在三月和九月之间使用简单的工具(如尺子、量角器和米尺等),通过测量地球上不同地方、相同日期正午时刻米尺的影子长度,再借此计算出地球的周长。这个项目围绕真实的问题，从测量地球周长出发，具有较强的实践性，此外，这个项目涉及数学（几何学、比率、按原物比例画的图、测量值、三角法等）、科学、地理、历史等学科知识和社会调查活动。

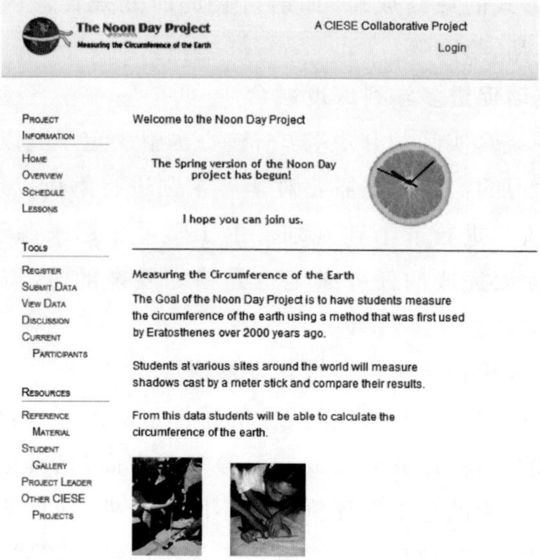

图 1.3.1　“正午测量”项目学习网站

（二）项目设计

在项目设计阶段主要是明确整个项目的学习任务，并根据实际情况将任务进行细化，使其更具可操作性。这个项目需要至少两地的学生进行合作，他们所处的纬度必须不同，才能将测量结果进行对比。具体任务包括：

1. 在规定的日期内，学生们在当地时间正午时刻到户外进行测量，每一个学习团队的学生使用一个标准的米尺，实施以下活动（见表 1.3.1）。

表 1.3.1　教学实践活动

① 在地上平展一张纸；
② 保持米尺完全竖直（可以将它捆在一个金属的直棒上面，或者把它插入到一个 1 升高的装满沙子的塑料瓶里等）；
③ 在 10~20 分钟时间间隔里立刻在纸上做好阴影端的标记；
④ 测量的次数越多越好，并且应该是组内不同学生来测量；
⑤ 用尺子来测量阴影的长度（近似成厘米），同学们分析这些测量的数据；
⑥ 统计所在班级的测量数据，找出你们所认为的当地正午（应该是影子最短的时候）影子的长度。

2. 将所测量到的当地正午米尺的影子长度和日期在“正午测量”项目学习网站张贴出来。

3. 每个地方的学生，利用一种简单的比例法，根据每一个配对地区的实验数据完成比较精确的地球半径的计算。

（三）项目实施

在项目的实施阶段主要是师生开展事先设计好的活动，并进行观察记录，最终形成作品，为与其他学习者共享交流和学习评价提供依据。这个项目具体的实施步骤如下：

1. 第 1 阶段——启动项目（第 1 周）

（1）准备好学校的介绍信，并发送到“正午测量”项目学习网站。

（2）为下一步学生测量实践做好准备，如提醒学生对影子的注意，讲述有关影子的故事，让学生观看有关影子的资料并思考问题：什么时候太阳正照？一天当中影子的长度会发生什么变化？是否太阳正在头顶时没有影子？古代人们认为地圆还是地方？如果你属于“地圆”派，你有哪些证据？如果你属于“地方”派，你又有哪些证据？

（3）向学生介绍“正午测量”项目，讲述如何通过测量正午米尺的影子长度，利用比例法精确地计算地球周长的知识。

2. 第 2 阶段——实施测量（第 2、3 周）

各个地区的学生以小组为单位，在地上平展一张纸，保持米尺竖直，通过多次测量，将各个小组的测量结果进行统计，计算平均值，最终确定当地正午（影子最短的时候）影子的长度。

在测量的过程中，需要注意以下问题：

（1）建议学生核对天气预报，尽量选择一个阳光明媚的日子来测量影子。

（2）实验最好在当地的正午时刻进行。

（3）认真记录实验数据，并把测量结果提交到“正午测量”项目学习平台的讨论区中。

3. 第 3 阶段——分析数据，计算周长（第 4 周）

根据第 1 阶段介绍的比例法，分析数据，测量周长并报告结果。

4. 第 4 阶段——总结反思（第 5 周）

学生进行总结反思，撰写项目报告并提交到“正午测量”项目学习平台。

（四）项目评价

项目评价阶段也是项目学习非常重要的一个环节，通过多样的评价方式对学生在项目学习中的综合表现进行评定，如项目成果反映整个项目学习的效果,学习反思或自我评价反映自身对项目学习表现的评价,同伴互评、教师评价反映合作同伴、教师对自己的评价等。而在这个项目中,学生测量正午米尺的影子长度,获得了大量的数据,并上传到项目学习平台,通过对数据进行分析整理,并利用比例法计算出地球的周长,最终形成一份完整的项目实施报告。报告内容包括了此次项目学习的探究问题、探究过程、你的发现、你的反思等内容,从这些内容中可以更综合地评价此次项目学习的效果。

"正午测量"项目中,学生通过围绕共同的研究主题开展远程协作活动,加强了各地学生的沟通,提高了学生分析信息得出差异的能力,培养了学生科学、严谨的学习态度与精神。整个项目学习突破了传统教育中"教师、课程、课堂"为中心的束缚,完全从学习者角度出发,进行的是一种以"学生"为中心,针对真实情景问题、具有较强实践性与协作性的新型教学模式。

第四节　大规模在线开放课程

近年来大量涌现的网络自组织学习模式、MOOC社会化学习模式,以更大范围的开放和深度协作为基础,聚合了大量的非结构化教育数据,如开放教育课程资源、网络学习过程数据等,突破了以学校传统课程体系为核心、以网络通讯技术为基础的网络课程模式。社会化深度协作的开放式教育平台,实现了人类有史以来最大范围的教育资源分享与教育合作,是大数据时代的课程教学大平台。

一、大规模在线开放课程的特点

由大规模在线开放课程的定义,我们可以看出大规模在线开放课程具有两个特征:一是开放式获取,任何人都可以免费参与网络课程的学习;二是规模可伸缩性,课程是为无限数量的学习者设计的,具有显著的大规模性。其中大规模不单单指参与学习的学生数量之多,还指课程活动覆盖面之广。除了以上两大主要特征外,大规模在线开放课程的开展和实施还具备以下特点。

(一) 教学方式多样化

不同学习者的学习目的不同,同一学习者在不同时期的学习目的也不相同。为此,大规模在线开放课程的创设一般满足多种教学形式的需要,并以此适应同一教学内容的不同使用目的。例如,同一教学内容可用于学生的自主学习、终身学习,也可以用于教师课堂的特色教学。

(二) 开发工具多元化

大规模在线开放课程的开放性离不开特定平台的支撑,所以大规模在线开放课程平台需整合多种多样的学习资源和网络社交工具,因而其开发工具和运行工具也具有多元化的特性。

(三) 教学资源具备较强的兼容性

随着信息技术的进步与发展,现今用户学习大规模在线开放课程的各种终端设备和工具越来越多样化。为此,大规模在线开放课程中教学资源需具备较好的兼容性,不仅要满足学习者随时随地开展自主学习的要求,还应配备网络学习社区供学习者交流讨论,并且可以在多种软件或设备中运行使用。

(四) 课程内容分类清晰

大规模在线开放网络课程受众面广,交互信息内容庞杂,为了便于学习者自主学习,需将交互信息进行分类处理和系统模块化,同时,注重学习路径的导航,将课程的相关动态以邮件和公告等方式告知学生,以便学习者在海量信息中快速找到自己想学的课程和内容,从而提高自主学习的效率。

(五) 教学课程结构完整

与传统网络课程相比,大规模在线开放课程除了提供视频资源、文本材料和在线答疑外,还为学习者提供各种用户交互性社区,对学生的学习提供支持服务,关注学生的学习体验。

(六) 课程的团队开发

根据调查统计,大规模在线开放课程开发人员在开课前平均需花费 100 个小时进行课前准备;在开课时,每周需花费 8 个小时为学生解答学习过程中存在的疑惑,并有专人(助教)为学生的学习过程提供反馈。在课程运行中,需根据学生的学习数据提供分析和反馈,从而对课程设计进行动态调整。因此,一门精心设计的大规模在线开放课程需要一支完整的课程设计开发团队运作才能满足学生的学习需求。①

二、大规模在线开放课程的案例

Coursera(https://www.coursera.org)是目前规模最大、开设课程数量最多、覆盖面最广的盈利性 MOOC 网站,由美国斯坦福大学的两名教授联合创办。当前 Coursera 平台上共建设了包括计算机科学、经济和金融、生命科学、人文、社会

---

① 王颖,张金磊,张宝辉.大规模网络开放课程(MOOC)典型项目特征分析及启示[J].远程教育杂志,2013,(04):67-74.

科学、医学、工程和教育等25个学科的702门课程,并提供包括英语、法语、汉语、西班牙语等16种语言的版本[①]。Coursera网站首页如图1.4.1所示。

图1.4.1　Coursera网站首页

其中"Java程序设计"(https://www.coursera.org/course/pkujava)是Coursera网站上较受欢迎的一门计算机科学类课程,该课程由北京大学的课程开发团队设计开发。该课程主要针对各专业的大学本科生开设,主要目的是帮助他们掌握Java语言的语法、理解Java语言机制、掌握JavaSE中基本的API等基本知识,进而能够编写有一定规模的应用程序,养成良好的编程习惯。

(一)课程简介

1. 关于课程

"Java程序设计"是北京大学信息科学技术学院的选修课程。从课程内容上来看,主要包括三部分:

第一部分是Java语言部分,包括Java概述,简单的Java程序,变量、语句、数组,类、包、接口,深入理解Java语言,异常处理等。这部分内容的目的是掌握Java语言的语法,能够较为深入地理解Java语言机制,掌握Java语言面向对象的特点。

第二部分是Java的类库及应用,包括工具类及常用算法、多线程、流、文件

① 王永华.美国Coursera、Udacity和edX三大MOOCs网络教学平台的分析与比较[J].吉林省教育学院学报,2015,(02):25-26.

及基于文本的应用、图形用户界面、网络、多媒体和数据库编程等，这部分的目标是掌握 JavaSE 中基本的 API，掌握在集合、线程、输入输出、图形用户界面、网络等方面的应用。

第三部分是关于如何写出高质量的代码，包括集成开发环境的使用，单元测试、日志、质量管理工具的使用，掌握重构和设计模式，这部分的目标是能够综合应用本课程的知识，编写有一定规模的应用程序，养成良好的编程习惯，提高代码编写的质量。

2. 先修课程：接触过一门程序设计，比如学过 C 语言程序设计或 C++程序设计或计算概论。

3. 课程学习时间：共 12 周

4. 课程学习用时：4~6 小时/周

5. 授课教师：唐大仕（北京大学）

6. 课程类型：计算机科学-软件工程

7. 交流分享工具：微信（WeChat）

（二）课程实施

1. 课程安排

该课程共 12 周的课程学习时间，每一周的课程安排如表 1.4.1 所示。

表 1.4.1 “Java 程序设计”课程安排

周数	课程内容
第一周	Java 语言与面向对象的程序设计
第二周	简单的 Java 程序
第三周	数据运算、流控制和数组
第四周	类、包和接口
第五周	深入理解 Java 语言
第六周	异常处理
第七周	工具类及常用算法
第八周	Java 的多线程
第九周	流、文件及基于文本的应用
第十周	图形用户界面
第十一周	网络、多媒体和数据库编程
第十二周	如何提高代码质量

2. 课程形式

该课程包括一系列的教学视频，每集视频长度在 8~15 分钟，视频中有 1

至2个嵌入式测试(In-Video Quizes)。每集视频以后有相关的讲义、参考资料和习题、讨论。

3. 任务安排

一般每周有一个小的测验,每周或每两周有一个小的作业。考试分为期中考试和期末考试。

4. 评分方案

评分按照日常作业的完成情况和期中期末考试的答题情况进行。平时测验占40%,平时作业30%,期中考试占10%,期末考试占20%。

(三)课程学习

“Java程序设计”是一门免费的MOOC课程,只要你符合课程选修的基本条件(如:先修课程要求、课程时间跨度要求等),不管你来自哪个国家、哪个阶层,都可以选修该课程。其课程学习功能模块与大部分MOOC课程基本相同,包括课程学习区(视频+讲义)、课程资源区、练习区、考试区和讨论区。图1.4.2为“Java程序设计”课程的学习界面。

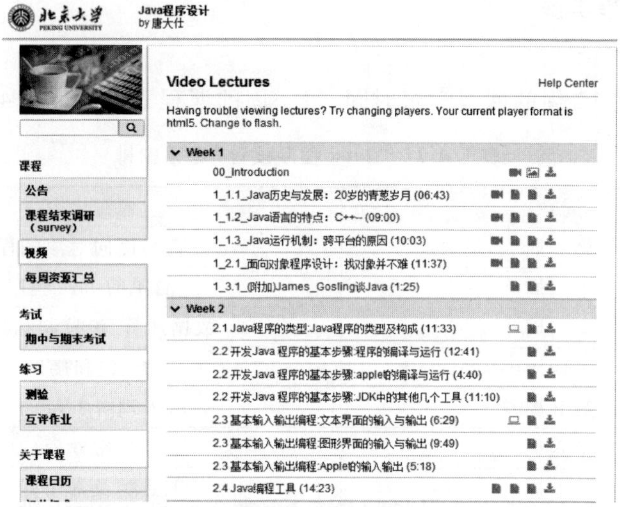

图1.4.2　“Java程序设计”课程的学习界面

观看课程视频一般可以通过网页在线观看,当然也可以下载到各类移动设备中观看。此外,每周的课程视频都会附上对应的教学课件、资料等,以供学习者下载学习。图1.4.3就是“Java程序设计”课程学习视频的观看页面。

课程还设有专门的练习测验区,针对每周或每次的课程内容设置了专门的课程练习或课后作业,在课程中期或结束也会设置期中和期末的测试内容。图1.4.4就是课程测验区的界面。

图 1.4.3　“Java 程序设计”课程学习视频观看

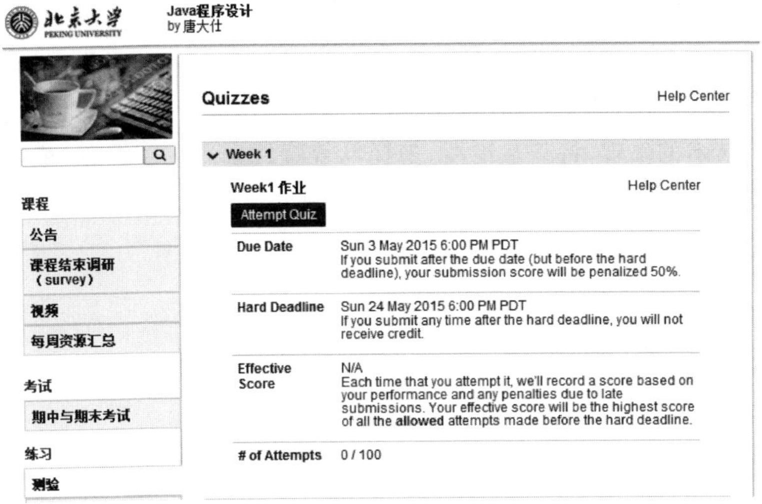

图 1.4.4　“Java 程序设计”课程测验区的界面

MOOC 课程一般会专门开辟讨论区，供师生答疑使用，由师生创设专门的主题进行讨论交流。此外，有个别平台也将讨论内容与课程视频学习挂钩，在课程学习视频界面中就开辟了针对该课程内容的讨论区，使得学生能更加便捷地进行网络课程的学习。图 1.4.5 就是“Java 程序设计”课程的讨论区。

通过上述对“Java 程序设计”课程内容、课程设计、课程学习等方面的了解可发现，MOOC 课程一般都具有完整的课程内容和课程结构，在教学组织方面，其在传统课程的教学安排基础上融入了互联网的特性，时间上更加自由、灵活，空间上也由于一些网络通讯工具的介入变得更加灵活、便捷，此外，课程

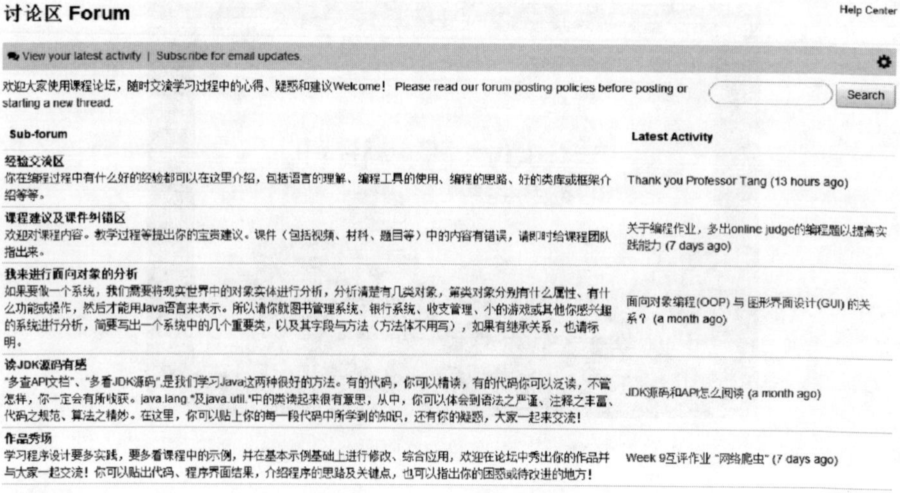

图 1.4.5　“Java 程序设计”课程的讨论区

的所有教学活动也基本上能借助互联网技术完成，包括网络的课程视频学习、课程练习、课程资源浏览、课程测试、课程讨论以及部分课程评价。也正是因为互联网技术的出现，将其互连性、多样性等特性融入进了课程，最终造就并形成了 MOOC 开放、大规模以及可伸缩等特点。

第二章
翻转课堂概述

翻转课堂是应用互联网思维创新教学的产物，其核心是将互联网的开放、共享、平等、自由等特征与教育教学的本质规律相结合，形成对师生关系、教学活动、课程内容等要素的重新定位与思考。翻转课堂在班级授课制框架下的课堂教学中引入网络学习的新思维，拓宽课堂的时空，有利于实现传统课堂群体教学与网络个别学习的有效融合。网络环境下的翻转课堂作为一种全新的教学模式，颠覆了传统课堂教学的基本结构，为教育教学改革注入了新的活力。

第一节 翻转课堂的发展

翻转课堂起源于美国，伴随网络的发展而不断发展被推向全球，广受教育界关注。翻转课堂作为一种给全球教育界带来变革性影响的新型教学模式，在教育信息化、全球化的今天具有鲜明的时代特征。

一、翻转课堂的起源

翻转课堂的理念最早出现在 19 世纪中期，当时美国西点军校的塞万努斯·塞耶尔（Sylvanus Thayer）将军尝试让工程学专业的学生在上课之前通过教师发放的资料对课堂上要讲授的核心内容进行学习；课堂上，学生以小组合作的形式围绕课前的学习内容进行深入的讨论与互动交流，教师则引导学生进行批判思维训练①。塞耶尔将军的实践形成了一套自己独特的教学方法，他的这种教学形式已经具备了翻转课堂的基本理念，被看做是翻转课堂的思想起源。但由于缺乏技术支撑和相关资源等原因，这种教学形式在当时并没有引起广泛关注，因此也没有得到推广。

1991 年，哈佛大学的物理教授埃里克·马祖尔（Earic Mazar）创立的同伴

① Ramsey Musallam. Should You Flip Your Classroom? [EB/OL]. http://www.edutopia.org/blog/flipped-classroom-ramsey-musallam, 2015-10-25.

教学法(Peer Instruction)也被认为是翻转课堂的早期实验。马祖尔在哈佛大学教授基础物理学时发现学生对于基本概念带有错误性的理解,解答问题也只是通过记忆运算法则,并没有真正弄清楚基本概念。为此,马祖尔开创了同伴教学法,即把知识的传递放在课前,课堂上则通过“提问—思考—回答”等互动活动实现知识的内化学习。在课堂上的同伴讨论中,理解了概念的学生知道这个概念存在哪些难点,清楚地知道在给同伴讲解的过程中要着重强调什么,因而,同伴教学法可以帮助学生真正地掌握基本概念。马祖尔认为同伴教学法包括概念测试、阅读小测试和概念性的考试题三个步骤,并用实验证明了相对于传统的课堂教学,同伴教学法更能促使学生实现知识的内化和吸收,使学生做题的正确率增加了 1 倍①。

2000 年,美国人莫林·拉赫(Maureen Lage)、格伦·普拉特(Glenn Platt)和迈克尔·特雷格拉(Michael Treglia)发表了题为《翻转课堂:创造包容性学习环境的途径》(Inverting the Classroom: A Gateway to Creating an Inclusive Learning Environment)的文章,介绍了他们在迈阿密大学讲授“经济学基础”课程时利用互联网和多媒体,让学生课前在家或者在实验室阅读一些以有声教学视频、幻灯片(PowerPoint)文件等呈现的学习材料,来独立完成知识的学习。在课堂上,学生针对相关的材料展开讨论,来完成知识的内化过程②。如果学生有关于课前学习材料的疑惑,教师在课上会给予学生针对性的讲解。学生的提问环节一般是一个大约 10 分钟的小型讨论。若学生没有问题,教师则不再讲解。这种新型的教学模式广受同学欢迎,取得了显著的效果,已经具备了翻转课堂的基本形式,但他们并没有明确提出“翻转课堂”这一概念。同年,J. 韦斯利·贝克(J. WesleyBaker)在佛罗里达州杰克逊维尔市召开的第 11 届大学教学国际会议上发表题为《课堂翻转:让网络课程管理工具成为随身老师》(The Classroom Flip: Using Webcourse Management Tools to Become the Guide by the Side)的论文。文中,贝克提出了实施翻转课堂教学的模型:教师通过使用网络工具和课程管理工具呈现教学内容并以家庭作业的形式分发给学生,课堂上的时间则被学生用来进行深入的主动学习活动③。至此,翻转课堂(“Inverted Classroom”或“Classroom Flip”)作为一个明确独立的概念被提出。

---

① 张渝江.翻转课堂变革[J].中国信息技术教育,2012,(10):118-121.

② Maureen J.Lage, Glenn J.Platt, Michael Treglia .Inverting the Class-room: A Gateway to Creating an Inclusive Learning Environment [J].The Journal of Economic Education,2000,(1):30-43.

③ 张渝江.翻转课堂变革[J].中国信息技术教育,2012,(10):118-121.

二、翻转课堂的发展

翻转课堂真正走进人们的视野是在2010年前后,这其中出现了三个对翻转课堂有很大影响的人物。一个是乔纳森·伯格曼(Jon Bergmann),一个是亚伦·萨姆斯(Aaron Sams),他们都是来自美国科罗拉多州林地公园高中的化学教师,第三个是萨尔曼·可汗(Salman Khan),他是可汗学院(Khan Academy)的创始人。

美国科罗拉多州林地公园高中的两位化学老师乔纳森·伯尔曼和亚伦·萨姆斯用录屏软件录制PowerPoint演示文稿的播放和讲解,并把结合实时讲解和PowerPoint演示的视频上传到网络,以帮助因事而缺课的学生补课。后来,这两位老师让学生在家观看教学视频,在课堂上完成作业,并对学习中遇到困难的学生进行单独辅导①。林地公园高中两位化学老师的教学实践就是翻转课堂教学模式。这种教学模式受到了学生的广泛欢迎,取得明显的教学效果,并在美国各个学校得到大力推广,林地公园高中也因此被认为是美国中小学(K—12)实施翻转课堂的起源地。

孟加拉裔美国人萨尔曼·可汗为了帮助自己七年级的表妹纳迪亚补习数学,通过雅虎通聊天软件、互动写字板和电话等设备,结合浅显易懂的语言,给他的表妹讲解数学知识,取得了显著的成效。很快,可汗的其他亲戚朋友也上门讨教。一时间,可汗忙不过来,于是索性把自己的数学辅导材料制作成视频,放到YouTube网站上,方便更多的人分享。由于当时在YouTube网站上传的视频有大小限制,所以可汗录制的视频只能限制在10分钟内。出乎可汗意料的是,他上传的教学视频受到了很多人的喜爱,并收到了来自世界各地的反馈②。2007年,可汗成立了非营利性的"可汗学院"网站,用视频讲解不同科目的内容,并解答网友提出的问题。除了视频授课,"可汗学院"还提供在线练习、自我评估及进度跟踪等学习工具。很快,这个网站每月的平均点击量便达到200多万次。2009年,可汗干脆将基金公司的工作辞掉,全身心投入到"可汗学院"的建设中,可汗学院的快速壮大加速了翻转课堂的进一步发展。萨尔曼·可汗在无意中掀起了一场轰动全世界的翻转课堂革命,功不可没。

---

① Tucker, Bill. The Flipped Classroom: Online Instruction at Home Free Class for Learning, Education [EB/OL]. http://educationnext.org/files/ednext_20121_BTucker.pdf, 2012-05-20.

② 萨尔曼·可汗(Salman Khan). 翻转课堂的可汗学院[M]. 浙江:浙江人民出版社,2014.

三、翻转课堂的热潮

2011 年,可汗在 TED(Technology Entertainment Design,美国一家私有非营利机构)大会上做了题为《用视频重新创造教育》的演讲报告,报告中介绍在美国已经有很多中学生晚上在家里观看可汗学院的数学教学视频,第二天回到教室做作业,遇到问题时则向老师和同学请教。翻转课堂因此被加拿大的《环球邮报》评为 2011 年影响课堂教学的重大技术变革。自此,“翻转课堂”成为了国内外教育者广泛关注的热点,随后,各国掀起一股研究与实践翻转课堂的热潮。翻转课堂作为一种新兴的教学模式,各国学者和一线教师们纷纷研究翻转课堂的起源、含义及特征,实践探索翻转课堂的教学模式,总结有效实践案例等。美国经过多年的翻转课堂实践,已经形成了许多成功的案例,如美国的艾尔蒙湖小学、克林顿戴尔高中、河畔联合学区、林地公园高中等学校总结出了一套行之有效的实践模式,并在全球范围内赢得了一定的影响力。此外,加拿大萨斯喀彻温省慕斯乔草原高中、加拿大大不列颠哥伦比亚内部高中也进行了成功的翻转课堂实践。

相比国外,我国对翻转课堂的研究和实践起步较晚,目前整体上仍处于引进、介绍阶段,理论分析多于实践应用,且多集中于中小学课堂教学应用上。目前,我国有一批学校开展了翻转课堂的教学实验,如重庆的聚奎中学、深圳南山实验学校、广州华景小学,这些学校近年来相继引进该教学模式,结合本校特色进行翻转课堂的教学实践,积累了翻转课堂的教学经验,并取得较好的实验效果,成为了国内翻转课堂教学实践的先锋。此外,国内进行相关实践的学校还有中山市教研室、南京九龙中学、广州市第五中学等。

第二节　翻转课堂的特征

翻转课堂作为一种新型的教学模式,实现了对传统教学结构的革新。与传统课堂相比,翻转课堂具备以下四大特征:颠倒传统教学过程,重新分配课堂时间,创新知识传授方式,转变师生角色。

一、颠倒传统教学过程

翻转课堂最大的特征是颠覆了传统的教学过程。传统的教学过程是先由教师在课中讲授知识,然后学生在课下以完成作业的方式进行巩固练习。传统课堂教学中,知识传授的过程在课中,知识内化的过程则放在课后进行。翻转课堂则恰恰与传统课堂相反，课前，教师根据教学目标提供以教学视频为主的学习资源供学生在家或在校观看，完成知识的学习，即知识讲授过程放在了课前；课堂上，学生就课前知识建构过程中产生的疑惑向老师请教，教师给予学生针对性的适时指导，另外，学生也可以通过小组讨论、协作探究等方式对知识进行内化提升，学以致用，即知识内化过程在课中完成；课后学生则借助教学资源对所学内容进行查漏补缺、巩固提升，也可以根据学习资源进行反思总结。翻转课堂使学习从传统的“课中教师讲授+课下学生作业”转变成了“课前自主学习+课中知识内化”。总而言之，翻转课堂颠覆了传统的教学过程，重新定义了教学过程中各个部分的功能。

二、重新分配课堂时间

美国林地公园高中化学老师乔纳森·伯格曼和亚伦·萨姆斯结合自身多年的教学经验，在其2012年出版的专著《翻转你的课堂：时刻惠及课堂上的每位学生》(Flip Your Classroom：Reach Every Student in Every Class Every Day)中对比总结出传统课堂与翻转课堂在时间分配方面的差异(见表2.2.1)。

表2.2.1 传统课堂与翻转课堂在课堂时间分配方面的对比①

传统课堂		翻转课堂	
教学活动	时间(分钟)	教学活动	时间(分钟)
课前热身活动	5	课前热身活动	5
讲解之前布置的作业	20	对于教学视频的问答	10
讲解新的内容	30~45	有指导的或独立的实验探究活动	75
有指导的或独立的实验探究活动	20~35		

翻转课堂的第二个核心特点是在课堂中减少教师的讲授时间，留给学生更多的学习活动时间。传统课堂中，教师占用大部分时间来讲解知识，而学生处于“被动接受”的状态，然而在翻转课堂中，课堂的大部分时间用来进行师生、生生的答疑、解惑、针对性辅导、探究性活动等，学生在基于真实生活情境下的交互协作学习活动中完成学习任务。翻转课堂将原先课堂讲授的内容转移到课下，在不减少基本知识展示量的基础上增强了课堂中学生的交互性。该转变将提高学生对知识的理解程度。此外，当教师进行基于绩效的评价时，

① Jonathan Bergmann，Aaron Sams.Flip Your Classroom：Reach Every Student in Every Class Every Day [M].International Society for Technology in Education，2012.

课堂中的交互性就会变得更加有效。根据教师的评价反馈,学生更加客观地了解自己的学习情况,更好地掌控自己的学习。翻转课堂需要教师重新思考课堂时间的分配,实现课堂时间的高效应用。

三、创新知识传授方式

短小精悍的教学视频是翻转课堂教学资源最为重要的组成部分。在翻转课堂教学模式中,教师课前提供以教学视频为主的学习资源供学生自主学习,完成知识讲授的过程。教学视频通常针对某个特定的主题,长度维持在几分钟到十分钟左右。学生在观看的过程中可以实现暂停、回放等多种功能,便于做笔记和进行思考,有利于学生的自主学习。课前观看教学视频,学生学习的氛围更加轻松,不必像在课堂上听讲那样紧绷神经,担心遗漏教师讲授的知识点。以视频呈现为主的讲授方式的另一个优点是便于学生在学习一段时间之后重新观看教学视频进行复习和巩固。

四、转变师生角色

由于教学过程的完全颠倒,翻转课堂中教师与学生的角色和地位也发生了质的变化。传统课堂中,教师是知识的讲授者,是课堂教学中的“主角”。而在翻转课堂中,学生成为了学习的中心。

当学生需要指导的时候,教师需要向他们提供必要的支持。教师成了学生便捷地获取资源、利用资源、处理信息、应用知识到真实情境中的帮手。这意味着教师不再是课堂的中心,教师身份转变的同时也给教师提出了新的教学技能的挑战,如教师课前视频资源制作、课堂活动的管理等。在课堂中,教师通过对教学活动进行设计促进学生的成长和发展。在完成一个单元的学习后,教师要检查学生的知识掌握情况,给予及时的反馈,使学生清楚自己的学习情况。翻转课堂使得教师由“知识传授者”变成了“教学活动的组织者”,教师成为学生学习的促进者和指导者。

传统课堂中,学生在长达 40 分钟的被动接受过程中一直处于“听课—记笔记”的状态,甚至有些学生由于害怕知识有所遗漏,精神高度紧绷,有些学生在课堂上缺乏学习兴趣。课后的知识内化过程,由于缺少教师和同伴的帮助产生挫败感,有些学生丧失了继续学习的热情和动机。翻转课堂中,学生摆脱了被动接受知识的角色,成为知识意义的主动建构者,学生可以自定步调,制定学习的时间和速度,遇到难以理解的知识时可以反复观看教学视频或搜索相关教学资源,而不是被动等待教师的“直接告知”,同时,在课堂上学生不再仅仅是独立完成作业，而是参与到教师设计的课堂活动中，在与教师、同伴交互协作完成任务的过程中深入掌握知识。学生角色由“被动接受者”变为“主动探究者”。

第三节　翻转课堂的学校案例

自萨尔曼·可汗2011年在TED中的演讲播出以来，翻转课堂迅速成为全球教育界的研究热点，在全球各国掀起了一股翻转课堂的实践之风。目前，翻转课堂在国内外已有许多成功的案例，如美国林地公园高中的翻转式教学、基于可汗学院的翻转课堂实践、美国艾尔蒙湖小学的教学实践、我国广州市天河区华景小学的教学实践等，这些案例对于指导翻转课堂教学实践有着重要的参考价值。

一、美国林地公园高中

2007年春天，美国科罗拉多林地公园高中的乔纳森·伯格曼和亚伦·萨姆斯两位化学老师开始探索利用网络视频为落课的学生补课，后来他们发现缺课的学生很喜欢他们录制的视频课程，有些没缺课的学生也愿意看录制的视频。有一天亚伦老师建议：“只有学生卡壳了，需要我们特别帮助时，才是他们真正需要我们现身的时候。他们不需要我们一直都留在教室里，对着他们喋喋不休地讲着课程内容，他们自己就能学习课程内容。”于是，他们决定：“把所有的课堂讲稿都预先录制下来，学生观看视频作为‘家庭作业’，然后我们可以用整堂课的时间来帮助学生厘清他们不懂的内容。”①自此，这两位老师开始了翻转课堂式教学实践。

乔纳森·伯格曼和亚伦·萨姆斯的翻转课堂教学模式很快得到了世界各地老师的认同，并广为推广。这两位老师也因为这一创新教学模式获得了美国数学和科学卓越教学总统奖。这两位老师认为翻转课堂的优势在于：教会学生承担起自己的学习责任；能够轻松实现个性化和差异化的教学方法；让学生的学习成为课堂的中心；即时给学生反馈，减少老师的文书工作；为学生提供补习的机会；让学习途径变得更加多样化；给予学生充分的选择权；等等。当然这种模式也转变了教师的角色，让教师不仅仅是讲台上的“圣人”，而是学

① ［美］乔纳森·伯格曼，亚伦·萨姆斯.翻转课堂与慕课教学：一场正在到来的教育变革［M］.北京：中国青年出版社，2015：18-19.

生学习的组织者、帮促者。

二、可汗学院

可汗学院(Khan Academy),是由萨尔曼·可汗创立的一家非营利性的教育组织,主旨在于利用网络影片进行免费授课,向世界各地的人们提供免费的高品质教育。可汗学院现有关于数学、历史、金融、物理、化学、生物、天文学等科目的内容,教学影片超过 2 000 段,机构的使命是加快各年龄段学生的学习速度。

可汗学院的“翻转课堂”是以视频教学为载体的一种教学方式。可汗学院利用了网络传送的便捷与录影重复利用成本低的特性,每段课程影片长度约十分钟,从最基础的内容开始,以由易到难的进阶方式互相衔接。在可汗学院录制的视频里没有教学者的身影,仅仅只有一块用作教师讲解知识的黑板,遇到复杂知识点时会配有颜色鲜艳的线条标注出重点,同时,在整个教学的过程中都会伴随着教学者清晰的语音讲解。同时,在可汗学院的教学平台中,提供了支持教师开展翻转课堂教学的工具,如提供的学生学习活动情况统计工具,可以实时产生学生学习情况数据分析图,教师可以参考它清楚地掌握学生的学习情况,了解学生每天看了哪些知识点的视频,做了几个练习,花费了多少时间,获得了哪些成就,精通了哪个知识点,具体如图 2. 3. 1 所示。

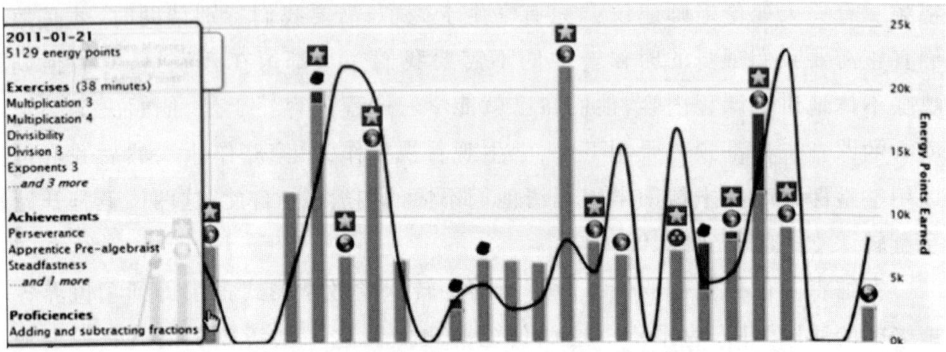

图 2. 3. 1 可汗学院学生学习活动分析柱状图

可汗学院的“翻转课堂”教学模式是让学生借助可汗学院开发的课程视频按照自己的学习进度在家中听课,然后在课堂上与老师和同学们一起解决疑惑。可汗学院的“翻转课堂”模式,利用微视频在线学习与软件反馈评估相结合的方式,让学生根据自己的知识程度进行学习,既充分调动学生的自主学习积极性,又照顾到学生的个性化需求。在美国,某些学校已经采用回家不做功课,看可汗学院影片代替上课,上学时则是做练习,再由老师或已经懂得的同学去指导其他同学不懂的地方这样的教学模式。萨尔曼·可汗在旧金山湾区的“半岛桥”暑期培训课程上做了这样一个实验:将参加培训的中学生分成两组,都采用可汗学院的视频进行学习,但一组学生从五年级的数学知识开始学起,另一组则从零开始。在六周的学习结束之后,从零开始学习的学生在起步阶段缓慢前行,但最终学习成效超过了对手,再现了现代版的“龟兔赛跑”。之所以取得意料之外的成效,就是因为从零开始的学生,通过系统的学习,填补了数学知识学习上的漏洞,在进入挑战性的学习任务之前,充分理解了所需掌握的基本概念。

在可汗学院的教育体系中,一个很重要的模式是“满十分前进”模式。学生们通过完成视频中所设计的练习来了解并巩固自己对知识的掌握情况,在特定的章节与单元的练习中,只要最后达到了十分,便可以进入到下一个单元的学习。传统的学校课程中,为了配合全班的进度,教师只要求学生跨过一定的门槛(例如及格)就继续往下教;在传统的考试中,即使是拿到了 95 分的学生,也很可能不知道自己 5 分的缺漏到底在哪儿就被迫进入下一章节的学习。而可汗学院的教学理念是,拿满了十分才继续前进。可汗学院试图让学生搞懂每一个未来还要用到的基础概念之后,再继续往下教学,进度类似的学生可以重编在一班。这种练习系统的设计,极好地弥补了传统教学中通过考试来对学生进行学习检测的缺陷。

三、美国艾尔蒙湖小学

美国艾尔蒙湖(Lake Elmo)小学是一所位于斯蒂尔沃农村地区的学校。该学校的教师在 2011 年暑期学院接受了有关翻转课堂的相关训练,学习了翻转课堂的构成要素以及相关技术。他们学会了如何创建教学视频,如何管理和分享这些视频资源,如何创建在线测试,以及如何设计有意义的课堂活动和经验,并于 2011 年 9 月至 2012 年 1 月间开展了翻转课堂教学实践。该校翻转课堂的实践是在小学 5 年级的数学课中进行的,学校为学生配备了 iPad 和耳机,并要求学生先观看 10~15 分钟的视频教学,再通过 Moodle 平台对还存在的问题进行教学。学生对于问题的回答都被保存到 Moodle 平台上,教师在第二天上课之前就可以了解到学生的答题情况,然后再有针对性地设计课堂活动开展教学。此外,教师也鼓励学生在 Moodle 平台上进行协作学习,开展同学之间的互助讨论,促进学习共同体的形成。[1]

---

① Meris Stansbury.A First-hand Look inside a Flipped Classroom[EB/OL].http://www.eschoolnews.com/2012/02/09/a-first-hand-look-inside-a-flipped-classroom/3,2012-04-20.

2011 年,在斯蒂尔沃区中,共 13 所学校(艾尔蒙湖小学作为其中之一)的 13 个班级(包括 10 个小学班级、2 个初中、1 个高中)52 门课程 8 900 名学生参与了翻转课堂的试点教学改革,大多数教师表示他们不愿再使用传统方式开展教学,因为翻转课堂的学生接受度高且家长也很满意。

斯蒂尔沃区翻转课堂实践的特色之处在于教师能很好地将 Moodle 平台应用到教学中,使教师和学生能在课余时间进行良好的互动交流,翻转课堂的教学活动得以在课余时间得到延续(见图 2.3.2)。

图 2.3.2　参加翻转课堂实践的学生在课堂中完成作业

四、广州市天河区华景小学

广州市天河区华景小学 2012 年开始探索翻转课堂。马伟豪老师于 2013 年基于电子书包平台,以小学四年级数学知识“三角形的单元复习”为例,开展了数学学科的翻转课堂教学实践。马伟豪老师在翻转课堂实施前做了充分的准备,包括制作微课和设计学习单。马伟豪老师首先通过梳理三角形单元复习知识结构图,运用录屏软件 Camtasia Studio,按照微课制作的标准,制作了三角形单元复习的微课。进而根据微课的内容,设置指引学生自主学习微课的学习单。学习单内容包括课题信息、学习指南、学习小测、收获与困惑四部分。其中,课题信息主要是对微课知识点的小结,类似于知识结构图,学生通过课题信息可以清楚地知道微课视频中的内容;学习指南是对学生观看微课的指引;学习小测是在学生看完视频之后进行的一个简单的纸笔前测;收获与困惑是让学生自主感悟学习过程,总结收获,并指出疑惑之处,教师搜集学生的困惑在课堂上重点解决,做到以学定教。① 教师通过查看学生完成的学习单可以初步了解学生对微课视频中知识的掌握情况。

马伟豪老师的翻转课堂实践的实施过程主要分为课前学生自学、课中知识研讨、课后培优补差三个过程。

(一) 课前学生自学

华景小学实践的翻转课堂基于电子书包展开,教师在课前把教学视频推送到每个学生的电子书包中,教师组织学生在自习课或者校内其他时间结合学习单观看微课视频。学生在观看完微课视频后,需要完成学习单上的测试,并在电子书包的研讨空间(类似 BBS)对微课中的相关问题进行讨论。讨论的问题主要有两类:一是教师提出的问题,二是学生在观看视频中存在的困惑。学生回答教师提出的问题,并为其他同学解答问题。在学生自学过程中(见图 2.3.3),教师搜集学生遇到的问题并进行归类,以便在课堂上进行专题讲解或组织讨论。

图 2.3.3 学生课前通过观看微课视频进行自学

(二) 课中知识研讨

课中知识研讨过程体现了以学生为中心的教学理念,通过教师一对一辅

① 马伟豪.小学数学翻转课堂的实践与思考[J].中小学信息技术教育,2014,(7):53-55.

导、小组协作学习等途径解决学生遇到的问题,促进学生对知识的内化。课堂教学主要分为师问生答、生问师答、错误重现、课堂练习、本课小结五个环节,基本教学流程如图 2.3.4 所示。

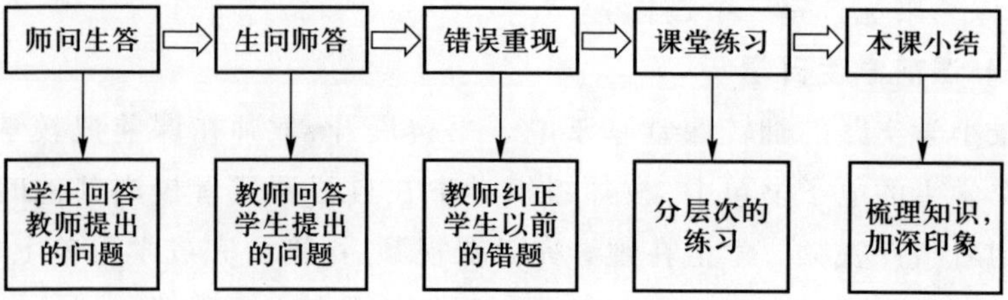

图 2.3.4　“三角形单元复习”的课堂教学流程图

1. 师问生答环节。教师提问微课中提到的知识点,包含微课中复习的知识点和课堂生成的问题,检验学生知识点掌握情况。

2. 生问师答环节。教师通过分类汇总学生在观看微课时所提出的问题,在课堂中集中呈现,并不断引导、启发学生思考并解决问题。对于大部分学生回答不出来或者回答错误的问题,教师再给予重点讲解。

3. 错误重现环节。教师重现学生在学习三角形知识时普遍存在的问题,将类似的错误重新呈现,让学生自己发现其中错误,然后学生重新纠正,并把相关内容拍照上传。教师在电子书包的教师端浏览学生提交的作业,针对有问题的作业,及时投影呈现,进行点评。

4. 课堂练习环节。教师设计了三个层次的练习,对学生进行知识后测。教师利用电子书包的推送功能,将试题发送到学生端的电子书包。学生在做题过程中,教师可以利用电子书包的即时反馈功能,监控每个学生的做题情况。对于完成情况较不理想的学生,及时给予反馈,进行一对一辅导。学生完成练习后,教师发送批改结果和试题解析给学生,学生先自行纠错,教师随后重点讲解出错较多的题目。

5. 本课小结环节。让学生锻炼自己的语言表达能力,总结一节课的收获。

(三) 课后培优补差

华景小学的翻转课堂教学实践充分考虑到同一班级不同学生在基础及对知识接受能力上存在差异,利用电子书包的数据搜集与分析功能,在课后查看班级中每一位同学的课堂练习数据统计情况,找出错误率比较高的学生以及做错的题目类型,对其提供针对性的指导。对于掌握知识程度好的学生,教师设计相应的拓展性知识供他们深入学习。

第三章
翻转课堂的教学设计

翻转课堂通过对知识传授和知识内化的发生场所和时间的颠倒安排，改变了传统教学中的师生角色并对课堂时间的使用进行了重新规划，促进了学生对知识的内化，提升了学生学习效果，实现了对传统教学模式的革新。这样的教学革新不仅改变了课堂教学的师生角色、课堂时间、技术支持等诸多方面，也对教学设计提出了新的要求。首先，整个课堂教学设计的范围已经从单纯的课内教学设计拓展到课前、课中、课后。其次，翻转课堂也对教学资源设计、课内外活动设计和学生学习评价设计提出了新的要求。

第一节　翻转课堂的基本要素

翻转课堂颠倒了传统课堂的教学过程，使教学过程由传统的"先教后学"转变为有技术支持的"先学后教"，其本质是应用技术优化传统的教学过程，即对知识传授的两个主要环节——"知识传授"与"知识内化"进行了优化。翻转课堂的实施需要关注四个基本要素，分别是学习资源、教学活动、学习分析以及支撑环境，如图 3.1.1 所示。

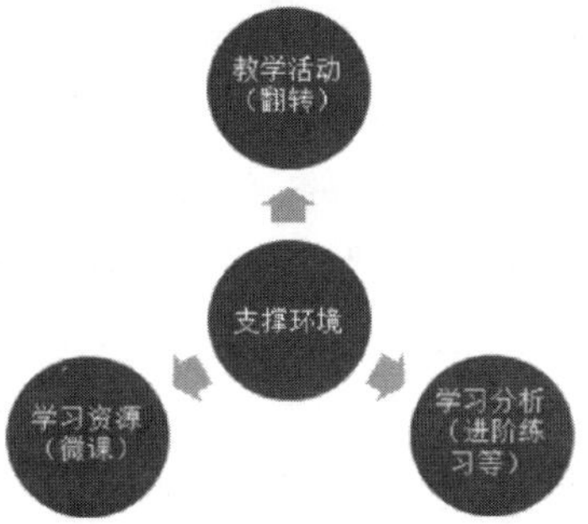

图 3.1.1　翻转课堂的基本要素

一、翻转课堂的学习资源

翻转课堂之所以能在教学中不断得到应用并取得良好的教学效果，与翻转课堂“先学后教”理念支持下充分的前期准备工作是离不开的。翻转课堂的有效实施需要丰富的学习资源支持，这些学习资源可以是学习任务单、主题微课资源、知识点视频资源、电子课件、电子文档、学习网站、进阶练习和知识地图等。其中，微课资源是翻转课堂最常用的学习资源，主要由各种教学视频短片构成，内容以知识点为单位，聚焦新知识讲解，形式上强调碎片化，便于网络传播与学习。

翻转课堂的学习资源主要用于支持学生课前的自主学习。为了取得更好的自主学习效果，除了为学生提供微课资源外，还常常提供教师精心设置的学习任务单与微课资源配套使用。学生在课前自主观看教学资源，完成学习任务单，完成知识的学习。学生只有课前完成对学习资源的学习并获得了知识内容，才能在课堂中更好地参与教师设计的教学活动，达到知识内化的目的，真正提高学生的学习效果。

二、翻转课堂的教学活动

教学活动是翻转课堂教学的核心组成部分，翻转课堂的有效实施需要建立在设计良好的教学活动的基础之上。在翻转课堂教学过程中，学生的新知识学习过程已经在课前完成，取代了传统课堂教学中教师课中讲授新知识的模块，这种颠倒的课程形式显然给了师生更多的课堂时间，如何利用好课堂时间组织教学活动，促进学习者知识的内化，是翻转课堂能否成功实施的关键。课堂教学活动可以有个人学习活动和小组学习活动两种形式。个人学习活动有进行小测试/调查、绘制知识网络/概念地图、解决问题等。小组学习活动有角色扮演、辩论、案例研究、小组内参访等。

课堂教学活动涵盖了解答学生疑问、重释难点、练习巩固、课堂讨论、探究实验等多个方面，教师需要根据学科特点和学生实际情况精心设计课堂活动。在真实的教室里，良性互动和面对面的、有意义的、深度的学习是最为重要的。若课堂形式过于单一，如全部用来做练习测试，则会让学生慢慢失去兴趣。若缺乏有实质产出的活动设计，则师生可能在课堂上倍感无聊或无事可做。课堂活动对老师的教学能力和综合素养有较高要求，教师要在课堂上敏感地意识到多数学生存在的困惑，并及时形成解决方案。

设计教学活动之前，教师要清楚地了解学生对课前知识的掌握情况，在此基础上，教师针对学生自学中遇到的难点进行讲解，进一步巩固学生所学知识，并有针对性地对学生进行辅导。教学活动应能够促使学生对所学知识进行回忆，加深对所学知识的理解的目的，并应用所学知识进行讨论、解决实际问题以及创作作品等。因此，设计良好的课堂教学活动不仅可以达到复习巩固知识的目的，还可以促进学生对所学内容进行应用和创新，以达到知识的第二次内化，从而完成知识获取的完整过程。

三、翻转课堂的学习分析

翻转课堂的教学评价除了应用传统的课堂评价手段外，还普遍开始采用基于在线教学的学习分析技术（learning analytics）。学习分析技术指的是对学生生成的海量数据进行解释和分析，以评估学生学业进展，预测未来表现，并发现潜在问题。[①]

教师利用翻转课堂网络教学环境收集大量学生学习过程产生的数据，并利用学习分析技术对数据进行解释和分析，可以有效诊断学生的学习问题，评价学生的学习进展，甚至可以评价学生的高阶能力，如批判性思维、协作交流与问题解决能力等，并适当调整教学过程：学生自主学习存在的疑惑，可以用来作为课堂活动设计的基础；学生发现微课视频中存在的不足，可以用来调整视频等。例如，在微课学习过程中，教师发现某个环节或知识点被学生们反复浏览和点击的时候，要意识到这可能是一个对学生来说难以掌握的知识点，或者自己的讲解有问题，需要据此调整教学。

四、翻转课堂的支撑环境

翻转课堂的实施需要网络教学环境的支撑，翻转课堂的支撑环境主要由网络教学平台和学生学习终端等组成。其中，网络教学平台要能够实现课前课中互联、师生互动、当堂练习反馈与数据统计分析等功能，这是实现翻转课堂教学的基础环境；学习终端能够支持学生的微课学习、网络交流、互动练习。翻转课堂的网络支撑环境为师生提供了一个虚拟学习空间，为师生开展与衔接各种课前、课中、课后的活动提供基础。

用于构建翻转课堂网络教学环境的软件，有课程管理系统（CMS）、学习管理系统（LMS）或者学习内容管理系统（LCMS）。其中被师生广泛使用的免费开源软件有 Moodle、Claronline、Saikai、Atutor 等。另外学习活动管理系统（LAMS）也可以用于构建设计、管理和传递网络教学活动的网络支撑平台。

---

① Johnson, L., Adams, S., & Cummins, M. (2012). The NMC Horizon Report: 2012 Higher Education Edition. Austin, Texas: The New Media Consortium, Retrieved May 9, 2012, http://net.educause.edu/ir/library/pdf/HR2012.pdf, 2015-04-20.

LAMS 构建的学习环境支持以学习活动为中心的教学设计,并提供整合教学资源、实施网络教学与评价的相关功能,可以为师生提供一个学习过程图形化、可视化的网络平台。

第二节　翻转课堂的基本模式

从翻转课堂兴起至今,国内外众多学者不断对其展开研究与实践,下面对国内外典型的翻转课堂模式进行梳理与分析,并在国内外翻转课堂模式的基础上,提出基于微课的翻转课堂模式。

一、探索—翻转—应用翻转课堂模式

"探索—翻转—应用(Explore-Flip-Apply)"翻转课堂教学模式最早由拉姆齐·穆塞莱姆(Ramsey Musallam)教授经过多年的教学实践而构建出来。① 该模式以引导式探究教学方法作为学生探索新知的方式,并且应用网络教学视频和学习任务帮助学生进行翻转式的学习,最后在课内通过各种教学活动达到知识内化与应用的目的。

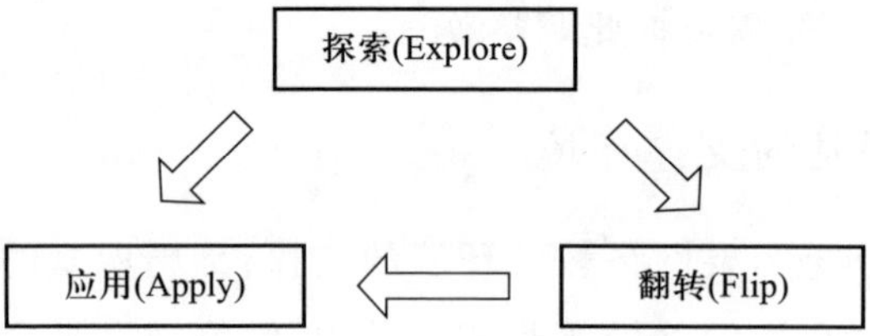

图 3.2.1　"探索—翻转—应用"翻转教学模式

1. 探索(Explore)

这一阶段主要采用引导探究式的教学方法。在课堂中,教师依据教学内容提出问题并提供必要的解决问题的材料,希望学生能自己设计出解决问题的程序。整个探索阶段主要分为三部分:任务、活动和结论。

2. 翻转(Flip)

这一阶段主要使用教学视频的及时教学(JiTT),由学生在家完成。及时教学是一种教和学的策略,建立在"网络的学习任务"(Web-based Study Assignments)和"学习者的主动学习课堂"(Active Learner Classroom)二者交互作

① Ramsey Musallam. Explore - Flip - Apply Introduction [EB/OL]. http://flipteaching.com/explore-flip-apply-introduction, 2014-7-20.

用的基础上。① 这一阶段主要包含两部分:学生观看教学视频与提交视频反馈。首先,学生观看教师提供的视频,在视频中,教师会对相关概念、定义进行解释,并且会提供与"探索"阶段有关的案例。其次,学生在课前对基于网络的任务作出回应,教师及时查看学生的反馈以便调整课堂去适应学生的需求。因此,及时教学的关键是学生课外学习和准备程度的反馈,它从根本上影响着后续的课堂。

3. 应用(Apply)

这一部分主要分为三个阶段:概念测试、材料延伸、评估。这个过程是在课内由教师引导完成的。应用阶段的活动是多种多样的,有更为专业的实验应用任务、个人或小组间的问题讨论、有挑战性的问题和班级竞争等。对学生进行测试后,教师还为学生提供了知识拓展及应用等方面的学习资料,并最终对学生进行评估。

二、杰姬·格斯丁翻转课堂模式

杰姬·格斯丁(Jackie Gerstein)认为,对于教育工作者来说,实现翻转课堂的一个主要障碍就是:不知道在课堂上他们应该怎么做?对于习惯了使用说教模式的教育工作者来说,他们需要一个框架帮助他们实现课堂的翻转。基于这一思想,杰姬·格斯丁尝试创建了这样一种翻转课堂教学模式②:它提供一系列基于体验式学习周期(Experiential Learning Cycles)和麦克卡锡的4MAT教学模式(Bernice McCarthy's 4MAT Cycle of Instruction)的学习活动,具体如图3.2.2所示。

1. 体验式参与(Experiential Engagement)

"体验式参与"阶段包括体验式学习活动、科学实验、模拟、游戏和艺术活动,整个学习周期从一个体验式的训练开始。在本阶段,主要引导学生进行一些真实的、动手的活动,这会在最大程度上吸引学生的注意力。这个阶段的教学活动主要是在课堂中以小组协作形式进行的。如果是在混合学习中,那这就是面对面教学中的同步活动;如果是在线网络课程,学习者会被要求参与社区活动,或者教育工作者可以为学习者提供一些实践活动或模拟。

---

① JiTTDL.What is JiTT?[EB/OL].http://jittdl.physics.iupui.edu/jitt/what.html,2013-05-20.

② 宋艳玲,孟昭鹏,闫雅娟.从认知负荷视角探究翻转课堂——兼及翻转课堂的典型模式分析[J].远程教育杂志,2014,(01):105-112.

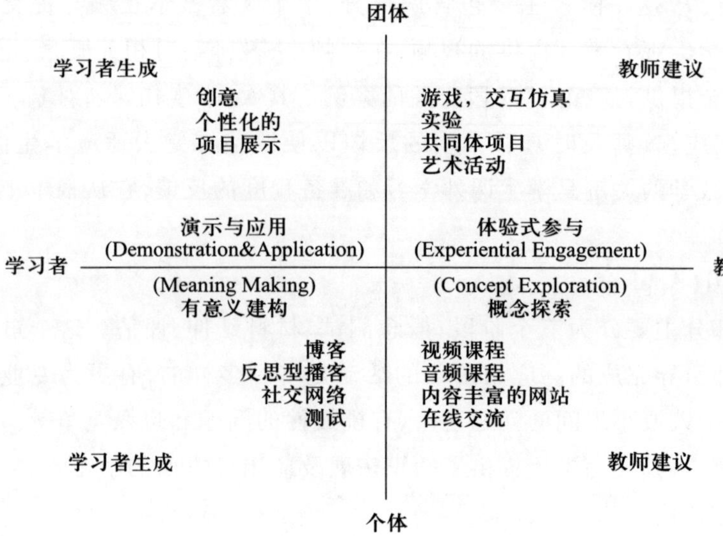

图 3.2.2　杰姬·格斯丁提出的翻转课堂教学模式

2. 概念探索(Concept Exploration)

学习者会在这个阶段接触到体验式参与中所涉及的概念。在“概念探索”阶段,学习内容是通过教学视频、内容丰富的网站、模拟社区和在线文本等方式呈现的。在这个阶段中,学习者可以提出自己还存在的学习问题。

3. 有意义建构(Meaning Making)

这个阶段指学习者要针对上一阶段内容的理解进行反思。学习者可以通过博客、音频、视频等方式表达和建构他们自己理解的内容。学习者通过作品创作、反思等完成意义建构。

4. 演示与应用(Demonstration & Application)

在这一阶段,学习者要去演示他们已经学到的内容,并且以某种方式应用它,使所学内容变得有意义。这是超越了对学生基本学习能力,包括理解和反思的要求,学生必须创造出超出课堂的、个性化的一些内容应用到生活中。这一阶段最好是以面对面的、小组协作的形式开展。

三、罗伯特·陶伯特翻转课堂模式

美国富兰克林学院的罗伯特·陶伯特(Robert Talbert)教授在很多课程中开展了翻转课堂教学实践,并经过多年实践研究总结出如图 3.2.3 所示的翻转课堂结构模型。①

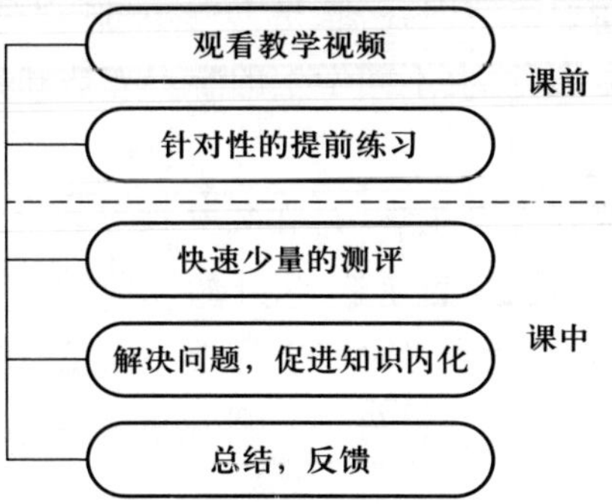

图 3.2.3 罗伯特·陶伯特的翻转课堂模式

这一模型简要描述了翻转课堂进行的流程，主要分为两部分：课前与课中。课前主要通过观看教学视频完成对一定基础概念的理解，并完成具有导向性的针对练习。课堂上教师不再是大篇幅地讲课，而是先进行小测试，然后解决学生的疑难问题，促进知识内化。但这种模式仅仅适用于部分理科课程，对于理科中实践性较强或者文科课程而言具有一定的局限性。

四、"四步五环"翻转课堂模式

2011 年，我国重庆江津聚奎中学借鉴美国科罗拉多州林地公园高中的实践模式，实施了翻转课堂。经过一年多的研究和实践，聚奎中学总结出了翻转课堂实际操作的"四步"和"五环"。

1. 课前四步

课前"四步"，即设计导学案—录制教学视频—学生自主学习—制定个别辅导计划。②

(1) 设计导学案

教师在深入研究教材和学生的情况下，以备课组为团队，集体制作导学案。主备教师在该科集体备课会前备好下周一周的学案和幻灯片(PPT)；第二周在集体备课会上共同研讨、优化学案和 PPT；学案由主备教师和备课组长签字后交油印室印刷，PPT 和学案电子版交教科处备案。

---

① Robert Talbert.Inverting the Linear Algebra Classroom [DB/OL].http://prezi.com/dz0rbkpy6tam/inverting-the-linear-algebra-classroom,2014-8-20.

② 《中国教师报》教育家成长工程办公室.中小学梯次发展策划研究院—重庆市聚奎中学教改经验介绍[EB/OL].http://www.tcfzch.com/doc_detail.php? id=1147,2013-8-20.

（2）录制教学视频

教师根据教学目标和教学内容，收集资源，录制视频。录制视频时要考虑不同教师和班级的差异，以适应不同学生的学习方法和习惯。

（3）学生自主学习

学生按照以下步骤开展自主学习：在独立预习教材的基础上，运用手中的平板电脑下载教师的教学视频和导学案，开始课前学习；登录平台完成预习自测题；组内互助解决个人独立学习时产生的学习问题；组内不能解决的学习问题由组长记录后交给科代表（学科班长），科代表整理好后上传至服务器。

（4）制定个别辅导计划

教师通过软件平台及时了解学生学习情况，调整课堂教学进度、难度，制订个别辅导计划，增强课堂教学的针对性。

2. 课中五环

课中“五环”，即合作探究—释疑拓展—练习巩固—自主纠错—反思总结。

（1）合作探究。组内不能解决的疑难问题，在课堂上以组间互助的形式合作解决。

（2）释疑拓展。全班学生都不能解决的问题，由教师在课堂上解决。教师根据学生的实际学习情况进行适度拓展和延伸。

（3）练习巩固。学生完成平台上或其他资料上的相关练习，以巩固所学知识。

（4）自主纠错。对自己做错的题，学生通过观看答案详解或教师的习题评析视频，自主纠错。

（5）反思总结。对本节内容进行知识归纳或方法梳理。

五、基于微课的翻转课堂模式

基于微课视频的翻转课堂的一般教学模型如图 3.2.4 所示。

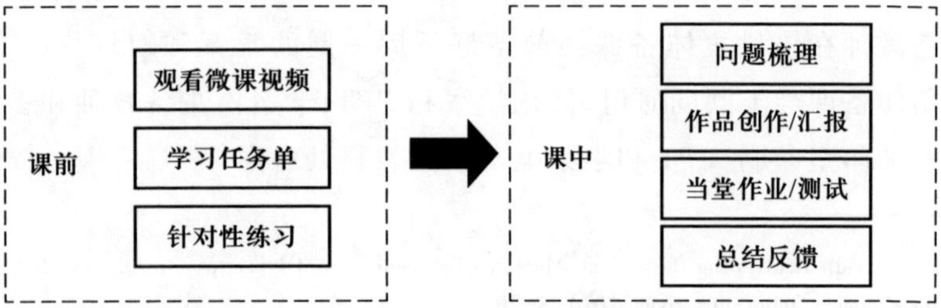

图 3.2.4　基于微课的翻转课堂教学模型

课前：教师根据教学目标、教学内容和学生认知基础设计课前学习的微课视频、学习任务单和进阶练习等。微课视频可以由教师自行设计制作，也可以选择网上优秀的教育资源。学生根据自己的学习情况依据学习任务单自定步调地完成微课视频的学习，并在线完成进阶练习。教师可在线了解学生学习情况，并依据学生练习反馈情况设计课中的教学活动。学生在课前的自主学习活动中，通过微课学习完成第一次知识内化，实现低阶层次的教学目标。

课中：教师根据学生课前学习情况进行存在问题梳理、释疑解惑和重点讲解，并通过问题解决、学习任务驱动、作品汇报等多样化的互动活动，促进学生的知识协作建构，实现教学目标中的高阶能力发展。课堂中教师的一般教学活动包括：(1) 错题重现，释疑解惑；(2) 问题促学，合作建构；(3) 重点讲解，知识梳理；(4) 作品汇报，分享收获；(5) 当堂作业，分析总结；等等。课堂教学活动的核心是帮助学生完成第二次知识内化，实现高阶层次教学目标的达成。

这个教学模型是一个一般化的翻转课堂教学模型，由于实际教学中在教学内容、学生情况和学习环境等因素都存在差异，实践者应根据实际情况进行适当的调整以满足教学需要。

第三节　翻转课堂的教学设计

翻转课堂作为一种颠覆传统课堂的教学模式，其教学设计过程与传统教学设计过程有一定的差别。虽然国内外对翻转课堂形成了众多各具特色的教学模式，但不管是哪种模式，其教学都离不开课程资源、教学活动、教学评价和支撑环境这些要素，因而翻转课堂教学也是以此为基础进行设计的。

一、翻转课堂的过程设计

美国创新学习研究所(Innovative Learning Institute, ILI)提出了图 3.3.1 所示的翻转课堂设计流程。ILI 认为，翻转课堂的设计过程主要包括确定学生课外学习目标、选择翻转内容、选择传递方式、准备教学资源、确定课内学习目标、选择评价方式、设计教学活动、辅导学生八个主要环节。①

(一) 确定学生课外学习目标

翻转课堂的设计首先要确定学生的学习目标，由于翻转课堂具有颠倒课

① Rochester Institute of Techonology.Models & Infographics | Teaching & Learning Services | RIT[EB/OL].http://www.rit.edu/academicaffairs/tls/course-design/flipped-classroom/models-infographics, 2014-5-20.

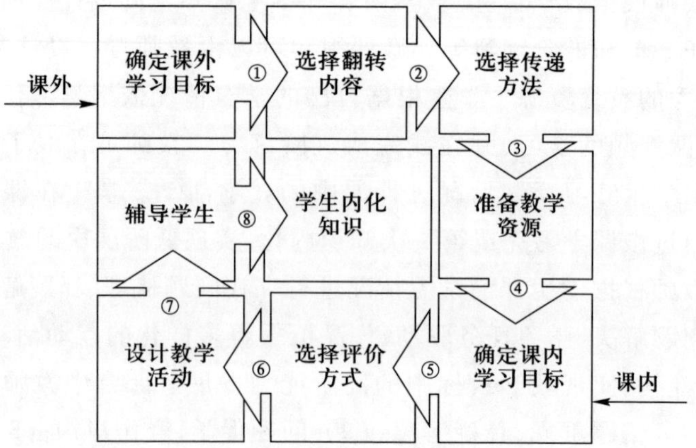

图 3.3.1　翻转课堂的过程设计

内外教学过程的特性,让学生在课外自主学习新知完成第一次知识内化,课内完成知识的第二次内化。因此,学生在课内、外学习活动所要达到的学习目标不同。学习目标的确定要注意以下原则。

1. 学习目标的阐述应该是具体的

学习目标的重点应能够说明学生在完成学习任务后行为或能力的变化。对于认知领域学习目标的阐述,罗伯特·马杰(Robert Mager)在 1962 年出版的《程序教学目标的编写》这本经典著作中指出,一个完整的教学目标应包括三个基本要素:行为、条件和标准。在教学设计的实践中,有的教育研究者认为有必要在马杰的三要素的基础上加上对教学对象的描述。

为了便于记忆,他们把编写学习目标的基本要素简称为 ABCD 模式。

A——对象(Audience):阐明教学对象。

B——行为(Behavior):说明通过学习以后,学习者应能做什么(行为的变化),较多使用“知道”“了解”“理解”“掌握”“应用”等动词进行描述。

C——条件(Condition):说明上述行为在什么条件下产生。

D——标准(Degree):规定达到上述行为的最低标准(即达到所要求行为的程度)。

例如:下面的学习目标实例中就包含了上述“对象”“行为”“条件”“标准”四个要素。

对小学四年级的学生进行了“小学生上网调查”的学习活动,要求学生能够独立操作计算机,熟悉互联网的用途,正确认识网络游戏,能够利用互联网查找学习资料,至少能正确判断上网的利与弊,与学习伙伴进行网上交流,并能用正确的指法在10分钟内输入20个以上汉字。

但对于情感学习目标(包括培养学习者的某些态度、认同某种观念、养成某种良好的习惯、形成高尚的道德品质等)与上述的认知领域学习目标有很大不同。情感领域的教学目标更多地体现在思想意识形态上,运用上述ABCD目标编写方法是非常困难的。因此,情感目标需要通过思想意识的外在表现来进行阐述。

通常的方法是,把学习者的具体言行看成是思想意识的外在表现,然后通过观察学习者的言行表现,来间接推断学习目标是否达到。例如,当学习活动结束时,学生将节约的零花钱储存起来,则表明学生有了勤俭节约的意识。又如,学生不再乱扔垃圾,当看到地上有垃圾时会弯腰捡起,则表明学生养成了爱护环境的习惯。在上述例子中,学习目标编写者通过观察"学生是否储存零花钱"和"是否乱扔垃圾"的具体行动,来判断学生是否具有某种态度或责任。

2. 学习目标是可实现的

学习目标的制定往往要考虑学生的年龄大小、认知规律、知识水平等因素。不同年龄的学生,认知规律和知识水平各不相同,那么对于不同的学习活动最后所能达到的学习结果肯定也不会相同。所以,在制定学习目标的时候往往要考虑学生是否能达成事先预设好的学习目标。为此,我们也可以将学习目标划分成不同领域的不同层次,以供不同学习水平的学生使用。最早提出关于教学目标的分类研究的是布鲁姆(B. S. Bloom)等美国学者,他们将教育目标分成三个领域,即认知领域、情感领域和动作技能领域。① 在20世纪90年代,布鲁姆比较早期的学生劳瑞恩·安德森和大卫·克拉斯沃尔修改了布鲁姆关于教学目标的分类,并且于2001年在《学习、教学和评估的分类学——布鲁姆教育目标分类学修订版》一书中,将布鲁姆认知领域的教育目标分类修订成了"记忆、理解、应用、分析、评估与创造"六个层次②。布鲁姆分类以及修订后的布鲁姆认知分类分别如图3.3.2和图3.3.3所示。

修订后的布鲁姆教育目标分类把认知领域按智能特性的复杂程度分为记忆、理解、应用、分析、评估、创造6个水平等级,如图3.3.3所示;情感领域分为注意、反应、价值判断、组织化和价值5个水平等级;动作技能领域则按肌肉与神经所要求的动作协调程度分为模仿、操作、精确和连接4个水平等级。表3.3.1是认知领域中六个水平等级相应的目标范围和常用行为动词的情况。

---

① 何克抗,郑永柏,谢幼如.教学系统设计[M].北京:北京师范大学出版社,2002;A.J.哈罗,E.J.辛普林.教育目标分类学.第三分册:动作技能领域[M].施良方等译.上海:华东师范大学出版社,1989.

② D.R.克拉斯沃尔,B.S.布卢姆等.教育目标分类学.第二分册:情感领域[M]施良方等译.上海:华东师范大学出版社,1989.

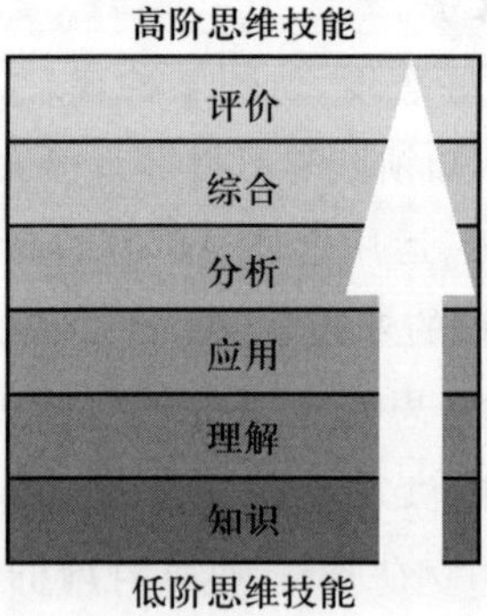

图 3.3.2 布鲁姆分类

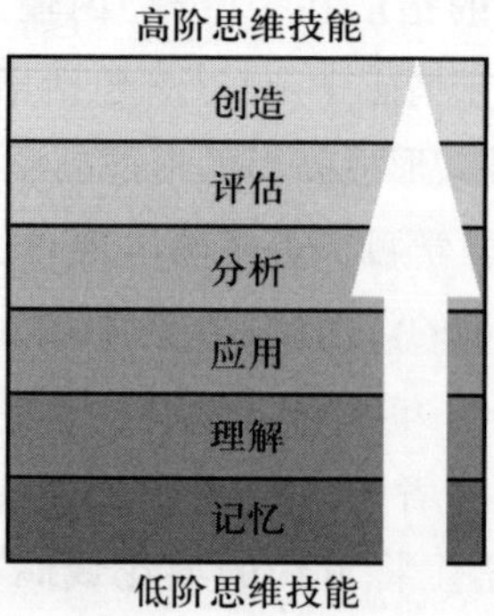

图 3.3.3 修订后的布鲁姆认知分类

表 3.3.1 认知领域的学习目标分类

认知过程纬度	数字时代的常用行为动词
记忆(Remembering):对个别事物和同类事物的记忆,对有关方法和过程的记忆,或对形式、结构和背景的记忆	指出、列举、描述、确认、想起、指明、定位、找出、指出重点、强调、添加书签、添加社会网络书签、添加星标、搜索、谷歌搜索
理解(Understanding):对知识的掌握,将知识内在化和系统化	阐述、总结、推断、释义、分类、对比、解释、举例说明、高级搜索、逻辑搜索、发表博客日志、分类和加标签、批注和注释、订阅
应用(Applying):在各种特定的、具体的情景中使用抽象的概念、原则和理论	实施、实行、使用、执行、运行、读取、播放、操作、破解、上传、分享、编辑
分析(Analysing):将知识分解为各个因素或部分,使得各相关层次更为清楚,各部分关系更为明白	对比、组织、拆析、归因、找出要点、发现、建构、整合、混合、链接、反编译、破解程序、媒体剪辑和回执思维导图
评估(Evaluating):能对于用来达到特定目标的材料和方法,给予价值的判断	检查、假设、评论、实验、判断、测试、察觉、监督、博客评论、评述、发表、仲裁、合作、建立网络关系、反馈、测试软件、验证
创造(Creating):将各个元素或部分加以组合形成一个整体,包括安排和结合各个片段、部分或元素以构成一种新的形式或结构	设计、建构、计划、生产、发明、制作、规划、拍摄、动画模拟、发表博客、发表视频、视频合成、视频编辑、编辑维基百科、发表作品、发表播客、指导/制作、创建和编译混搭型网站

需要特别注意的是,翻转课堂的课外学习目标一般是低阶思维层次,如记忆、理解和应用。

3. 学习目标是可测量的

教师所制定的学习目标必须是可测量的，因为只有是可测量的学习目标，才能评价学生通过参加学习活动后有没有达到学习目标，从而进一步判断学生的学习成效如何。所以，每个学习目标都应该有对应的评价问题或评价活动设计，并且有相应的评价工具去收集学生的学习情况。

（二）选择翻转内容

当确定了翻转课堂的课外学习目标后，就要考虑选择合适内容用于学生进行课外自主学习，对课外的学习目标要求主要是低阶思维的目标要求。所以，在设计和选择课外学习内容时，要结合学生本身的认知规律和特点去选择。ILI 针对如何选择翻转内容设计了一份表格（见表 3.3.2），教师可以通过填写表格明确并选择合适的学习内容用于翻转课堂的学习。

表 3.3.2 翻转内容选择表①

	课程活动内容	运用的课程概念、主题和活动
课外 低阶思维 技能（布鲁姆）	学生很容易能掌握的课程内容	
	你觉得学生在课外（作业）借助你的一点指导就能学得很好的课程内容	
	需要通过直接的教学或一对一辅导才能学好的课程内容	
	不一定需要教学活动，但需要教师在课外进行演示才能更好掌握的内容	
课内 高阶思维 技能（布鲁姆）	学生自身较难掌握的课程内容	
	很紧急却不够时间将其教好的课程活动	
	需要在课内准备但要在课外完成大量任务的实践活动	
	你觉得需要你在课内进行讲授和引导，学生才能完成的课程内容	

① Rochester Institute of Techonology. Flipped Content and Activities[EB/OL]. http://www.rit.edu/academicaffairs/tls/sites/rit.edu.academicaffairs.tls/files/docs/Flipped% 20Content% 20and% 20Activities_v1.pdf, 2015-3-20.

（三）选择内容传递方式

选择内容传递方式这一环节主要是创设可承载学生自主学习内容的媒体工具，这里所说的媒体工具主要分成两类。一类主要是用于承载自主学习内容的媒体资源，如文字、图片（书本、试卷、案例、练习册等）、视频（教学实录、微课等）和动画等；另一类主要是用来传播第一类资源的系统工具，如各种网络教学平台、学习管理系统、交流通讯平台、各种网络终端等。而选择学习内容传递的方式一般取决于想要传递的学习内容的形式、资源大小、学习者的地理位置和持有的接收设备情况等。在选择内容传递方式时，应综合考虑上述各要素，以选择传递速度快、传递内容形式丰富、获取方便以及易于学生开展个性化学习的方式为佳。

（四）准备教学资源

在确定了学习内容及其传递方法渠道后，即可开始制作相应的学习资源，或者借助网络搜集相关的学习资源为已所用。在该环节中需注意，无论是自己开发新的学习资源或利用已有的学习资源，均需与先前确定的学习内容保持一致，并且资源的形式、大小等要求也需和传递工具相匹配。

（五）确定学生课内学习目标

这一环节的学习目标与第一环节的学习目标有所不同。第一环节中确定的课外学习目标更多的是针对低阶思维技能的学习目标，因为在课外学生能参与的更多是培养其识记、理解和应用等低阶思维技能目标的学习内容和活动。而在课内则恰恰相反，学生通过与同伴和教师面对面地交流、讨论和开展协作探究等活动，更易于达到发展分析、评估和创造等高阶思维技能的目标。为此，本环节确定的学习目标应该偏向分析、评估和创造等高阶思维技能层次。

（六）选择评价方式

在正式开始课堂教学前，不管是教师还是学生，对课堂教学活动提前做好充分的准备都是非常必要的。一般，教师可采用低风险的评价方式（是指不对学生的评价结果进行分数、等级的标记和评比，而仅作为发现学生学习问题的一种教学评测方式）对学生进行评测，从而发现学生学习真正的难点，以便教师和学生调整教学计划和学习计划。而我们常用的课前小测验就是一种较好的低风险评价方式，这些小测验的题目量并不多（一般只有 3~4 个问题），其不仅仅是检测学生在课前学习的事实性知识，更重要的是为学生提供一个综合应用所学知识的机会。在这个过程中，不仅教师能及时地把测验中出现的问题反馈给学生，学生也可以向教师提出自身遇到的问题，并通过与教师交流使问题得以解决。所以,在正式上课前进行低风险的学习评价是一种非常有效的教学策略。低风险的评价方式有很多,小测验只是其中比较常见的一种。教师可以在这个环节根据先前学生在课外自主学习的内容选择合适的评价方式对学生进行一次课前评价,了解学生真正的学习难点。

(七) 设计教学活动

当通过课前评价了解到学生真正的学习难点后,教师需针对学生学习难点和高阶能力发展需要设计具有导向性的课堂教学活动。课外的学习内容和活动主要帮助学生解决识记、理解类的知识,在课内则是帮助学生解决学习难点,并充分应用所学知识,学习更深层次的内容。所以,设计的教学活动应能更好地培养其分析、评估和创造等高阶能力,可采用如基于项目的学习、基于问题的学习、协作探究学习等形式。

(八) 辅导学生

教师在教学中无论采用何种教学活动,想要取得良好的教学效果都离不开教师的正确引导。在学生进行教学活动时,教师需提供相应的脚手架,帮助学生更好地开展活动,有时甚至还需教师为仍对学习内容和活动存在困惑的学生提供个性化的辅导。在整个学习活动中,教师需给提出疑问的学生给予及时的反馈,在学生汇报学习成果或学习结束后,教师要进行统一的总结反馈,以促进学生进行知识的内化和升华。

二、翻转课堂的资源设计

(一) 支持翻转课堂的信息化教学资源

教学资源是指支持教与学活动的资源,从广义的角度上讲,它不仅指用于教与学过程的设备和材料,还包括人员、预算和设施,包括能帮助个人有效学习和操作的任何东西。[①] 而随着信息技术的发展,慢慢出现了信息化教学资源的概念,它是指在以网络和计算机为主要特征的信息技术环境下,为教学目标而专门设计的或者能被用于为教育目标服务的各种资源,包括教育环境资源、教育人力资源和教育信息资源。

翻转课堂教学理念的提出与信息化资源的发展与教育应用是分不开的。它需要借助一定的信息技术资源让学生能在课外自定步调地完成新知的学习。而在课内,教师则可根据学生在课外自主学习时遇到的问题和高阶能力

---

① 巴巴拉·西尔斯,丽塔·里齐.教学技术:领域的定义和范畴[M].北京:中央广播电视大学出版社,1999.

发展的需要,有针对性地设计具有导向性的教学活动(协作探究、基于项目的学习、基于问题的学习等),并借助一定的信息技术(信息搜集工具、交流讨论工具、演示工具等)组织、引导学生在课堂上完成知识的内化。

从前面对翻转课堂开展过程的完整描述中可知,支持翻转课堂需要用到的信息化教学资源主要包括教学视频、进阶练习、学习任务单、知识地图和学习管理系统五大类,具体各类资源的作用和特点如表3.3.3所示。

表3.3.3　支持翻转课堂的教学资源①

类型	作用	特点	实例
教学视频	教学视频是翻转课堂的重要组成部分,主要用于翻转课堂的课外学生自主学习部分,是课外学习内容的主要载体。	1. 可支持学生自定步调地学习,具有快进、快退、暂停、播放等功能; 2. 配有相应的学习指导和动态测验。	微课、大规模在线开放课程(MOOC)、网络视频等。
进阶练习	进阶练习是一种基于标准的评价方式,常与教学视频配套出现,学生学习一段视频后要进行相应的测验,答对才能继续学习下一段视频,其主要目的是帮助学生检测学习目标的达成情况。	1. 是一种非正式的评估方式; 2. 题目常采用由易到难的进阶方式; 3. 一般可分为概念辨析、熟练练习和应用拓展三种题型; 4. 具有达标性,帮助学习者达到某一学习标准。	可汗学院进阶练习等。
学习任务单	学习任务单是翻转课堂中用于辅助学生进行课前自主学习的学习指导书,一般以问题导向的方式突出课前学习内容的重难点知识,指引学生在解决问题的同时把握学习的重难点,并达到知识梳理的目的。	1. 明确学生的课前学习任务、目标要求,指导学生的自主学习行为; 2. 一般包含学习指南、学习任务、问题设计、建构性学习资源、学习测试等内容。	一般以表单的形式出现。

① The Flipped Classroom Field Guide [EB/OL]. http://www.cvm.umn.edu/facstaff/prod/groups/cvm/@pub/@cvm/@facstaff/documents/content/cvm_content_454476.pdf, 2013-8-25; Kelly Walsh. 8 Great Free Flipped Classroom Resources[EB/OL]. http://www.flippedclassroomworkshop.com/8-great-free-flipped-teaching-resources, 2015-8-25; Amanda Ronan. 10 Free Resources for Flipping Your Classroom Edudemic[EB/OL]. http://www.edudemic.com/10-resources-for-flipped-classroom, 2015-9-10.

续表

类型	作用	特点	实例
知识地图	知识地图是翻转课堂中教学视频的知识体系,其依据教学目标和学习需求,将教学视频有机组织起来,呈现知识之间的关联,按照学科的逻辑与"循序渐进"的教学原则,指导教师循序教学。	1. 可视化的知识体系呈现界面; 2. 包括概念型、流程型和能力型三种类型的知识地图; 3. 为学生自主学习提供学习路径。	可汗学院的知识点知识地图。
学习管理系统	学习管理系统(LMS)在翻转课堂教学中主要起到资源共享,交流讨论,学习过程追踪、分析和记录的平台支撑作用。	1. 支持教学视频的上传、播放; 2. 支持开展各类评估测验; 3. 支持师生和生生之间的双向交流互动; 4. 支持学习数据和评测数据的自动收集、记录、分析和统计。	Moodle、Blackboard、Claronline、LAMS 等。

除了上述的教学资源作为翻转课堂教学实施的主要资源外,要想有效开展翻转课堂还需要借助一定的教学辅助工具软件,其作用主要是帮助教师进行教学视频的制作、师生间开展交流协作、学生学习成果的展示等,该类教学资源几乎可以用于翻转课堂的全过程,包括翻转课堂教学的设计、实施和评价等方面。

按照作用于翻转课堂教学开展过程中的不同方面,可以将教学辅助工具分为视频制作工具、交流讨论工具、成果展示工具和协作探究工具四类,常用的工具如表 3.3.4 所示。

表 3.3.4　支持翻转课堂的教学辅助工具

类型	工具
视频制作	Camtasia Studio、SnagIt、Screencast-O-Matic、Premiere 等
交流讨论	QQ、E-mail、微信、微博、聊天室、BBS 讨论区等
成果展示	PPT、Word、思维导图、博客等
协作探究	Google Docs、Wiki Space、PhET 模拟实验程序等

（二）资源选择原则

翻转课堂的资源包括教学视频、进阶练习、学习任务单、知识地图、学习管理系统和各类教学辅助工具等，每类资源都各具特点，并且每类资源可供选择的具体资源种类、载体类型众多，但并非每一种资源都可以完美地用于翻转课堂中，也不存在一种万能的资源，因此教师应根据教学实际需要合适地选择翻转课堂的教学资源。一般而言，翻转课堂教学资源的选择需遵循以下原则。

1. 最优选择原则①

教学资源的选择，就是根据教学内容和教学目标的要求，选择存储和传递相应教学信息并能直接介入教学活动过程中的载体。图 3.3.4 给出了媒体最优选择的决策模型。

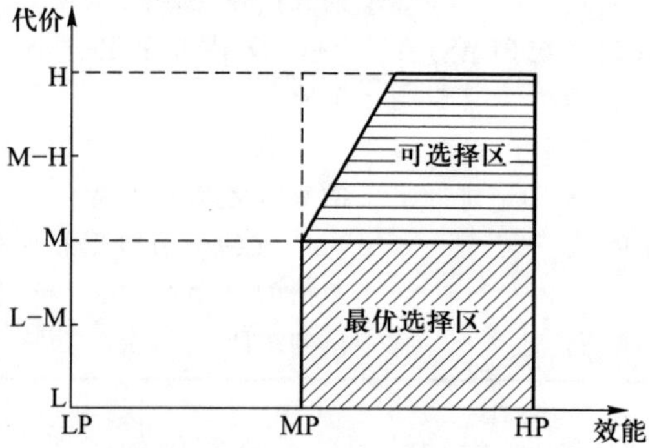

图 3.3.4　媒体最优选择决策模型

图中的纵坐标表示使用媒体需付出的代价，包括制作成本、维护条件、耗费时间等。L 表示最低，M 表示中等，H 表示代价最高。图中的横坐标表示媒体的功效，即媒体在完成教学目标中所能起作用的大小程度，LP 表示低效能，MP 表示中等效能，HP 表示高效能。图中的斜线区域表示以较低的代价（由 L 到 M）可获得较高的效能（由 MP 到 HP）的优选范围。横线区域表示虽然代价较大（由 M 到 H），但其效能也较高（由 MP 到 HP），属可选范围。在选择翻转课堂所需的教学资源时需要遵循媒体最优选择决策的模型，以选择低代价高效能的资源为佳。

2. 具有较强兼容性②

随着信息技术的发展，众多便携式的移动智能终端也逐步被用于教育教

① 李克东.新编现代教育技术基础[M].上海：华东师范大学出版社，2002.

② Britannica White Paper Series.Five Ways to Support Flipped Classrooms[EB/OL].http://info.eb.com/wp-content/uploads/2013/09/FlippingWhitePaper.pdf，2014-9-25.

学中，在便利教学的同时也促进了教学的变革，翻转课堂理念正是在这样的环境中得以广泛传播和应用的。在翻转课堂的实施过程中，学生利用各类移动设备，如平板电脑、智能手机等进行课外自主学习，课内教师利用移动终端设备进行授课都是非常普遍的现象。因此，在资源载体发生变化时，对资源的形式也提出了巨大的挑战，要求其必须能够很好地兼容各类学习终端设备，在各类终端设备中都能流畅运行。

3. 多种媒体组合

翻转课堂教学模式下以学习者为中心的理念要求我们在选择教学资源时应该遵循丰富教学资源形式的原则，即有机结合文字、图片、声音、视频、动画等多种媒体形式，以引起学习者的学习兴趣，从而取得更好的学习效果。

三、翻转课堂的活动设计

翻转课堂颠倒了传统课堂的教学模式，在课外学生借助教学视频和其他材料进行自主学习，在课内教师设计导向性的教学活动组织引导学生进行知识内化，将学生"新知学习—知识内化"的学习过程完整地呈现出来。所以，翻转课堂教学活动设计一般包含了课外活动设计和课内活动设计两个部分。

（一）课外学习活动设计

翻转课堂课外活动部分主要是帮助学生学习新知，以及通过简单的测验发现学生真正的学习难点。此外，该部分内容通常是借助网络教学系统来完成学习内容的传递、师生的交流讨论和学习过程的分析。为此，翻转课堂的课外学习活动一般属于线上活动，主要包括以下几类。①

1. 在线学习

在线学习主要有阅读电子教材和观看教学视频两种形式。学生通过阅读相关的电子书籍、资料或观看教师提前准备好的讲授视频，掌握并理解课程中重要的概念或信息。一般为了加深学生对于相关概念知识的理解，在线学习的材料必须配套相应的附加内容（如引导性问题、反思性问题、注释、小测验等）用于辅助学生进行自主学习。

2. 交流讨论

---

① Centre for Teaching Excellence, University of Waterloo. Online Activities and Assessment for the Flipped Classroom [EB/OL]. https://uwaterloo.ca/centre-for-teaching-excellence/teaching-resources/teaching-tips/lecturing-and-presenting/delivery/online-activities-and-assessment-flipped-classroom, 2014-10-11.

即在学习管理系统中开辟一个专门的讨论区,或借助专门的在线交流工具,由学生和教师在网上围绕课外学习内容展开交流和讨论。讨论主题既可以是教师预设的,也可以由学生创设,师生之间、生生之间围绕讨论主题开展交流讨论,逐渐形成师生在线辅导和生生自组织学习的学习模式。通过这样的学习模式,学生可以很快地掌握课外学习内容并且对其有较深层次的理解,为课内的学习活动做好准备;教师也可以借助与学生的交流讨论,发现学生真正的学习难点,并针对这些难点设计相应的课堂教学活动。

3. 在线测评

学生通过自主学习以及交流讨论完成了新知学习后,可以进行在线测评。测评能够检测学生自主学习的成果,反映出学生在自主学习时遇到的问题,从而便于教师和学生在课内教学活动开展前针对问题提前做好准备。在线测评一般采用低风险、形成性的评价方式,在检测学生学习成果的同时也提供一个学生反馈问题的机会。

(二)课内学习活动设计

翻转课堂的特点之一就是可以在最大化地开展课外自主学习的基础上,开展更深层次的课堂教学活动,从而提升学生学习效果。所以,如何通过课堂活动设计完成知识内化的过程成为了影响翻转课堂教学效果的关键问题之一。教师在设计课堂活动时,应充分利用情境、协作、会话等要素发挥学生的主体性,帮助学生完成知识的第二次内化,达到提高高阶思维能力的目标。课内学习活动一般可以分为:个体学习活动和小组学习活动。

1. 个体学习活动

个体学习是指个体在行为过程中和通过行为的结果获得新的技能和知识。个体学习的实现可以通过直接的实践,或者是通过他人经验的提示,或者通过理论知识的学习。翻转课堂中课内学习活动的个体学习活动更多的是在学生完成课前学习(第一次知识内化)的基础上,教师通过多样化的互动与协作活动,指导学生加深对学习内容的理解,并通过反思、评价,整合已有知识创设作品、解决方案等,以此完成知识的第二次内化。

翻转课堂中个体学习活动主要有课堂练习、绘制概念图、个体的基于问题的学习等,具体如表 3.3.5 所示。

表 3.3.5 课内个人学习活动①

类型	描述	作用
课堂练习	课堂教学中的随堂测验，是一种非正式的学习评价方式，题目容量较小，主要用于检测学生对知识点的掌握程度。	课堂练习一般在课堂开始用于检测学生的第一次知识内化结果，或在课中用于检测学生的第二次知识内化结果。
绘制概念图	概念图(Concept Map)是一种用节点代表概念、用连线表示概念间关系的图示法，用来表征知识间的关系，以及将自身思维可视化的一种图示技术。	学生通过绘制概念图的活动，建立已有知识和新知间的联系，构建和完善自身的知识体系，并通过这种可视化的知识形式，加深对学习内容的理解。
个体基于问题的学习	基于问题的学习强调把学习设置到复杂的、有意义的问题情境中，通过让学习者解决真实性问题，来学习隐含于问题背后的科学知识，形成解决问题的技能，并形成自主学习的能力。它能用于个体学习也能用于小组合作学习。	通过基于问题的学习方式，学生在课堂中解决实践过程中遇到的问题，同时，教师会提供相应的脚手架帮助学生解决问题，并对提出问题的学生给予及时的反馈，提高问题解决的效率，最终达到提升学生自主学习能力的目的。

2. 小组学习活动

小组合作学习就是以合作学习小组为基本形式，系统地利用教学中动态因素之间的互动，促进学生的学习，并以团体的成绩为评价标准，共同达成教学目标的教学活动。小组合作学习活动通常是翻转课堂中课内部分最为关键的教学活动，每个学生个体带着自身对学习内容的认识和理解进行小组合作学习。在合作学习过程中，小组成员通过共享、论证、协商、创作和反思等一系列交流讨论活动，对知识内容形成了整体的、新的认识和理解。这个认识和理解比任何一个个体原有的认识和理解还要深刻，但也不是简单的小组内所有成员认识和理解的相加，而是一个知识内化和升华的过程。能够有效推进该

① Centre for Teaching Excellence, University of Waterloo. Online Activities and Assessment for the Flipped Classroom [EB/OL]. https://uwaterloo.ca/centre-for-teaching-excellence/teaching-resources/teaching-tips/lecturing-and-presenting/delivery/online-activities-and-assessment-flipped-classroom, 2014-9-25.

过程的小组学习活动类型有很多,具体如表 3.3.6 所示。

表 3.3.6 课内小组学习活动①

类型	描述	作用
Think-Pair-Share	抛出一个课外学习内容中的中心概念或者在之前评测过程中暴露出来的具有争议性的问题让学生进行思考讨论。 Think 阶段:学生针对提出的问题单独进行思考,并把想法写下来; Pair 阶段:与一个同伴讨论彼此的想法; Share 阶段:扩大讨论范围,并让部分学生展示讨论的结果。	该活动主要引导学生对某一主题展开讨论,并在与同伴交流的过程中,构建和完善自身的知识体系。
Round Robin	类似头脑风暴的一种循环发言的交流讨论活动,小组成员针对某一主题进行头脑风暴,每个人都有机会围绕讨论主题利用一个词或一句话表达自己的观点想法。当所有人都发表意见后,再对这些意见进行归纳总结,从而形成最终结论或观点。	通过该活动让每个学生都参与到讨论交流中,并形成对某一主题或问题的初步的意见或观点,以此作为铺垫,为接下来更深层次的活动作准备。
IF-AT Cards	IF - AT (Immediate Feedback Assessment Technique)是一种即时反馈评价技术。IF-AT 卡片中记录了相关的问题和答案,学生只有刮卡片的特定区域才能知道问题的答案。这一学习活动中教师预设好 IF-AT 卡片,学生先单独思考卡片的问题,但不能看答案。等到小组成员经过讨论协商出统一的答案后,再揭示卡片中的答案,检测讨论的结论是否正确。	IF-AT Cards 学习活动是小组交流讨论得出结论,以验证课外学习成效的一种方式。这样的活动保证了生生之间充分的交流讨论,同时也加深了其对知识点内容的认识和理解。

① Centre for Teaching Excellence, University of Waterloo. Online Activities and Assessment for the Flipped Classroom | Centre for Teaching Excellence[EB/OL].https://uwaterloo.ca/centre-for-teaching-excellence/teaching- resources/teaching - tips/lecturing - and - presenting/delivery online - activities - and - assessment-flipped-classroom, 2015-2-20; Barkley, E. F., Cross, K. P., Major, C. H.. Collaborative Learning Techniques[M].San Francisco, CA:Jossey-Bass, 2005.

续表

类型	描述	作用
Fishbowl Discussion	将班级学生分成两部分，一部分是一个3~5人的小组，其余的学生作为另一部分。小组围成一个内圈进行讨论，教师在必要的时候可以参与其中的讨论，而其余的学生则在小组外围围成一个外圈，在倾听内圈小组成员讨论的同时，对讨论的内容和逻辑关系做笔记，最后彼此之间开展讨论，或对内圈小组的讨论给出有建设性的反馈意见。	通过自由讨论，能最大程度激发学生之间的交流讨论，引发学生对知识内容的思考，从而加深学生对学习内容的认识和理解。
访谈法	两人组成一个小组，彼此提问课外学习内容中的知识点。之后，两人总结彼此的回答，并将总结的内容与其他的小组进行交流讨论。	通过访谈法，两人互相提问和回答，在一问一答之间，问的人复习巩固了所学，答的人也检测了自身的学习成果，起到了查缺补漏的作用。
角色扮演	翻转课堂内学生扮演不同视角的角色，并代入扮演的角色，用角色的视角去思考问题，并在这样的情境下展开讨论。	通过角色扮演，帮助学生从不同的视角对一个主题进行思考，加深学生对该主题内容的认识和理解。
Think-aloud Pair Problem Solving	教师呈现一个较为复杂的问题情景，学生两人一组，其中一人根据课外所学的知识向另一人解释解决问题的方法和步骤，而另一个人则对不懂的地方提出疑问或者在对方遇到困难时，偶尔帮助对方，提出问题解决的方法。当问题解决时，两者的角色对调，重复上面的过程。	通过这样的方式，加深学生对课外所学知识的理解，同时还培养了学生分析问题以及应用所学知识的能力。

续表

类型	描述	作用
协作探究	教师呈现一个基于真实情景的、与主题相关的问题或案例，并提供相应的脚手架辅助学生解决问题。学生分小组进行探究学习，借助课外所学的知识提出解决问题的方法。	这一类活动有助于考查学生对所学知识的理解、分析、评价和应用等多方面的能力，并在这个过程中无形中提升了学生的分析、评价和创造能力。

四、翻转课堂的评价设计

教学评价是指以教学目标为依据，制定科学的标准，运用一切有效的技术手段，对教学活动过程及其结果进行测定、衡量，并给以价值判断，[①]主要具有导向功能、鉴定功能、监督功能、调节功能、诊断功能和激励功能等。

（一）教学评价的分类

翻转课堂中的评价体制与传统课堂的完全不同。在翻转课堂教学模式中，评价应该由专家、学者、老师、同伴以及学生共同完成。翻转课堂不但要注重对学习结果的评价，还应注重对学习过程的评价，真正做到定量评价和定性评价、形成性评价和总结性评价、对个人的评价和对小组的评价、自我评价和他人评价之间的良好结合。常见的教学评价如下。

（1）诊断性评价：指在某项教学活动开始之前对学生的知识、技能以及情感等状况进行的预测。

（2）形成性评价：指在某项教学活动过程中，为能更好地达到教学目标的要求、取得更佳的效果而不断进行的评价。

（3）总结性评价：指在教学活动告一段落后，为了解教学活动的最终效果而进行的评价。

（二）支持翻转课堂的评价活动

与传统课堂的学习评价活动相比，翻转课堂的教学评价侧重于针对学生学习情况开展以鉴定、诊断、调节为主要目的的评价。一方面，旨在检测出学生对课外学习内容的认识和理解程度，并诊断出学生真正的学习难点，从而为课内教学活动的设计奠定基础；另一方面，在课内展开形成性评价和总结性评

① 杨九俊.教学评价方法与设计[M].北京：教育科学出版社，2004.

价活动,评价学生整个学习过程,鉴定学生学习成果。

翻转课堂的过程评价强调学生在问题的选择、独立学习过程中的表现、小组学习中的表现、学习计划安排、时间安排、结果表达和成果展示等方面。

翻转课堂中常用的评价形式主要有以下几种。①

1. 在线测试

在线测试主要是应用网络互动技术开展学习效果检测的练习、测试等活动,网络平台能自动收集学生的测试结果,并能自动完成测试批改、统计和分析等工作。在翻转课堂中可以采用的在线测试形式多样,如有低风险的自我评价、在线测验等,其选择往往取决于学习目标的设定。

(1) 低风险的自我评价。它主要用来帮助学生判断自身对自主学习内容的认识和理解程度。一般情况下,这种评测方式不会形成最终的分数或成绩,是一种能快速反馈,并且行之有效的评价方式。

(2) 在线测验。它是一种结合了单项选择、多项选择和填空题的评测方式。测验的内容并不仅仅是学习内容的简单重复,有一半的内容需要学生对学习内容进行思考后才能回答出来。

2. 课堂概念测试

这是一种简短、具有针对性的非正式学习评价方式,这一类测验通常针对一个知识点设置1~5道多选题,学生通过举手、举指示牌(不同颜色的牌指代不同的选项)或选择器回答问题。概念测试的主要目的在于获得学生对当前讲述知识点的理解程度,以便教师进行教学调整。测验并不是针对个别学生的,也不会给出相应的分数或成绩,是一种低风险的评价方式。基于网络环境的概念测试能实现在一个大班教学中进行实时的评测并能较快地统计其结果,作出及时的教学调整。

3. 概念图评价

概念图是一种用节点代表概念,用连线表示概念间关系的图示法,它是能将自身思维、知识点之间关系可视化的一种图示技术。利用概念图能很好地反映出学生对所学概念的理解程度,教师可以以此对学生的课外学习活动进行评价。如教师可以针对课外学习内容给出一份不完整的概念图,让学生填

---

① Centre for Teaching Excellence, University of Waterloo. Online Activities and Assessment for the Flipped Classroom [EB/OL]. https://uwaterloo.ca/centre-for-teaching-excellence/teaching-resources/teaching-tips/lecturing-and-presenting/delivery/online-activities-and-assessment-flipped-classroom, 2014-9-20; William McKeachie, Marilla Svinicki (eds.). McKeachie's Teaching Tips: Strategies, Research, and Theory for College and University Teachers[M]. MA: Wadsworth Publishing Co Inc, 2006.

补空缺的概念及概念间的逻辑关系，以此了解学生对哪些概念的掌握较弱，需要安排进一步的教学活动加深学生对这些概念的理解。

4. 同伴评价

同伴评价主要是由合作学习的同伴根据学习者对小组做出的贡献、小组活动参与情况及与小组其他成员讨论问题情况等方面对其做出的评价。这种评价方式有利于学习者更好地参与到小组学习活动中，提高帮助他人及合作学习的积极性。①

（三）常用的评价工具

教学评价都是以客观资料为基础的，其资料收集往往需要借助于评价工具。以下是翻转课堂评价常用的一些工具。

1. 结构化观察表格

结构化观察是人们为了认识事物的本质和规律，通过感觉器官或借助一定的仪器，有目的、有计划地对自然发生状态下出现的现象进行考察的一种方法。这种方法主要用来收集学生的学习行为反应信息。如表 3.3.7 是用于观察学生在课堂中出现不集中注意行为的表格。

表 3.3.7　学生出现不集中注意行为的观察记录表

时间段（分钟） 学生	0~5	5~10	10~15	15~20	20~25	25~30	30~35	35~40
S_1								
S_2								
S_3								
S_4								
……								
S_m								

2. 态度量表（问卷调查）

态度量表是针对某件事物而设计的问卷，通过被试者对问卷所作的评测选答反应，从而了解被试者对某事物的态度倾向。态度量表主要用来收集学生的学习态度反应信息。如表 3.3.8 所示的例子是为了了解学生对课堂教学的态度所设计的量表。表 3.3.8 所针对的问题是：您对该节课感不感兴趣？

① 马明山，乔丹丹，汪向征．公众视野中的可汗学院课程评价及其启示［J］．中国电化教育，2014，(1)：93-98.

表 3.3.8　态度量表设计实例

很感兴趣	感兴趣	不感兴趣	很不感兴趣

3. 形成性练习

形成性练习是按照教学目标而编制的一组练习题,是以各种形式考核学生对本学习单元的基本概念和要素的掌握程度。在课堂教学过程中,常常会采用这种方法来检测学生对学习内容的掌握情况,如表 3.3.9 是一个形成性练习设计实例。

表 3.3.9　形成性练习设计实例

知识点	学习水平	题目内容
什么是浮力? 施力物体是什么? 受力方向如何?	识记	判断题(对的请打√) A. 木块在水中上浮时受到力,铁钉在水中下沉时没有受到力。(　　) B. 从井里提水,觉得水桶离开水后比水桶在水里时重,这是因为水桶在水里时受到浮力的作用。(　　)

4. 同伴互评量规

同伴互评是开展合作活动常用的过程性评价,其实施可以借助类似表 3.3.10的互评量规进行。

表 3.3.10　小组活动互评表

评价内容		较满意	满意	很满意
我觉得我们组	1. 自觉完成了教师布置的任务。			
	2. 与伙伴们相处融洽。			
	3. 我们组学到了一些知识。			
其他同学认为我们组	1. 能自觉完成教师布置的任务。			
	2. 大部分时间里提出的意见对小组有帮助。			
	3. 对我们组的总体表现是喜欢的。			
老师夸我们组	1. 乐于完成学习任务。			
	2. 在活动中积极表现自己的想法。			
	3. 喜欢与其他组沟通交流。			
我们组得到了	颗星			

第四节　翻转课堂案例

翻转课堂的教学理念开始在网络传播后,迅速得到了许多一线教师的认同，他们在学习模仿的基础上积极开展探索，形成了许多有创意的教学案例。本部分介绍两个来自一线教师的翻转课堂案例。

一、“平行四边形的面积”翻转课堂

（一）案例简介

“平行四边形的面积”是中山市教研室李宇韬老师的一堂翻转课堂教学实验课，这一次课是人教版数学五年级上册第六单元第一课时的内容，主要讲述的是平行四边形面积计算公式的推导过程。教师采用翻转课堂的教学模式，在课前利用微课视频让学生回顾长方形的推导过程与方法，并在此基础上引导学生将平行四边形转化为长方形，进而推导平行四边形面积的计算公式。而后在课内针对学生在课前自主学习时出现的问题设计了交流疑惑和练习提升等教学活动，以此帮助学生完成知识的内化。

（二）课前学习目标

1. 回顾长方形面积推导过程与方法。

2. 通过动手操作、自主思考，以及体验将平行四边形转化为长方形来推导面积计算公式的过程，掌握平行四边形面积计算公式，体验转化的数学思想方法。

（三）微课资源设计

1. 微课视频教学设计（见表 3.4.1）

表 3.4.1　“平行四边形的面积”微课教学设计

微课名称	平行四边形的面积		
授课教师姓名	李宇韬	单位	中山市教研室
知识点来源	□学科：数学 □年级：五年级上册 □教材版本：人教 2013 版 □所属章节：第六单元第 1 课时		
录制工具	PowerPoint2010 + Camtasia Studio 6.0.2		
微课设计简介（200 字以内）	将微视频与“自主学习单”相结合，引导学生动手操作、自主探究，关注学生学习过程中的探究与思考。从“面积”的概念理解入手引出求图形面积的一般方法，为数格子求平行四边形面积的合理性作铺垫。回顾长方形面积的推导过程，建立与已有知识的联系，为后面公式推导作准备。引导学生利用转化的方法推导平行四边形的面积计算公式，在动手操作中体会等量关系的运用及推导公式的过程。在回顾学习过程时将转化的思想方法显性化，明确转化的价值与作用		

续表

微课教学设计内容	
教学目标	1. 回顾长方形面积推导过程与方法 2. 通过动手操作、自主思考,经历将平行四边形转化为长方形来推导面积计算公式的过程,体验转化的数学思想方法
重点难点 突破策略	围绕"面积"的概念引出数格子在求面积时的作用,回忆长方形面积推导方法,为后面公式的推导作铺垫;通过动手操作将平行四边形转化为长方形,感受转化的价值,自主探究转化前后两个图形之间的等量关系,以此推导公式
教学过程	一、创设情境,引出学习需要 展示生活中一些表面是平行四边形的物体,引出:想要计算这些物体表面的大小就需要学习掌握平行四边形面积计算的知识 二、回顾旧知,建立新旧知识联系 1. 以"面积"概念为教学切入点 过去,我们如何求图形的面积? 2. 以"长方形面积推导"为铺垫 长方形的面积公式是怎样推导出来的? 3. 数格子方法估测出平行四边形面积 三、动手操作,探究新知 1. 以"平行四边形中相关线段长度"展开猜想 根据数格子的结果猜想平行四边形面积与图形中哪些线段有关 2. 将平行四边形转化为长方形来推导验证平行四边形面积计算公式 四、回顾学习,凸显转化方法 五、解决问题,巩固新知

2. 微课学习任务单①

“平行四边形面积”微课学习单

姓名　　开始学习时间：　　　　　　　　结束时间：

一、学习思考

序号	视频暂停时刻	思考问题	自己的想法
1	3：44	怎样把平行四边形转化成长方形？剪一剪、拼一拼。(平行四边形附在后文)	把你拼好的长方形贴在下面：
2	4：10	观察原来的平行四边形和转化后的长方形之间有哪些等量关系。	发现了这些等量关系： 平行四边形的(　　)＝长方形的(　　) 平行四边形的(　　)＝长方形的(　　) 平行四边形的(　　)＝长方形的(　　)
		根据上面的等量关系，你认为平行四边形面积该怎样计算？	平行四边形的面积＝
3	5：00	你还有其他办法把平行四边形转化成长方形吗？剪一剪、拼一拼。	把你拼好的长方形贴在下面：

① 本任务单为完整的“平行四边形面积”微课学习单，任务单中图表不单独排序——作者注。

二、自主练习(数学书89页)

1. 一个停车位是平行四边形,它的底长5 m,高2.5 m。它的面积是多少?

2. 计算下面每个平行四边形的面积。

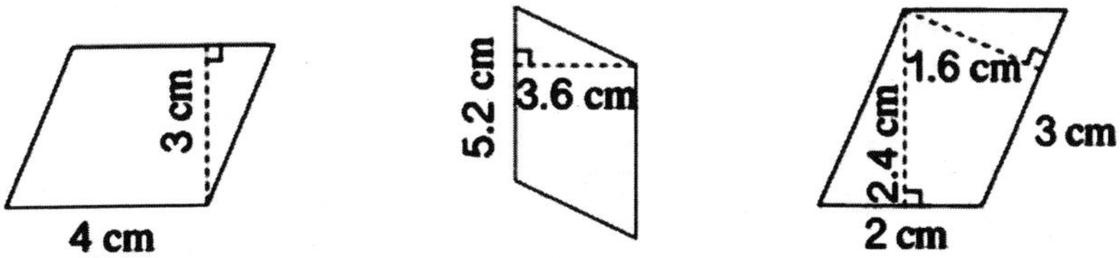

3. 你能想办法求出右面两个平行四边的面积吗?

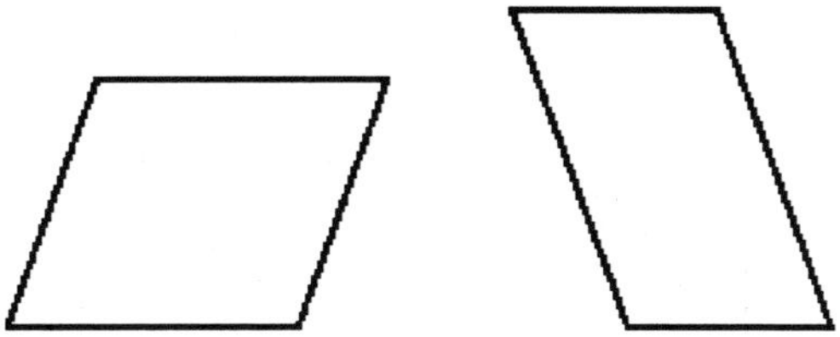

4. 有一块麦田的形状是平行四边形。它的底是 250m，高是 84m，共收小麦 14.7 吨。这块麦田有多少公顷？平均每公顷收小麦多少吨？

★ 关于“平行四边形面积”，你还有什么疑惑与不明白的问题？

附：平行四边形（剪纸用）

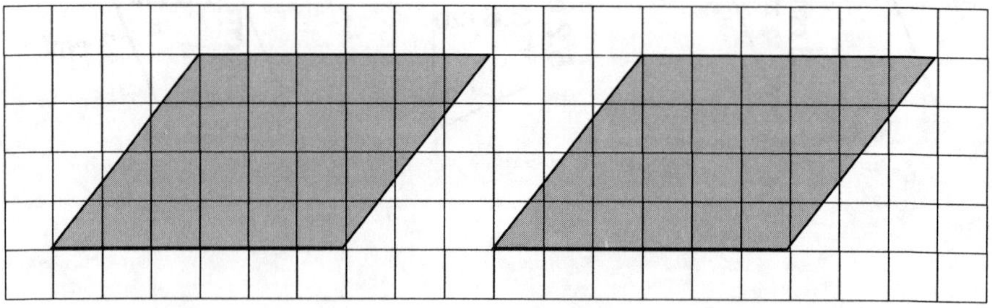

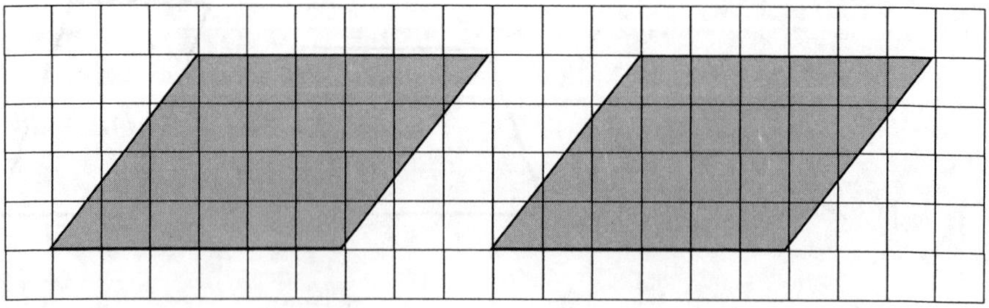

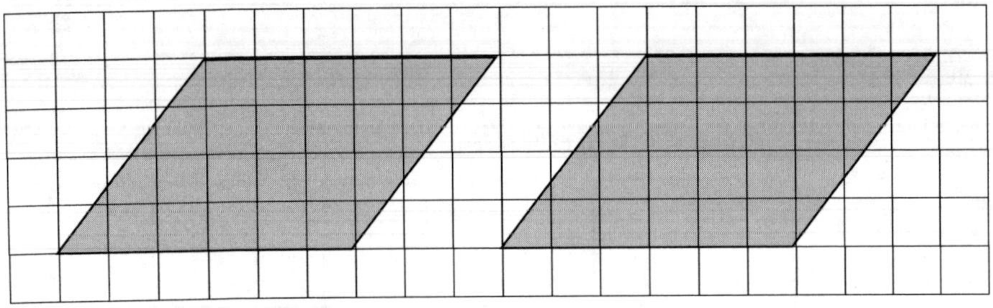

（四）课前自主学习情况分析

1. 学生学习状态分析

（1）学习的专注力情况。

（2）新学习方式的适应力情况。

（3）对电脑诱惑的抵制力情况。

2. 学习用时情况

有 36 人记录了学习开始和结束的时间，其中最短为 13 分钟，最长为 38 分钟，平均每人用时 25.2 分钟。

3. 教学思考

搜集学生完成的学习任务单，进行批改统计，结果如表 3.4.2 所示。

表 3.4.2　学生自主学习情况分析情况

思考问题	自己的想法
怎样把平行四边形转化成长方形？剪一剪、拼一拼。	把你拼好的长方形贴在下面： 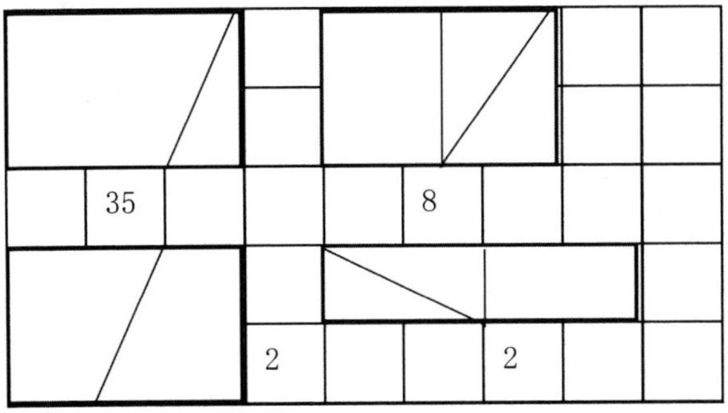 **剪出长方形 2 人**
观察原来的平行四边形和转化后的长方形之间有哪些等量关系。你是怎样知道它们相等的？	不理解什么是等量关系　8 人 看视频后填的　4 人 发现面积相等的　10 人 发现低与长、高与宽等　4 人 找对等量关系的　22 人 发现图形本质一样　1 人

续表

思考问题	自己的想法
你还有其他办法把平行四边形转化成长方形吗？剪一剪，拼一拼。	把你拼好的长方形贴在下面： 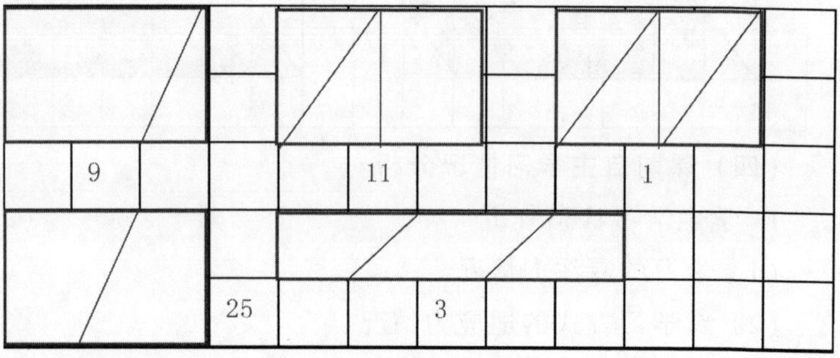
关于“平行四边形面积”，你还有什么疑惑与不明白的问题？	无疑惑　16 人 对转化持怀疑的　10 人 不理解等量关系的　4 人 好奇其他方法的　9 人 书写公式　4 人

4. 知识技能目标达成情况（见表 3.4.3）

表 3.4.3　自主学习学生知识技能目标达成情况

题号	全对（人数）	算式错（人数）	计算错（人数）	单位错（人数）
1	30	0	3	16
2	28	2	0	19
3	19	3	15	16
4	19	15	2	12
5	13	测量 14，算式 4	2	13
6	23	测量 6，算式 5	7	9
7	13	算式：3 单位换算：8 第 2 问：14	13	9

（五）课内学习目标

1. 知识与技能

掌握平行四边形面积计算公式，并能运用公式解决一般的实际问题。

2. 过程与方法

理解从长方形面积公式推导平行四边形面积公式的过程，并能自行推导出平行四边形的面积。

3. 情感态度与价值观

能主动思考学习过程中的疑惑，培养思辨能力。

(六) 课内教学活动设计(见表 3.4.4)

表 3.4.4 课内教学流程

教学环节	教学活动
交流所学	一、关于平行四边形面积，你学会了什么？   练习 思考 第 1 题 第 2 题 第 3 题 第 4 题 第 5 题 第 6 题 第 7 题 第 8 题 第 9 题 第 10 题 第 11 题
错题重现	二、针对学习单中的“自主练习”，解决小组内的错题。  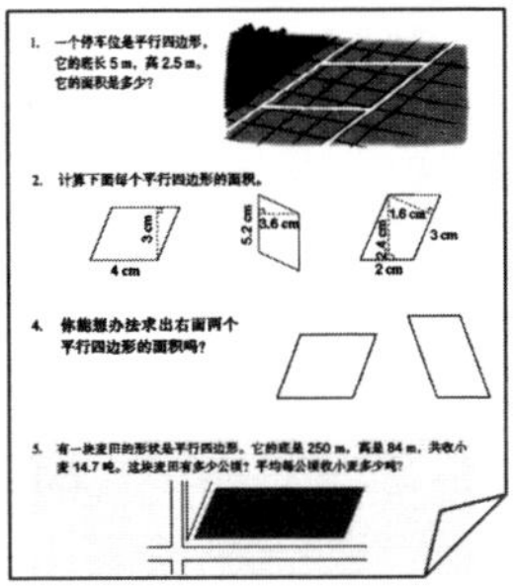 1. 一个停车位是平行四边形，它的底长 5 m，高 2.5 m，它的面积是多少？ 2. 计算下面每个平行四边形的面积。 4. 你能想办法求出右面两个平行四边形的面积吗？ 5. 有一块麦田的形状是平行四边形。它的底是 250 m，高是 84 m，共收小麦 14.7 吨。这块麦田有多少公顷？平均每公顷收小麦多少吨？   练习 思考 第 1 题 第 2 题 第 3 题 第 4 题 第 5 题 第 6 题 第 7 题 第 8 题 第 9 题 第 10 题 第 11 题

续表

<table>
<tr><th>教学环节</th><th>教学活动</th></tr>
<tr><td>提出学习疑惑</td><td>
三、交流微课学习中的疑惑与思考。

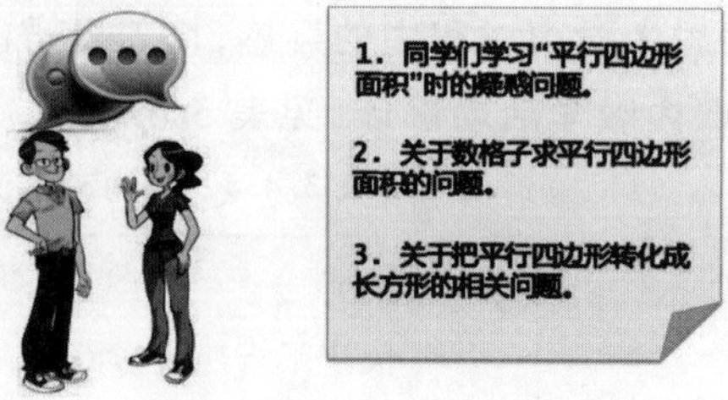

练习　思考　第 1 题　第 2 题　第 3 题　第 4 题　第 5 题　第 6 题　第 7 题　第 8 题　第 9 题　第 10 题　第 11 题

智慧碰撞：

1．同学们学习“平行四边形面积”时的疑惑问题。

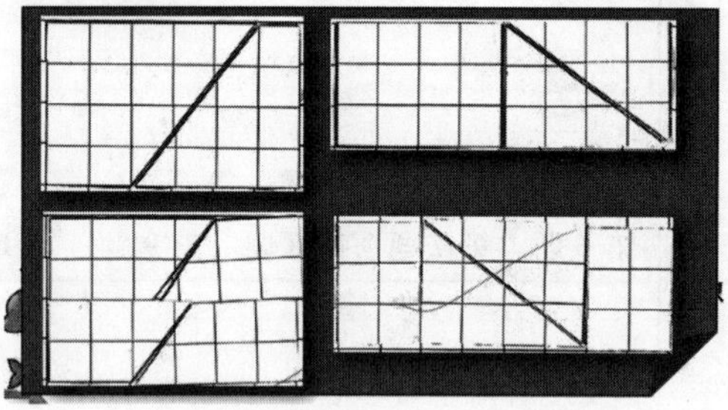

2．关于数格子求平行四边形面积的问题。

不满一格的都按半格计算，这种数法准确吗？

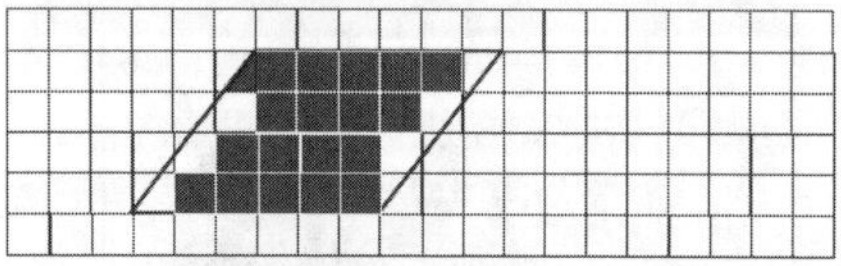

3．关于把平行四边形转化为长方形的相关问题

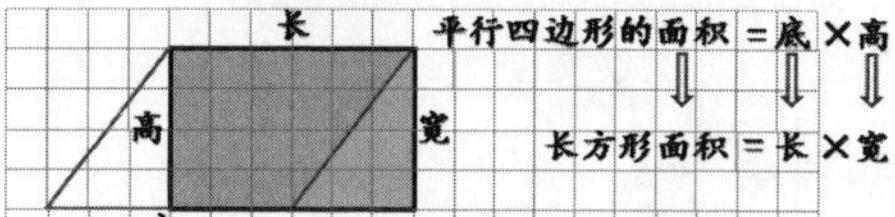

① 为什么要把平行四边形转化为长方形？怎样转化的？

② 转化过程中什么变了？什么没变？

③ 把平行四边形拉成一个长方形行不行？
</td></tr>
</table>

续表

教学环节	教学活动
微课巩固	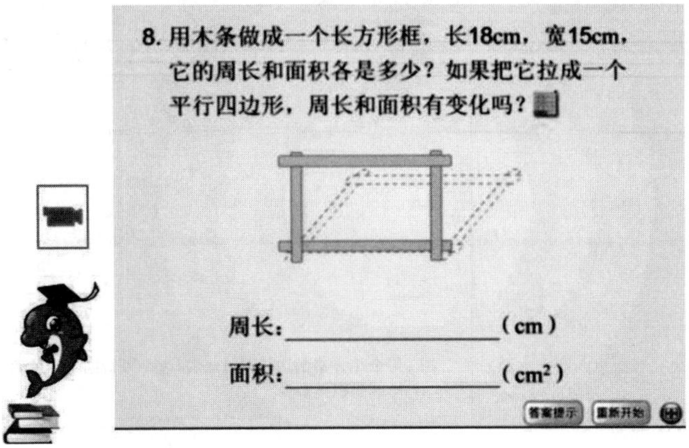
练习提升	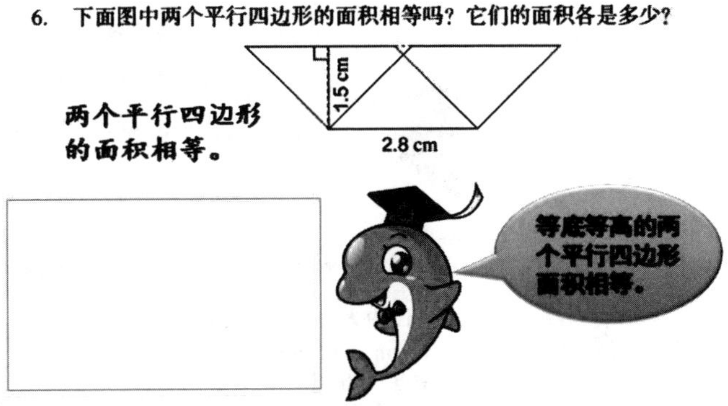 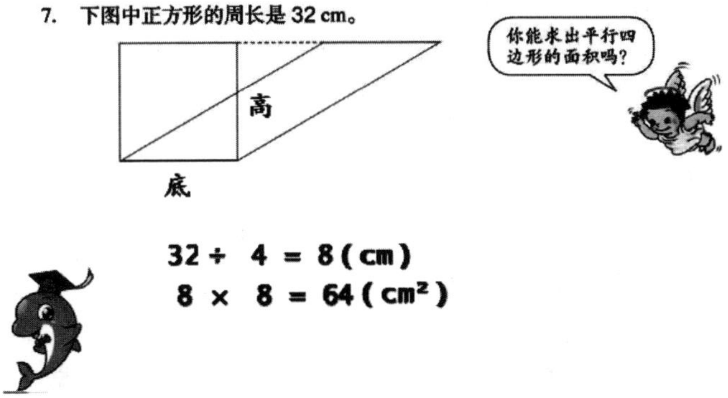

续表

教学环节	教学活动
	9.　这个平行四边形的高是多少？ 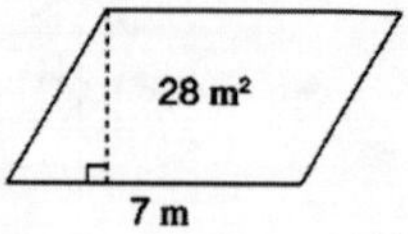  **10. 每个小方格的边长是 1 cm，这个平行四边形的面积是多少？涂色的三角形的面积是多少？** 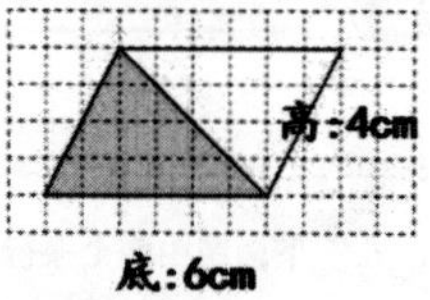  **平行四边形面积：　$6\times4=24\ (cm^2)$** **涂色三角形面积：　$24\div2=12\ (cm^2)$**
小组协作探究	**小组合作解决第11题，比比哪组的好方法多。** **11. 右图中大平行四边形的面积是 48 cm²。*A*、*B* 是上、下两边的中点。你能求出图中小平行四边形（涂色部分）的面积吗？** 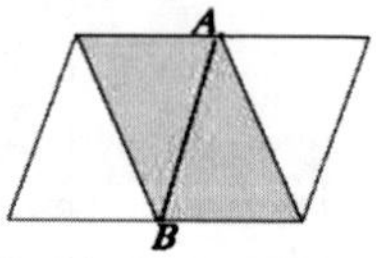
总结反思	小组汇报探究得出的答案，教师针对课内所有活动以及知识内容进行总结。

（七）案例点评

“平行四边形的面积”一课借助微课开展翻转课堂教学，在课前利用微课视频帮助学生学习新知，完成第一次知识内化；教师在分析学生课前学习成效的基础上，设计课堂教学活动，通过在课内交流所学、所思和所惑，解决了学生课前自主学习平行四边形的面积还存在的问题，最后利用练习巩固提升学生所学，促进了学生对知识的第二次内化，完成整节课的教学目标，实现群体教学与个别化教学的完美融合。

二、"三角形复习课"翻转课堂

（一）案例简介

"三角形复习课"是广州市华景小学马伟豪老师的一次基于微课的翻转课堂教学课，是人教版四年级数学下册第五单元"三角形"的单元复习课。马老师在微课中利用知识框架图对三角形这一个单元的知识进行梳理，学生课前借助该微课回顾三角形的相关知识，并完成学习任务单。在课内，教师通过组织开展师问生答、生问师答、错误重现、我"形"我秀和课程小结等活动，帮助学生对本单元所学的知识进行查缺补漏，并加深对三角形相关知识的认识和理解。

（二）课前学习目标

1. 回顾三角形各部分名称与意义、三角形内角和、三角形边角特征等知识内容。

2. 认识锐角三角形、直角三角形、钝角三角形和等腰三角形、等边三角形，知道它们的特点并能够辨认和区别它们。

（三）微课资源设计

1. 微课视频教学设计（见表 3.4.5）

表 3.4.5　"三角形复习课"微课教学设计

微课名称	三角形单元复习		
授课教师姓名	马伟豪	单位	广州华景小学
知识点来源	□学科：数学　□年级：四年级下册　□教材版本：人教版 □所属章节：第五单元		
录制工具	PowerPoint2010+Camtasia Studio		
微课设计简介（200 字以内）	将微课视频与"自主学习单"相结合，帮助学生厘清单元知识结构，并引导学生巩固知识，发现问题。微课中用知识框架图对三角形这一个单元的知识进行了梳理，学生在"自主学习单"的指导下观看视频，回答任务单中的问题，建立与已有知识的联系，进一步巩固旧知。		
微课教学设计内容			
教学目标	1. 回顾三角形各部分名称与意义、三角形内角和、三角形边角特征等知识内容。 2. 认识锐角三角形、直角三角形、钝角三角形和等腰三角形、等边三角形，知道它们的特点并能够辨认和区别它们。		

续表

重点难点 突破策略	用知识结构图帮助学生厘清本单元三角形相关的知识联系，并辅之以相应的可视化案例，如图片、动画等，帮助学生在脑海中建立实物映像，从而更好地记住各类三角形的特征，区分各类三角形。
教学过程	1. 知识结构图呈现本单元三角形的知识 2. 演示动画，解释三角形的定义 3. 创设生活情景，阐述三角形稳定性 4. 提出问题，引导思考三角形边角的特征 怎样判断三条线段能围成一个三角形？ 5. 列举实例，辅助说明各类三角形特征 讲述三角形分类时，采用按角分和按边分的维度进行阐述，并辅助相应的图形进行说明。 最后，提出问题：等腰三角形和等边三角形有什么区别和联系？ 6. 利用交互动画，讲述三角形的图形拼组内容

2. 微课学习任务单①

"三角形复习课"微课学习单

姓名：

(1) [课前必做]观看三角形单元复习微课之后，完成任务①-③。

① 怎样判断三条线段能否围成一个三角形？

答：

② 等腰三角形和等边三角形有什么区别和联系？

答：区别是：

联系是：

③ 提出一个与三角形知识有关的问题。

① 本任务单为完整的"三角形复习课"微课学习单，任务单中图表不单独排序——作者注。

(2) [课中必做]在点子图上画出一个三角形,并作其中一条边上的高,然后拍照提交作业。

(3) [课中选做]拓展题(提前完成课堂练习的同学做)

① 右图共有几个三角形?简要地写出计算过程。

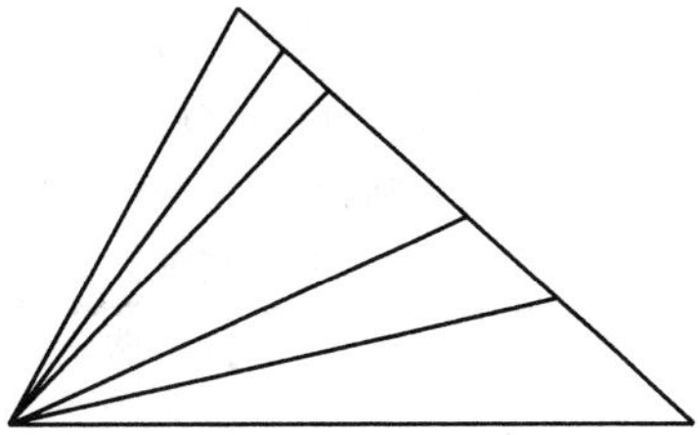

② 一个等腰三角形的顶角是底角的 4 倍,这个等腰三角形的底角和顶角分别是多少度?

(四) 课内学习目标

1. 知识与技能

(1) 学生进一步掌握三角形各部分名称与意义、三角形内角和、三角形边角特征。

(2) 进一步认识锐角三角形、直角三角形、钝角三角形和等腰三角形、等边三角形,知道它们的特点并能够辨认和区别它们。

(3) 知道可以用 2 个或 2 个以上完全一样的三角形拼出其他图形。

2. 过程与方法

采用颠倒课堂的教学方法，培养学生自学能力、独立思考问题的能力和交流合作的能力。

3. 情感态度与价值观

激发学生自主复习的愿望，让学生感受复习的乐趣。

（五）课内教学活动过程

1. 教学流程（见表 3.4.6）

表 3.4.6 “三角形复习课”教学流程

教学环节	教学过程	技术应用
师问生答	师：各位同学，今天我们来复习巩固一下三角形这个单元的知识。（板书：三角形单元复习，并在黑板上贴出微课中呈现的知识结构图左边的一半） 师：课前各位同学都观看了“三角形”单元复习的微课，我相信各位同学都有自己的收获，首先，老师要提问几个问题，来检验一下你学习的效果，这几个问题是在微课中有讲到的。 师：三角形按角、按边分可以分为哪几类？×××你来回答！ 生：按角分可以分为锐角三角形、钝角三角形、直角三角形；按边分可以分为不等边三角形、等腰三角形、等边三角形。 师：回答得很棒，请坐！ 师：怎样判断三条线段能否围成一个三角形？×××回答！ 生：看最短的两条线段之和是否大于第三条线段，大于就能围成，否则围不成。 师：等腰三角形和等边三角形的区别和联系是什么？×××回答！ 生：区别是：等腰三角形两条边相等，两个底角相等，等边三角形三条边相等，三个角相等。联系是等边三角形是特殊的等腰三角形。 师：回答得太棒了，请坐。 …… 师：刚才这几位同学回答得很棒，说明在课前认真地观看了三角形单元复习的微课，只要你认真观看微课，这些问题你应该都会回答的。（展开三角形知识结构图的另一半） 师：观看完微课之后大家对三角形的知识有了更加清晰的认识，老师看到大家在预习的时候也提出了一些三角形知识的疑问，（投影学生预习中提出的问题）关于三角形的知识，谁还有什么问题？	呈现学生观看微课后在预习作业中提出的问题。

续表

教学环节	教学过程	技术应用
生问师答	生:(很多同学举手) 师:这么多同学都要提出问题,谁先提问呢?老师有点为难了,这样好不好,我们先用电脑选号,到后面再人工选号好不好? 生:好! 师:老师现在启动摇号器,你们说停就停。 生:停! 师:好,29号,请你来说一下你提出的问题。 生:我提出的问题是等腰三角形一定是锐角三角形吗? 师:请坐,哪位同学帮老师回答一下这个问题?×××回答! 生:等腰三角形不一定是锐角三角形,比如我们常用的一个三角尺就是直角三角形。 师:请坐,这位同学回答的非常好。那么除了可能是直角三角形,锐角三角形,有没有可能是钝角三角形? 生:有可能。 师:对,有两条边相等的三角形就是等腰三角形,从定义可以看出等腰三角形只跟三角形的边有关,跟角没有关系,所以等腰三角形可能是锐角三角形、直角三角形或者钝角三角形。 师:我现在给大家在白板上画一下,大家能更直观地看得出来。明白没有? 生:明白了。 师:下一个同学来说你提出的问题,我来启动摇号器,刚才的那位29号同学叫停。 生(29):停! 师:好,5号同学,请说你的问题。 生:我提出的问题是等底等高的两个三角形一定相同吗? 师:请坐!等底等高的两个三角形一定相同吗?谁来回答? 生:不一定! 师:为什么不一定? 生:(说不清楚) 师:这个问题老师来回答吧!下面我画出几个等底等高的三角形,大家看一下这几个三角形是否相同。(在白板上呈现出几个等底等高但是不相同的三角形)	

续表

教学环节	教学过程	技术应用
生问师答	师:这几个三角形的底和高都是分别相等的,但是它们相同吗? 生:不相同! 师:所以等底等高的两个三角形不一定相同。 …… 师:刚才通过摇号的方式选了几位同学回答,有些被选到的同学可能问题跟前面几位同学的一样或者类似,为了避免这种事情发生,下面进行人工选号。如果你提的问题更刚才那几位同学的相同或者类似可以不用提了。如果有不同的问题,你现在可以举手提问。 师:好,×××同学请提问。 生:…… 师:刚才这几位同学提出的问题都是很有价值的,说明他们在学习的时候认真地思考了,但是也有一些同学在学习的时候没有认真思考,就会犯下一些错误,比如下面这几道题目。	
错题重现	师:我们先来看第一道题目,选择你认为正确的答案。 1. 把一个三角形的每条边长都扩大到原来的 10 倍,这个三角形的内角和是( ) A. 1800°　　B. 180°　　C. 190° 请选择你认为正确的答案。 师:从统计结果上我们看到有同学选择了 A,有选择 B 或 C 的,我现在先不公布正确答案,我想问一下选择 A 的同学是怎么想的? 生 1:边长扩大了 10 倍,这个三角形就也扩大了 10 倍,所以内角和也就扩大了 10 倍。 师:好,请坐,有同学有不同的意见吗? 生 2:我觉得应该是 B,因为三角形的内角和就是 180°,不管怎么看都不会变。 师:生 2 说得好,角的大小只是跟两条边张开的大小有关,与边的长短无关,所以即使扩大了三角形的三条边的长度,角度还是不变的,要明确记住一点,三角形的内角和一定是 180°。 师:再来看第二道题目。	逐一推送题目,用到投票功能、投影功能。

续表

教学环节	教学过程	技术应用
错题重现	2. 两个完全相同的三角形一定能拼出(　　) A. 长方形　　B. 平行四边形　　C. 梯形 请选择。 师:这道题目大家也有不同的选择,选择 B 的同学说一说你选择的理由。 生 1:因为一个平行四边形一定可以分成两个相同的三角形,所以两个相同的三角形一定也可以拼成一个平行四边形。 师:选择 A 的同学说一说你的理由。 生 2:当两个三角形是直角三角形的时候就可以拼成长方形。 师:但是这里有没有说三角形一定是直角三角形? 生:没有。 师:那是有可能拼成? 生:长方形。 师:而一定不能拼成? 生:梯形。 师:请坐! 几个完全相同的三角形可以拼成一个梯形? 生:三个。 师:正确,我们可以看一下三个相同的三角形是怎么拼成一个梯形的。(利用白板把三个相同的三角形拼成一个梯形) 师:画图作高是我们经常遇到的问题,下面是一位同学的作业,题目要求在点子图上画一个三角形,标出一条底边,并画出这条底边上的高。这个图有一些不规范和错误的地方,谁来指出? ×××回答! 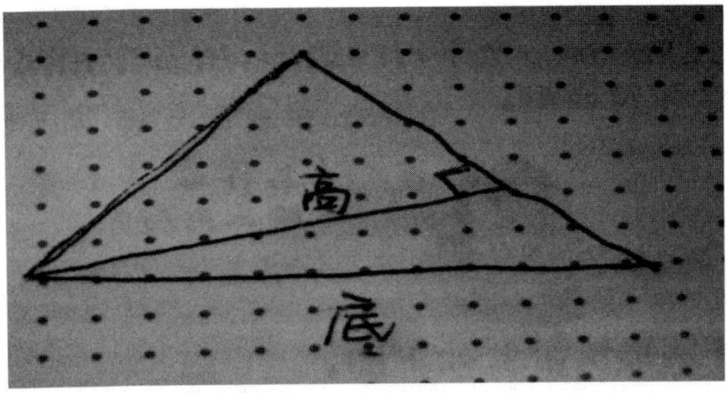	推送练习,学生拍照。

续表

教学环节	教学过程	技术应用
错题重现	生:作图没有用铅笔,而且没有用尺子。 师:还有哪位同学要补充? ×××回答! 生:高应该是用虚线,不是实线,而且应该做的是下面的底上的高,而不是另外一条边上的高。 师:谁还继续补充? ×××回答! 生:高与另外一条底边也不垂直,虽然画了直角符号。 师:这三位同学回答得很棒,把这位同学作图中出现的问题都一一找了出来,希望在以后作图过程中同学们不要再出现类似的错误。在作图的时候一定要注意以下几点:1. 要用铅笔加尺子作图;2. 作高要画虚线,而且要画上直角符号。 师:我们又一次回顾了作图的要求,那就趁热打铁,现在老师就给大家布置一个作业,在你的学习单上完成。在点子图上画出一个钝角三角形,并画出其中一条边上的高,然后提交作业。 师:老师看了提交作业的同学,作图合格的都给了优秀的评价,有不规范的地方的给了良好,不合格的给了一般,获得良好和不合格评价的同学可以让其他同学帮你看一下问题出现在哪里。 师:三角形的内容我们进行了系统的复习,也发现了一些同学做题时经常犯的错误,下面老师要检验一下你有没有掌握本单元的知识,会不会再犯刚才那些同学犯的错误。	
我"行"我秀	师:我现在把练习发给大家,我会分两次发送,第一次发送的都是一些基础题目,第二次会给大家发送一些提高性的题目,大家要认真作答。 生:老师,我做完了。 师:有些同学做得很快,一会儿就做完了,不错,但是老师要提醒一下,在提交之前,你最好再检查一遍,看有没有不小心做错的,或者漏做的题目。如果检查无误就可以提交作业。 师:提交过作业的同学,你可以先试着做几道拓展题,这几道题目在我们的学习单上。 (学生做题过程中,教师巡视,根据平板电脑上反馈的即时信息,查看错题比较多的同学,并进行一对一的辅导)	推送练习,使用即时反馈和作业批改功能。

续表

教学环节	教学过程	技术应用
我“行”我秀	师:好,大家都提交完作业了,下面我们看一下统计的结果,第×题和第×题错误的同学比较多,我把批改结果和解析发给大家,看一下自己错在哪里。 师:第×道题作对的同学,谁来讲一下？×××回答! 生:这道题应该是…… …… 师:基础题大家掌握得都还不错,下面老师再发送给大家一些题目,是一些提高题。 生:(紧张作答中……) 师:(拿着平板电脑定位错的比较多的同学,一对一辅导) 师:提高题稍微有点难度,看有些同学做得不太理想,下面我们来看一下统计结果,哪些题目错的比较多。 师:谁来讲一下第一道题? 生:我来讲…… …… 师:经过课堂的练习,老师发现大部分同学已经系统地掌握了三角形的知识,还有个别同学存在一些问题,请课下多和同学还有老师交流,把不懂的问题弄明白。	
小结	师:课后同学可以在我的学习中的错题本中找到今天课堂上你做错的题,可以再次挑战和练习,还可以在我们的课堂资源中找到今天课堂上老师发送的一些资源,你可以再次使用和练习。我现在把这节课的知识结构图也推送给各位同学,课后可以再梳理一下学过的知识。 师:今天的课就上到这里。	推送资源

2. 板书设计(白纸展示,见图 3.4.1)

3. 课堂练习推送习题

第一次推送(基础题)

(1) 直角三角形有(C)条高。

A. 1　　B. 2　　C. 3

(2) 一个三角形三条边的长度分别为 7 厘米,8 厘米,7 厘米,这个三角形是(A)三角形。

A. 等腰　　B. 不等边　　C. 等边

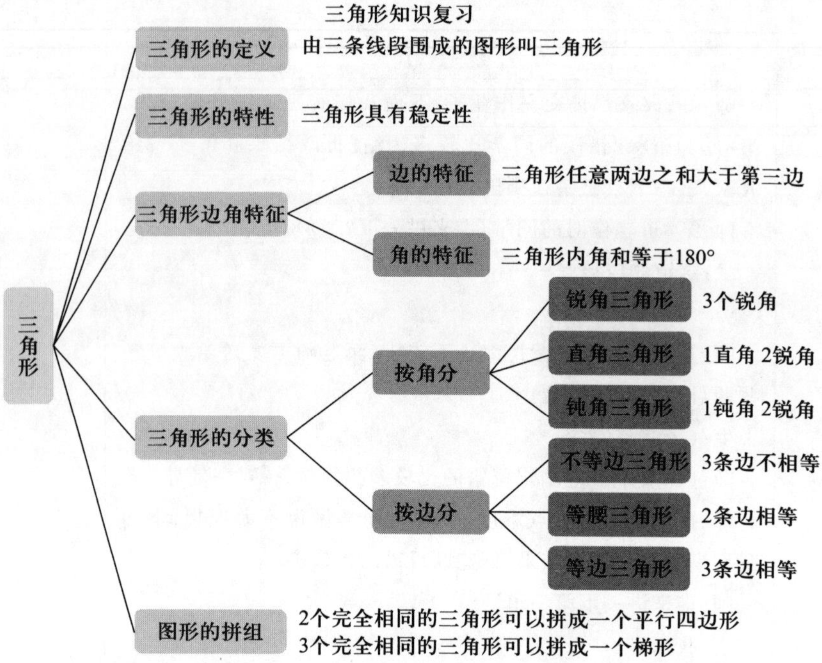

图 3.4.1　“三角形复习课”板书设计

(3) 在一个三角形中,最大的内角小于 90°,这个三角形是(A)三角形。

A. 锐角　　　　B. 钝角　　　　C. 直角

(4) 下面三组线段,能围成三角形的一组是(A)。

A. 4,4,6　　　　B. 4,6,12　　　　C. 3,4,7

(5) 等腰三角形中有一个底角是 50°,顶角是(C)。

A. 50°　　　　B. 40°　　　　C. 80°

(6) 一个钝角三角形里最多有两个钝角。(×)

(7) 等腰直角三角形的底角一定是 45°。(√)

(8) 一个三角形中最少有两个锐角。(√)

(9) 两个完全一样的三角形可以拼成一个梯形。(×)

(10) 等腰三角形是特殊的等边三角形。(×)

第二次推送(提高题)

(1) 一个等腰三角形的一条边是 5 厘米,另一条边长 4 厘米,围成这个等腰至少需要(A)厘米长的绳子。

A. 13　　　　B. 14　　　　C. 12

(2) 在一个三角形中,如果其中任何两个角的度数之和都大于第三个角的度数，那么这个三角形是(B)。

A. 直角三角形　　B. 锐角三角形　　C. 钝角三角形

(3) 一个三角形的三个内角都不小于 60°，这个三角形一定是(A)三角形。

A. 等边　　B. 直角　　C. 钝角

(4) 在一个五边形中，画上两条线段可以把这个五边形分成 3 个三角形，因此五边形的内角和是 540°。(√)

(5) 有一个角是 60°的等腰三角形一定是等边三角形。(√)

附加题：[选做](在学习单上呈现，不推送给每个学生，供学有余力的同学去做)

(1) 下图中有(15)个三角形。

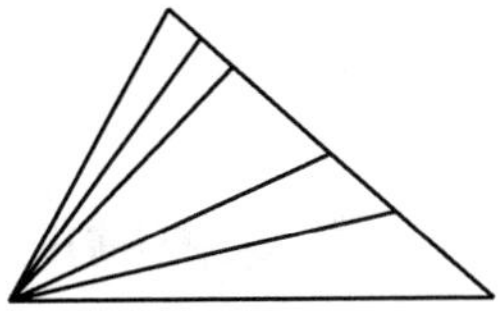

(2) 一个等腰三角形的顶角是底角的 4 倍，这个等腰三角形的底角和顶角分别是多少度？

(六) 案例点评

“三角形复习课”是一节单元知识复习课，教师采用基于微课的翻转课堂教学模式，首先让学生在课前借助微课进行自主学习，让学生在课前可以根据自身情况自定步调地复习本单元的知识内容，大大地提高了复习的效果；而在课内，教师通过组织开展师问生答、生问师答、错误重现、我“形”我秀和本节小结等教学活动，打破了传统教学“填鸭式”“满堂灌”的弊端，充分体现了学生学习的自主性，并优化了学生知识内化的过程。

第四章
翻转课堂资源制作

翻转课堂的有效实施,离不开网络学习资源的支持。开展翻转课堂教学需要准备的资源一般包括微课视频、进阶练习、知识地图等。微课视频是实施翻转式教学的核心资源,它是围绕知识点或教学重难点授课的教学视频片断,供学生自主学习。进阶练习主要用于检测学生对知识点的掌握程度,对教学有导向、诊断、调控以及激励的作用。知识地图则主要用于呈现微课知识点间的关系,通过图形可视化方式帮助学生建构知识体系,降低学生的认知难度,并为学生提供学习路径。设计与制作好微课视频、进阶练习、知识地图等资源,是保证成功开展翻转课堂的重要基础。

第一节　微课视频的制作

翻转课堂实施的核心之一是课前提供数字学习资源供学生学习,帮助学生实现第一次知识理解与内化,而微课视频则是最有效、最常见的资源形式。设计与制作精悍短小、能够吸引学生注意而又有助于他们对知识理解与建构的教学视频,是有效开展翻转课堂的基础。

一、微课视频概述

(一) 微课视频的概念

微课视频是指讲授某个知识点、技能、案例等微内容的教学视频,内容聚焦于知识或技能讲解,主要面向学生的自主学习,学习时间一般不超过 10 分钟。可汗学院的微课视频一般还提供配套的进阶练习,以检测学生的学习成效。典型的微课视频有知识点授课视频、操作过程演示视频和例题讲解视频三类。

微课视频一般具有以下特点:(1) 微型化:容量小、内容以知识点为单位、便于碎片化学习;(2) 优质化:创新设计理念与思路,制作精良;(3) 系列化:可以实现对课程知识点的系统性教学。

(二) 微课视频的类型

微课视频的类型可从教学内容、教学方法以及教学用途等不同角度进行划分。按教学内容可分为：概念知识讲解类、案例/习题讲解类、技能训练类、游戏类等。按教学方法可分为：讲授类、问答类、启发类、讨论类、演示类、练习类、实验类、表演类、自主学习类、合作学习类、探究学习类等。[①] 按教学用途可分为：正式学习类，用于支持结构化的课程教学；非正式学习类，用于支持微型学习、碎片化学习、移动学习等。

（三）微课视频的教学功能

微课视频除了作为实施翻转课堂的资源基础外，还可以作为支持非正式碎片化学习、教师教学技能提升的重要手段。

（1）帮助学生自主学习。微课视频能更好地满足学生对不同学科知识点的个性化学习需要，既可查缺补漏又能强化巩固知识，是课堂学习的一种重要补充。特别是随着手持移动终端和无线网络的普及，基于微课视频的远程学习、在线学习、移动学习及泛在学习将会越来越普及，微课视频必将成为未来最重要的学习资源之一。

（2）变革传统教学结构。基于微课视频的翻转式教学，变革了传统教学“先教后学”的模式，实现技术环境下的“先学后教”新型教学模式。在翻转式教学中，学生通过设计良好的微课视频获取知识内容，在课堂中可全身心地参与到教师设计的教学活动中去，这有利于知识传授与知识内化环节的优化。

（3）促进教师专业发展。教师可通过观看自己录制的微课视频或学习借鉴他人的微课视频，革新传统的教学与教研方式，以突破教师传统的听评课模式，使教师的电子备课、课堂教学和课后反思资源的应用更具有针对性和实效性。微课为教师提供真实的教学片段和超媒体环境，为研究课堂教学、激发教师自主反思、实现教师专业化发展提供了有效的平台。

二、微课视频的设计流程

一门课程的微课视频资源设计应包括内容选择、知识地图体系、构建教学过程设计、评价设计等过程，如制作该课程系列新授课的微视频、系列复习课微视频等。这些知识点可以通过构建知识地图来形成有机的课程知识体系。

一个微课教学视频往往是针对某个知识点、例题/习题、实验活动等进行讲授、演算、分析、推理、答疑等，它应具有完整的教学结构，包括学习目标、学习情景和核心概念（内容）的引入、阐述和解释、归纳与小结等要素。一个知识点教学的微视频设计流程如图 4.1.1 所示。

---

① 胡铁生.“微课”：区域教育信息资源发展的新趋势[J].电化教育研究，2011，（10）：61-65.

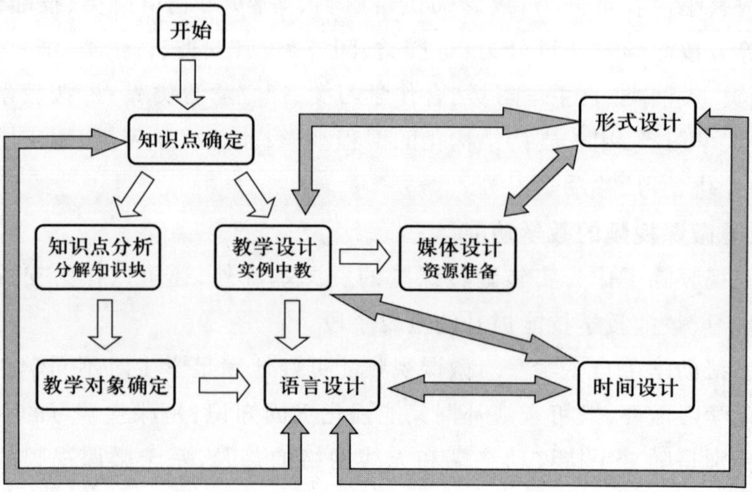

图 4.1.1　微课视频的一般设计流程

1. 知识点确定

微课视频的教学内容与该系列微课视频的目标定位有关系,其内容可以是知识点新授、单元归纳总结,也可以是实验演示讲解等,能够保持一定的独立性。一个微课视频的教学容量要适中,学习目标要清晰,授课时间一般不超过 10 分钟,保证学生有足够的耐心学完。

2. 教学设计

微课视频时间短,教师在进行教学时要注意:主题切入要迅速,方法途径力求新颖,且与题目关联紧凑;教学过程主线清晰明了、重点突出、逻辑性强,注重突出学生的主体性,强化教与学活动的有机结合;小结是内容要点的归纳,其设计应该做到方法科学、内容精炼。例如,可汗学院微课视频的一般教学结构如图 4.1.2 所示。

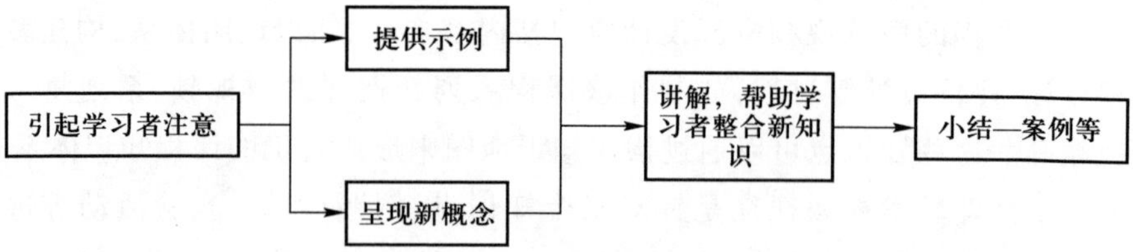

图 4.1.2　可汗学院微课视频的教学结构

3. 媒体设计

媒体设计即教学过程对媒体的选择与使用,目前常用的媒体资源是文字、图形图像、动画、视频、声音等。媒体设计主要是根据教学内容选择合适的媒体资源，如可汗学院的“心脏疾病微课”实例中，教师借助可视化的图片形象生动地讲解心脏疾病内容，如图 4.1.3 所示。

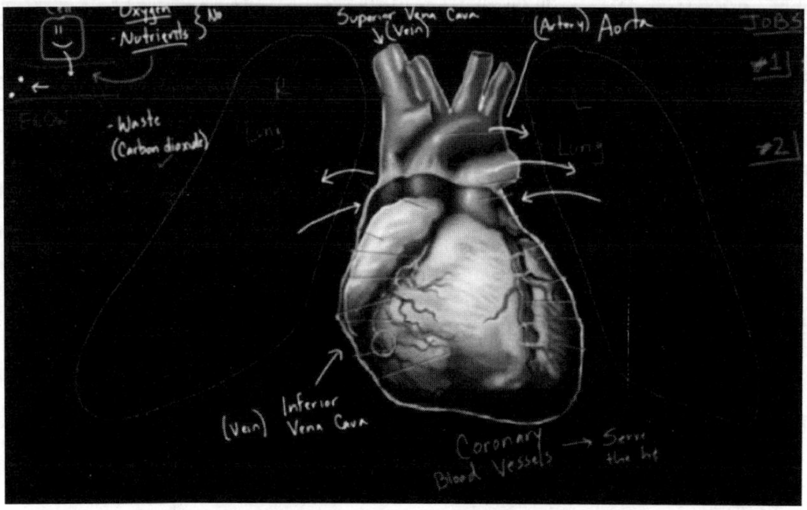

图 4.1.3　案例——心脏疾病微课

4. 时间设计

微课视频的时长一般要求控制在 10 分钟左右，这是大部分学生能持续注意的时间，超过这个时间，就有可能出现学生注意力不集中甚至注意力转移的现象，进而导致教学效率和质量的下降。微课视频在设计时还应根据教学环节合理分配时间，一般使用几十秒的时间作课程导入和小结，并将大部分时间应用在内容讲解和实例呈现部分。表 4.1.1 呈现的是可汗学院数学、科学和人文三个学科典型的微课实例中的时间设计。

表 4.1.1　可汗学院微课视频的时间设计

学科	样品视频标题	总时长	时间分配			
			引入	讲解	小结	实例
数学	圆的半径和直径	10 分	40 秒	2 分	20 秒	7 分
	火车相遇问题	9 分	20 秒	8 分	40 秒	0
	微分方程	11 分	0	6 分	2 分	3 分
科学	DNA	6 分	10 秒	5 分	20 秒	0
	牛顿第一定律	10 分	20 秒	4 分	20 秒	5 分
人文	艺术史介绍	10 分	40 秒	6 分	20 秒	3 分
	古罗马历史	11 分	20 秒	10 分	40 秒	0

5. 形式设计

目前微课视频的呈现形式多样,可以是:(1) 可汗学院式微课,即手写板书加讲解;(2) PowerPoint 课件配上同步讲解;(3) 教师授课过程的真实拍摄视频;(4) 生动活泼的动画展示与讲解;等等。

三、微课视频的制作

微课视频的制作方式有很多,常用的方式有摄制式、录屏式、软件合成式及混合式等。

1. 摄制式

摄制式主要是指利用手机、数码摄像机、录播系统等摄录工具结合白纸、黑板、白板等演示工具进行微课视频录制的一种方式,该方式主要适用教学内容演示和操作演示类微课的录制。常用的组合有摄像机+黑/白板、手机+白纸、教室录播系统摄制等。

2. 录屏式

录屏式主要是指录制教师的讲解声音及屏幕操作演示过程的一种微课视频录制形式,该形式主要适用于逻辑推理和过程演算分析的教学内容。常见的有可汗式微课视频(手写板+画图工具+录屏软件)、PPT+录屏软件以及其他教学软件+录屏软件等。

3. 软件合成式

软件合成式是指运用图像、动画、视频、课件制作软件(如 Photoshop、Flash、会声会影、PPT、Articulate Studio 等),按照微课视频的脚本进行设计、技术合成后输出教学视频短片的一种微课视频录制形式。

4. 混合式

混合式是指应用上述提及的多种方式制作、编辑、合成教学视频的一种微课视频录制形式。

值得注意的是,无论是采取以上哪种形式进行微课视频制作,一般都需要经过一定的后期编辑制作,对微课视频进行优化之后才进行发布。

对一线的学科教师而言,借助笔记本电脑、平板电脑或数字拍摄设备,也可非常容易地制作出高质量的微课教学视频。适合于一般学科教师的微课录制方式有以下几种。

1. 使用 PowerPoint 录制微课视频

使用 PowerPoint 录制微课视频是指利用 PowerPoint(2010 版本以上)自带的录制功能进行微课制作。利用该形式制作微课视频的一般流程是:

第一步，选定教学主题，搜集教学材料和多媒体素材，制作 PPT 课件；

第二步，使用幻灯片放映选项中的“录制幻灯片演示”功能逐页录制解说；

第三步：使用文件中的“另存为”功能，输出成 Windows Media、mp4、wmv 等格式的微课视频。

2. 使用录屏软件录制微课视频

录屏软件是指能够把电脑屏幕内容与教师讲解音频同步保存下来，形成视频的工具软件。常用于录制微课的录屏软件有如 Screencast－O－Matic、Camtasia Studio 等，它们可以帮助录制 PPT 的演示和讲解音频或直接录制电脑屏幕的演示操作，最后导出教学视频。这里以录屏软件 Camtasia Studio 为例，介绍利用该工具制作微课视频的一般流程：

第一步，选定教学主题，搜集教学材料和多媒体素材，制作 PPT 课件；

第二步，在电脑屏幕上打开录屏软件，带好耳麦，调整好话筒的位置和音量，打开要讲解的 PPT 课件，调整好 PPT 界面和录屏界面的位置后，单击录制按钮开始录制屏幕，并按照教案，一边演示幻灯片放映或对其进行各种操作，一边讲解；

第三步，利用 Camtasia Studio 软件对录制好的视频进行适当的编辑和美化；

第四步，导出微课视频。

3. 使用录屏软件录制可汗式微课视频

可汗学院式微课视频的制作可以借助手写板、录屏软件和绘图软件，实时地录制电脑屏幕中演示、操作、讲解和手写的过程来完成。可汗学院录制微课视频使用的主要工具包括：Camtasia Studio 录屏软件、SmoothDraw 画图软件（用于板书）和 Wacom 手写板。为方便录制，也可使用专用的电子白板软件作为板书工具，如免费软件 Open-Sankore（见图 4.1.4），它提供了大量学科教学工具，如数学的直尺、三角板、量角器等，便于演示直观的教学过程。

制作可汗学院式微课视频的一般流程是：

第一步，选择微课视频主题，进行详细的教学设计，形成教案；

第二步，安装手写板或交互白板及配套的专用笔等工具，使用演示软件对教学过程进行演示；

第三步，利用交互白板（或手写板）自带的摄录软件或专业录屏软件，录制教学过程和教师的声音；

第四步，为增强微课视频的效果，可用视频编辑软件进行后期美化编辑。

4. 录制包括进阶练习的交互式微课视频

使用 Camtasia Studio 录屏工具，可以借助软件的后期编辑功能，为微课视频在教学过程中增加交互式的进阶练习。录制交互式微课视频的一般流程是：

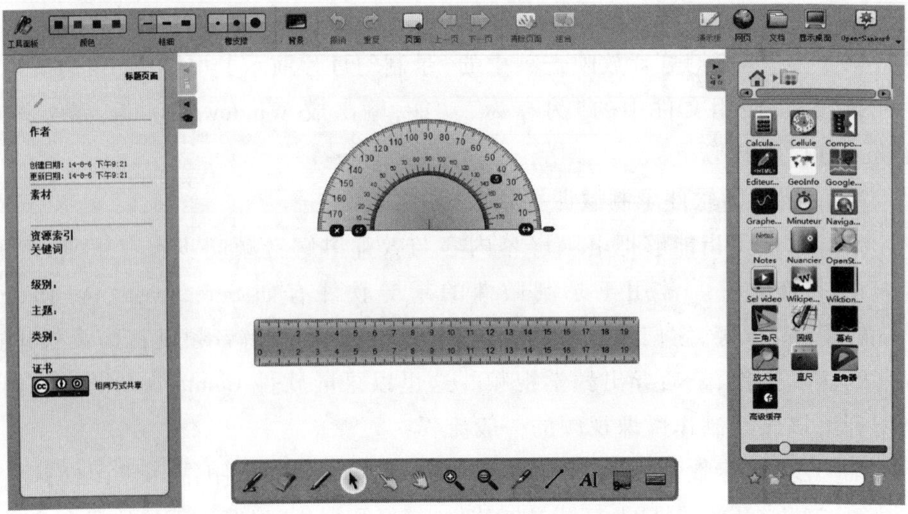

图 4.1.4 电子白板软件 Sankore 提供大量学科教具

第一步,启动 Camtasia Studio,选择 PPT 录制模式,打开一个 PPT;

第二步,点击 PowerPoint 菜单“加载项”下的“Record”按钮开始录制,按“ESC”键结束录制;

第三步,选择“Editing Recording”进入微课视频编辑状态;

第四步,选择“Tools”下的“Quizing”增加练习题,如图 4.1.5 所示;

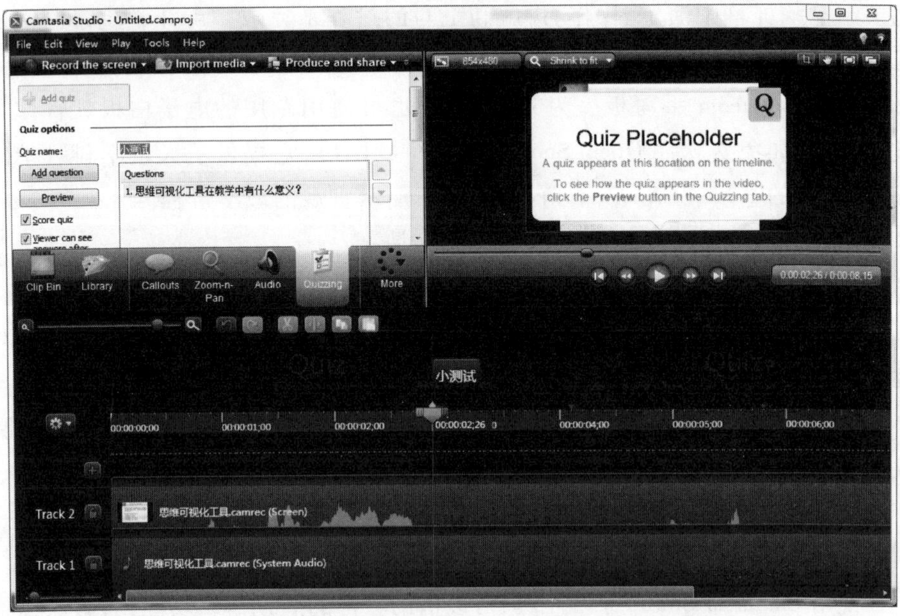

图 4.1.5 Camtasia 中的 Tools-Quizzing 增加互动练习题功能

第五步,选择“Produce and Share”生成微课视频。

5. 使用拍摄设备直接录制教学视频

利用拍摄设备直接录制微课视频是一种传统的录制方式,一般的搭配是摄像机与白板或黑板。利用该形式制作微课视频的一般流程是:

第一步,选择微课视频主题,进行详细的教学设计,形成教案;

第二步,利用白板或黑板展开教学过程,用数码摄像机实时记录课堂教学过程中的教师、学生、板书、多媒体教学信号等教学实景画面;

第三步,对视频进行后期编辑制作和美化,生成微课视频。

6. 使用平板电脑录制微课视频

使用平板电脑录制的方式是将平板电脑与基于平板电脑的录屏应用工具(如 ShowMe)结合起来,将平板电脑作为手写板或交互白板,采取类似于可汗式微课视频制作的方式,实时录制平板电脑上的操作以及讲解的声音,从而生成微课视频。利用该形式制作微课的一般流程是:

第一步,选择微课视频主题,进行详细的教学设计,形成教案;

第二步,安装基于平板电脑的、具有录制功能的 APP;

第三步,利用平板电脑与安装的 APP,录制教学过程和讲解的声音;

第四步,生成并上传微课视频。

第二节　进阶练习的制作

进阶练习对教学具有导向、诊断、调控以及激励的作用,有助于学生在微课视频学习过程中检测学习成效,发现问题。通过分析学生完成进阶练习的情况,教师可以了解学生的学习进展及困惑,为课堂的教学活动设计提供依据。

一、进阶练习概述

(一) 进阶练习的概念

进阶练习一般采用在线测试的方式,用于检测学生对具体知识点的掌握程度。翻转课堂中学生的课前自主学习,一般伴随“微课视频学习—练习—重复微课视频学习—再练习”的活动进程,直至掌握全部知识点,达到学习目标为止。在视频教学网站中,进阶练习是类似游戏通关的在线检测系统,学生学习一段视频教程后要完成相应的练习题,只有当学生完全掌握相关知识并全部答对进阶练习后,才可以进入到下一个单元的学习,其目的在于帮助学生达到课程的基本能力要求。

（二）进阶练习的类型

按照功能的不同，进阶练习一般可分为概念辨析、熟练化练习和应用拓展三种题型。概念辨析型进阶练习用于帮助学生厘清微课视频中的概念知识，对教学内容形成大致的认识，起到引导学生学习的作用；熟练化练习型进阶练习主要提供诊断性练习题，学生通过反复练习熟练掌握教学知识点，内化知识内容；应用拓展型进阶练习主要提供教学知识点的应用练习和相关的拓展性教学资源，目的是提升教学效果，激发学习者学习的积极性。

（三）进阶练习的教学功能

翻转课堂中进阶练习的教学功能主要体现在以下四个方面：

1. 进行课前诊断，提供教学依据。在翻转课堂教学中，教师可以在课前提供精心制作的微课视频及可供学生自我检测的进阶练习。学生根据检测结果找出自己学习的薄弱环节，并可通过反复观看相应的教学视频消除学习障碍。教师根据学生练习的情况，了解学生对学习内容的掌握程度，找出教学中出现的真正难点，改变了以往教师仅凭经验设计教学的不足。

2. 增加课程互动，提高学生参与度。在线练习可以增加学生与课程的互动，提高学生的参与程度，改变师生相互影响的方式。有学者通过对可汗学院的学习模式进行深入研究，发现在可汗学院这样一个数字化学习环境中，学生参与学习的程度、师生相互影响的方式与其他数字化学习环境相比都发生了改变。使用可汗学院微课资源和进阶练习能更深层次地掌握学生学习情况，进行差异化教学，而教师甚至不需要改变他们原有的教学模式就可以开始使用。①

3. 自动生成个性化的问题集，为学生提供实践练习。通过软件可以自动生成个性化问题集供学生检测使用。当学生完成一个问题的学习，即可得到一个类似的新问题，直到学生完全掌握了这部分内容。例如，在数学教学中，可汗学院平台根据追踪学生的学习进展，为学生提供符合学生实际情况的学习问题。当学生作答后，平台进行及时反馈，并出现检查标志（√）或交叉出局（×）。当学生连续正确回答五个问题时，表明他们已经达到了第一级的技能。如果学生没有全部正确回答五个问题，则他们需要连续完成另外五个问题，直

---

① Daniel Light, Elizabeth Pierson. Increasing Student Engagement in Math. The Use of Khan Academy in Chilean Classrooms[J]. International Journal of Education and Development Using Information and Communication Technology (IJEDICT), 2014, Vol.10, Issue 2, pp.103-119.

至完全正确为止。系统可以循序渐进地显示每一步的过程，让学生了解自己的解题过程，而不仅是给出答案。[①]

4. 促使学生课前预习和阅读。教师要定期检查学生进阶练习的完成情况，这一行为会促使学生进行课前预习和阅读。从激发学生的学习积极性的角度上讲，教师要做的并不是利用进阶练习评价学生完成练习的质量好坏，而是确保学生完成了进阶练习。

二、进阶练习的设计

进阶练习是微课教学的延续和补充，有助于巩固学生所学内容，检测学生对知识的掌握程度，促进学生对知识的内化过程。在翻转课堂中，如何制作成设计良好的进阶练习，高效地呈现测试题目，并对学生测试结果作出及时反馈激发学生学习积极性是十分重要的。

(一) 进阶练习的设计流程

进阶练习是学生自测和教师检验教学成果的重要手段。通过进阶练习既可以使学生牢固地掌握知识，形成熟练的知识技能，还可以在潜移默化中使学生掌握学科思想方法，促进学生思维能力的提高。进阶练习的设计要考虑到教学目标、教学对象、教学内容和教学环境等因素。进阶练习的一般设计流程如下。

1. 根据教学目标细化教学内容

进阶练习的设计要从为教学目标服务的角度出发，首先根据教学目标把教学内容细化成具体的知识点，再根据知识点设计对应的练习题。进阶练习的设计要尽量覆盖全部知识点，并且要具有代表性和典型性，能够达到让学生举一反三的效果。其中，重难点知识要设计相似习题，供学生反复练习。

2. 分析学生特征和教学环境

不同学段的学生对知识的理解能力不同，设计习题时，要注意从学生的年龄特征和生活经验出发。练习题应尽量以真实事件为情景，联系学生的实际生活，以培养孩子的认知技能和对学科的热爱，激发学生学习的积极性。另外，在线的进阶练习可以为学生提供个性化的习题集，可以根据学生学习任务

---

① NWEA.MAP to Khan Academy：Khan Academy Practice Exercises Correlated to RIT for Common Core Math MAP for Grades 2-5[EB/OL].https://support.nwea.org/sites/www.nwea.org/files/resources/Khan%20PDF%202-5%20July%202014_0.pdf,2014-10-21.

完成的情况，自动推送相应的练习题。对学有余力的学生，可以增大练习强度，提前进入后续知识的预习和学习；学习能力较弱的学生则可以反复观看教学视频，找出学习差距，并及时弥补。

3. 设计进阶练习

进阶练习的设计要注意的五个度（见图 4.2.1）：问题的设置应该注意角度，选择最佳的切入点；问题的设置要有适当的难度，激发学生的求知欲；问题的设置要有一定跨度，要紧扣教学内容的中心环节，注意知识的内在联系和前后衔接；问题的设置要有梯度，由易到难，由小到大，由简到繁，由具体到抽象，由已知到未知，步步推进，层层深入，逐渐接近问题的本质；问题的设置要有广度，让学生具有更广的思维空间。①

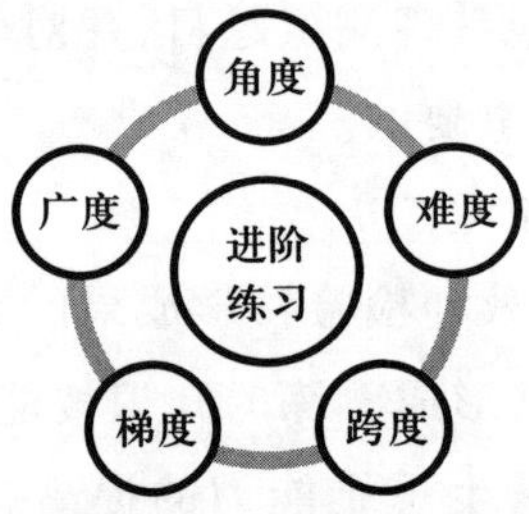

图 4.2.1 进阶练习设计要注意的五个度

（二）进阶练习设计的成功案例

进阶练习的设计方式有多种，但每一种形式的进阶练习都应该以能激发学生的学习兴趣和提高教学质量为目的。下面以可汗学院和 Coursera 网站的进阶练习设计为例，介绍进阶练习设计的方式。

1. 可汗学院

可汗学院开发了一种练习系统，用来记录学生对每一个问题的完整练习过程，教学者参考该记录，可以很容易得知学生不清楚的概念。另外，它还提供在线练习、自我评估及进度跟踪等学习工具。图 4.2.2 就是可汗学院进阶练习的界面。可汗学院采取类似游戏闯关的形式。当学生进行在线练习检测时，系统会自动生成 10 道测试题。只有当学生全部答对这 10 道题后，系统才会提供更高一级的 10 道题目，并奖励学生一枚勋章，即“满十分前进”。这种“满十分前进”的模式能够促进学生循序渐进地学习。在传统的考试中，即使是拿到了 95 分的学生，也很可能不知道自己 5 分的缺漏到底在哪里就被迫进

① 刘珂.课堂教学中的设问应有度[J].中学政治教学参考，1997，(09)：11.

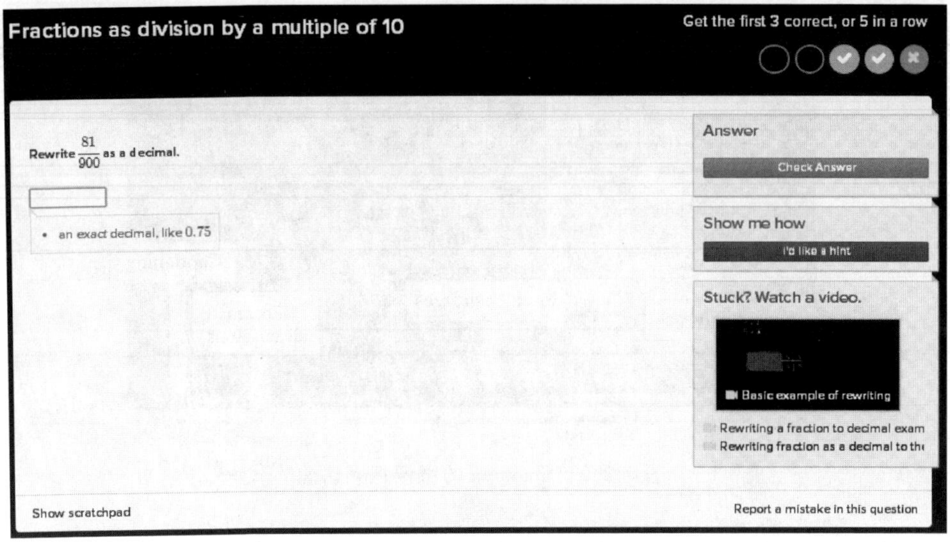

图 4.2.2 可汗学院进阶练习的界面

入下一章节的学习。而且传统课堂很容易将“误差”积累,每节课差一点点,长久下来就是造成很大的错误。后来,可汗学院的程序员们在原有基础上对这套练习系统做了改进。改进后的系统能根据学生的个人学习情况生成一个知识地图,帮助学生进行学习分析,让学生清楚地知道其薄弱环节,并用图表的方式进行反馈。当学生观看视频的过程中发现有不懂的地方,可以随时发邮件提出问题,可汗学院会在线回答问题,每秒钟可以解答 15 个。

2. Coursera

免费大型网络开放课程网站 Coursera 的课程学习测验是通过在微课视频中嵌入练习题的方式来实现的。每节时长为 2 个小时的课程视频,一般会被分解为若干个时长为 8~15 分钟的知识模块。每个知识模块中包含的课程活动有:8~15 分钟的讲座视频、视频中嵌入小测验、课后的测验和考试、同伴评价题目、编写程序作业、调查题目、课程讨论区、视频群聊等内容。其中,视频中穿插着各种测验和习题,有些习题最多可以允许做 10 遍。如果做错了,系统不会直接显示正确答案,而是会告诉学生可以在哪个视频中找到答案,这对学生而言是一种巩固和强化,有利于知识的掌握和迁移。① 如图 4.2.3 是 Coursera 的微课视频讲座界面,图 4.2.4 是 Coursera 的进阶练习界面。

① 李曼丽.MOOCs 的特征及其教学设计原理探析[J].清华大学教育研究,2013,34(4):13-20.

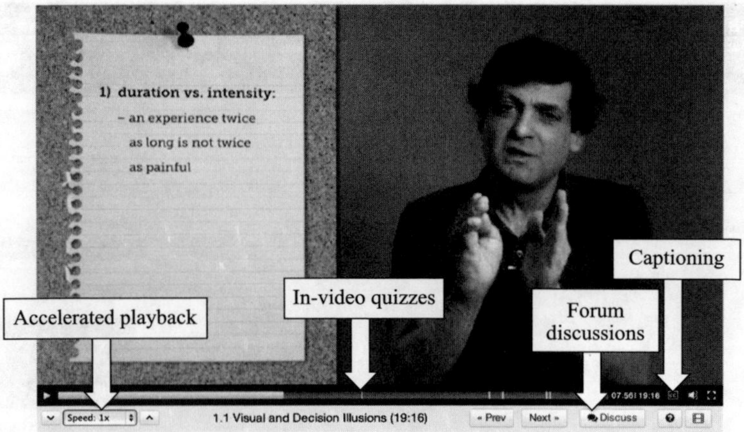

图 4.2.3 Coursera 的微课视频讲座

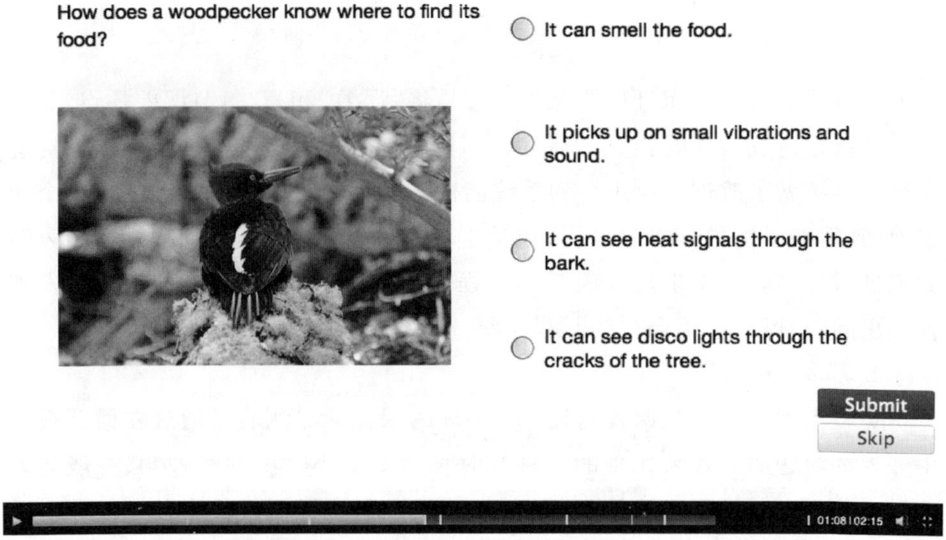

图 4.2.4 Coursera 的进阶练习界面

三、进阶练习的制作

(一) 利用 Free Quizmaker 工具制作进阶练习

Free Quizmaker 是一款操作简单的测验创建软件,教师使用它可在几分钟内创建出具有交互功能的测验、考试和评估测试等进阶练习。图 4.2.5 是 Free Quizmaker 工作界面。利用 Free Quizmaker 工具制作进阶练习的一般流程如下。

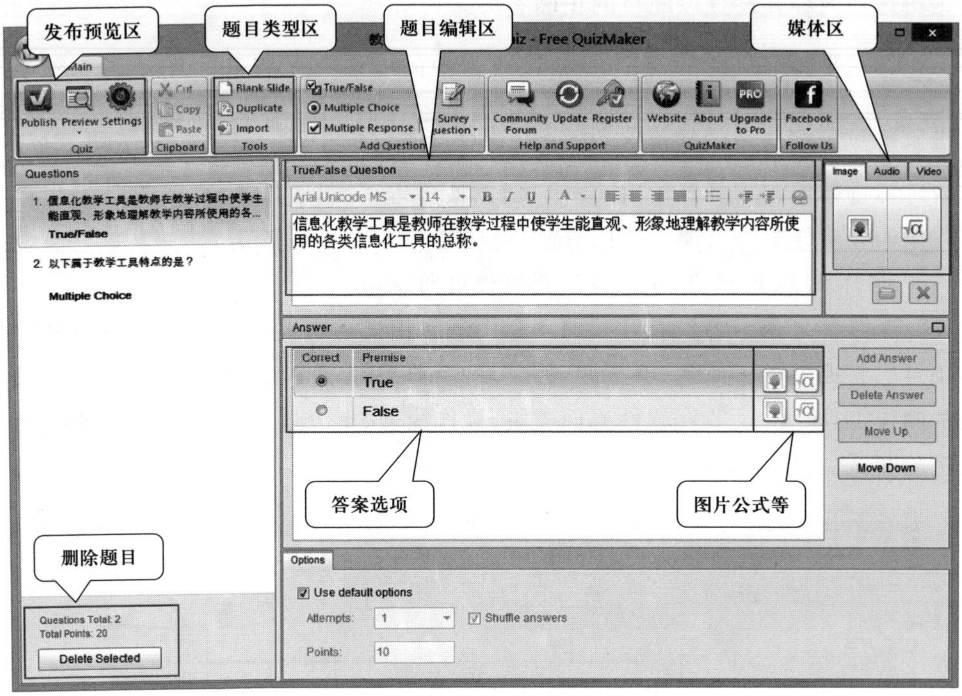

图 4.2.5 Free Quizmaker 工作界面

第一步，创建测试题。打开 Free Quizmaker 工具，利用“Creat a New Graded Quiz”创建一个测试题。

第二步，选择具体的题目类型，并对题目和选项内容进行编辑。Free Quizmaker 可创建多种类型的练习题，在制作过程中可根据内容需要进行选择。Free Quizmaker 支持的练习题类型主要以下几种：

（1）判断题。具体创建过程：点击菜单栏中的 True/False 按钮，创建一道判断题。在“题目编辑区”选择合适的字体大小，编辑题目内容，接着在“答案选项”处编辑选项内容并设置该题目的正确答案。

（2）单项选择题。具体创建过程：点击菜单栏中的 Multiple Choice 按钮，创建一道单项选择题。在“题目编辑区”中编辑题目内容，接着在“答案选项”处编辑选项内容并设置该题目的正确答案，点击界面右边的按钮可插入图片作为题目的选项，图片插入完成后可通过点击该图片进行预览。

（3）多项选择题。具体创建过程：点击菜单栏中的 Multiple Response 按钮，创建一道多项选择题。在“题目编辑区”编辑题目内容，接着在“答案选项”处编辑选项内容并设置该题目的正确答案。

第三步，发布进阶练习。点击菜单栏中的

按钮，发布进阶练习。编辑进阶练习名称并选择输出文件夹，接着点击菜单栏中的

按钮，对进阶练习进行发布。打开输出的 swf 文件，便可进行测试，Free Quizmaker 会根据答案的正确性提供反馈，并可支持编辑功能。

（二）利用 Easy Test 软件工具制作进阶练习

Easy Test 是本书作者开发的一个用于制作交互式教学测试与评估的软件工具。它提供了选择题、填空题、匹配题、判断题和简答题五种类型进阶练习的制作工具。Easy Test 软件界面美观、操作简便，十分适合教师制作各种在线进阶测试（见图 4. 2. 6）。

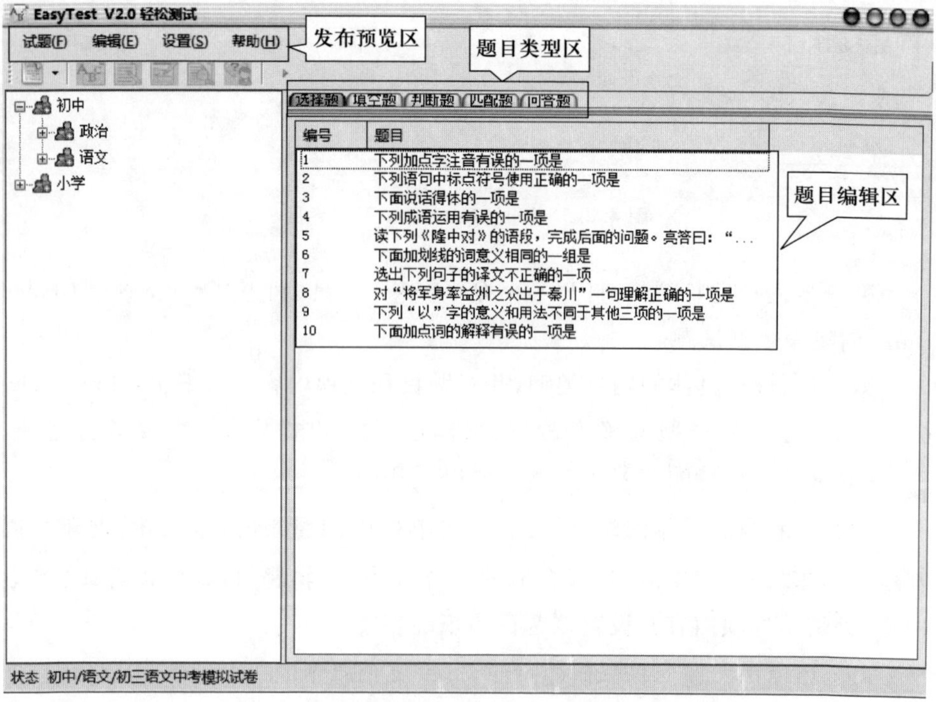

图 4. 2. 6　Easy Test 工作界面

应用 Easy Test 制作进阶练习的一般流程是：

第一步，启动 Easy Test，新建试题，填写试题相关的信息，如试题名称、所属学段；

第二步，选择一种试题类型，之后在试题编辑区单击右键，创建试题；

第三步，试题创建完成后，选择发布试题，试题以网页形式呈现。

第三节　知识地图的制作

微课视频碎片化的特点有利于单个知识点的学习，但同时也容易造成课程知识学习不系统、内容片断化等问题。如何帮助学生理清不同知识点之间的联系、实现碎片化知识的系统建构，成为有效实施翻转课堂教学亟须解决的重要问题。知识地图的主要目标就是帮助学习者建构系统化的知识体系，提供更有效的学习路径。

一、知识地图概述

（一）知识地图的定义

知识地图是一种有效的知识管理工具，最早是由情报学家布鲁克斯（B. C. Brooks）在《情报学基础》中正式提出，布鲁克斯认为人类的知识结构可以绘制成以各个单元概念为节点的科学指示图，通过知识地图来揭示知识的结构。[①] 此后，很多专家或机构从不同的角度阐述了对知识地图的理解与研究，如加特纳机构（Gartner Group）认为知识地图是知识管理的基本，并将知识地图定义为一种知识概念或知识相关的呈现方式，如知识的分类、知识的阶层等。韦尔（Vail，1999）将知识地图描述为能够正确表达信息和关系的一种可视化呈现，促使不同背景下的用户在多层次细节上实现有效的交流、促进知识学习的知识工具。[②] 虽然至今为止，知识地图还没有一个统一的概念界定，但学者们普遍认为知识地图具有以下特点：

（1）知识可视化：以知识体系结构图的形式将知识点组织起来，使知识界面可视化呈现；

（2）知识导航性：为学习者提供获取知识的路径，引导学习者快速找到所需知识；

（3）知识关联性：帮助学习者揭示知识间、知识与人之间的关系，系统化建构知识；

（4）知识交流与共享性：学习者之间利用知识地图进行交流，挖掘潜藏的

① 庄善洁.从情报学角度谈知识地图的应用[J].现代情报，2005，(8)：198-200.

② Vail III Edmond F.Knowledge Maping：Getting Started with Knowledge Management[J].Information Systems Management，1999，16(4)：16-23.

隐性知识，实现知识的共享。

知识地图可以作为组织微课视频、实现知识系统化展示的有效工具。通过知识地图将微课视频连接起来，以图形化方式呈现知识之间的关联，并遵循学科的逻辑系统，为学习者提供科学的学习路径，有助于引导学习者进行有序学习，从而促进学习者的系统化学习与知识建构，避免知识过于碎片化。

（二）知识地图的类型

知识地图从不同的角度有不同的分类方法，但目前应用得最为广泛的是罗根考德威尔（Logan Caldwell）于 2000 年提出的分类方式。罗根考德威尔从知识对象的角度，将知识地图分为概念型知识地图、流程型知识地图、能力型知识地图，[①]详细分析如表 4.3.1 所示。

表 4.3.1　罗根考德威尔对知识地图类型的详细分析

类型	简介	支持	知识类型	代表	技术工具
概念型知识地图	依据主题或概念组织而成	主题学习 分类编目 知识检索 站点导航	叙述性知识	分类 语义网络 层级结构	Inspiration MindManager InfoRapid Cmaplite
流程型知识地图	依据活动流程组织而成	知识管理清单 活动开展流程	叙述性知识和程序性知识	认知过程分析，流程图	Visio
能力型知识地图	依据人员与知识间的关系组织而成	项目团队管理 数字化学习	叙述性知识和程序性知识	分类 语义网络 层级结构	Meta4 E-mind Tacit Knowledge Systems

（三）知识地图的教学功能

在翻转课堂实施过程中，概念型知识地图可以将松散的、孤立的微课视频关联起来，呈现微课视频知识点之间的关系，建立科学的知识网络；流程型知识地图可以呈现活动流程并将所需的微课视频资源关联起来，为学习者提供学习路径；能力型知识地图可以帮助教师及时了解学习者知识技能掌握情况，为对学生开展有针对性的学习指导提供基础。知识地图作为翻转课堂教学中学习资源组织管理的重要工具，具有以下功能：

① Logan D, Caldwell F. Knowledge Mapping Five Key Dimensions to Cansider[J]. Gartner Group, 2000.

(1) 呈现微课知识结构。知识地图不仅可提供微课知识的索引目录,还揭示了各知识点间的关系。借助知识地图,依据知识点之间的先继、隶属关系得出微课知识体系的关联图,可帮助学习者了解课程知识结构,防止学生在学习过程中出现学习迷航现象。

(2) 提供学习路径。知识地图在翻转课堂的自主学习过程中能够为学习者提供清晰的学习路径。通过知识地图,学习者可快速找到某一知识点的先继、隶属关系,然后依据自身的学习水平选择适合自己的学习路径。

知识地图是可汗学院教学系统非常重要的组成内容,为学习者科学选择学习路径、建构系统化的知识体系提供非常重要的指引。如图 4.3.1 展示的是可汗学院"小数的计算"教学模块的知识地图。

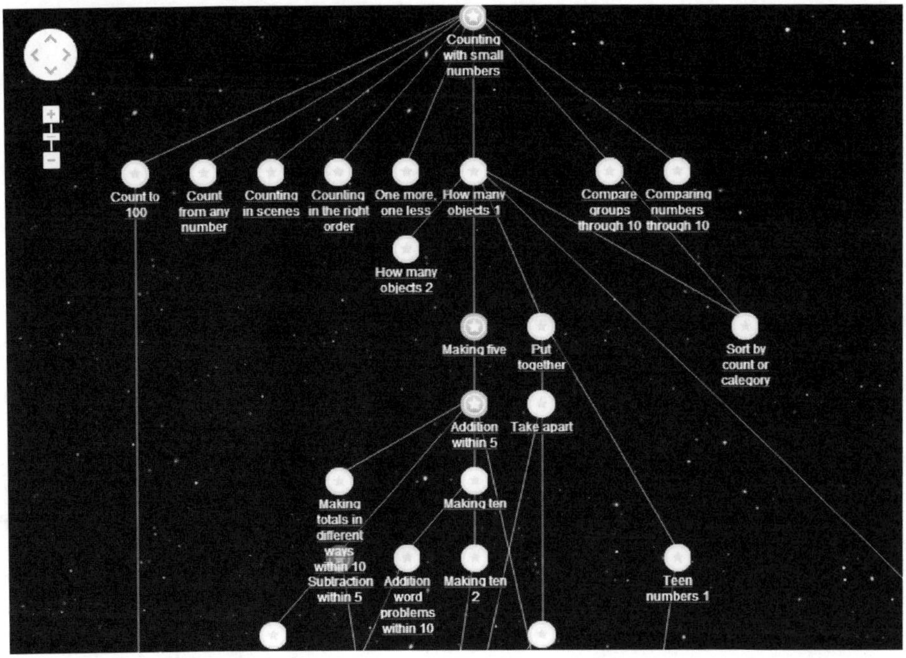

图 4.3.1　可汗学院"小数的计算"知识地图

二、知识地图的设计

目前,国内外有些学者对知识地图的设计展开了研究,学者陈强提出了知识地图设计的三步构建法,即识别与组织知识、知识等级分类、建立知识关联①;学者邓三鸿提出了学科知识地图构建法,将知识地图的设计分为获取知

① 陈强等.基于知识地图的知识管理应用研究[J].广东教育学院学报,2006,(5):90-94.

识、分解分级、标引关联、知识地图几个步骤。[①] 本书结合翻转课堂中知识地图的应用特点,提出知识地图的五步构建流程:界定知识范围和使用对象、知识分解、知识分类、知识关联与知识呈现,如图 4.3.2 所示。

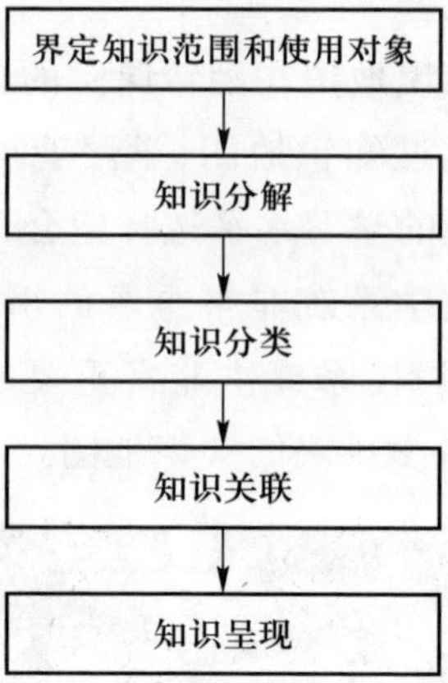

图 4.3.2　知识地图的五步构建流程

下面将以初中物理知识“力”为例,对知识地图的构建流程进行详细分析(见图 4.3.3)。

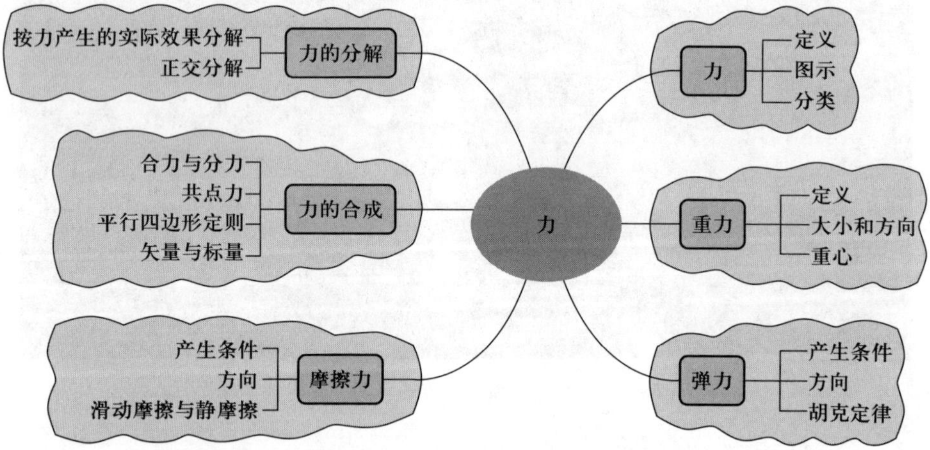

图 4.3.3　力的知识地图

(一) 界定知识范围和使用对象

知识地图首先要界定其知识范围与使用对象。知识地图所指向的知识范

① 邓三鸿.知识地图的构建与使用[D].南京大学,2003.

围包括教学内容、教学目标、学习过程等;知识地图的使用对象分析需要了解其认知起点水平、特征和学习现状,并明确学习者将在知识地图的帮助下获得怎样的成效。①

案例“力”中所属知识范围为初中物理知识范围,使用对象为初中学生,其难度不宜过深,但应涵盖知识点“力”所包含的基本知识,如“力的分类”“力的分解与合成”等。

(二) 知识分解

知识地图所指向的知识颗粒度需要微型化,即知识内容需具有微小精悍的特性。因此,需要将知识内容合理地分解至小颗粒度等级并提取出能描述知识点的关键词。通过知识点分解,将待分解知识内容中的复杂问题分解成不同的小知识点,并按照小知识点间的相互关联及隶属关系将小知识点按不同层次聚集组合,形成一个多层次的分析结构模型,从而将复杂知识点的学习归结于一个个小知识点的攻克。

如“力”知识包含了概念理论和实践技能两个部分,学生在概念理论学习方面需要掌握力、重力、弹力、摩擦力等基本理论知识,也需要掌握力的分解与合成等进阶理论知识;在实践技能学习方面则需要掌握滑动摩擦与静摩擦的实验操作。

(三) 知识分类

知识地图的构建是基于知识的分类开展的,对于知识分类的研究之前已有大量教育学者提出各种不同的分类方法,使用广泛的有布鲁姆、加涅、梅耶等人的教育目标分类法。在利用知识地图组织知识点时,应依据学科课程理念和教学目标选择适合的知识分类方法,但注意类别不宜过多。

(四) 知识关联

为避免碎片化的微课视频出现过于松散、凌乱、不系统的问题,可通过知识地图将知识关联起来,建立知识点与知识点间的映射,从而帮助学习者系统地掌握学习的知识和技能。在构建知识地图时可利用以下几种逻辑关系实现知识点间的关联。

(1) 先验后继关系:确定在学习该知识点之前需获取哪些知识,以及完成该知识点的学习后可进一步学习哪些知识,其关系如图 4.3.4 所示。

(2) 隶属关系:该知识点隶属于哪一个知识范畴或类别,这种隶属关系使得知识点在纵向上形成关联,能够为新知识的学习提供“认知巩固点”,其关系如图 4.3.5 所示。

---

① 王荣.基于知识地图的高中信息科技系列微课程的设计与应用[D].华东师范大学,2014.

图 4.3.4　知识的先验后继关系

图 4.3.5　知识的隶属关系

（3）相关关系：指知识点之间的相容度，它是知识点之间所具有的相互依存、相互制约、相互作用、互为中介的关系。一般包括了相反、因果、引用、影响等各种关系，这种相关关系让知识点间在横向上形成关联，有助于学习者对新旧知识的关联形成清晰把握，从而进行学习的迁移，其关系如图 4.3.6 所示。

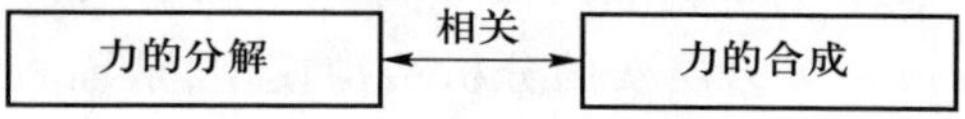

图 4.3.6　知识的相关关系

（五）知识呈现

知识地图最终以图示的方式呈现，可视化地展示知识点之间的关联，以直观的形式展现给学生。知识地图既可以采用星形结构，突出知识内容的构成；也可以采用树形结构，突出知识点之间的隶属层级关系；还可以采用网形结构，突出知识点之间的关联。此外，知识地图可以是多种类型结构图的结合体。在知识地图呈现方式的选择上需要依据学科知识点之间的关联，所选择的呈现结构图应包含学科知识点间所有的关联（见图 4.3.7）。

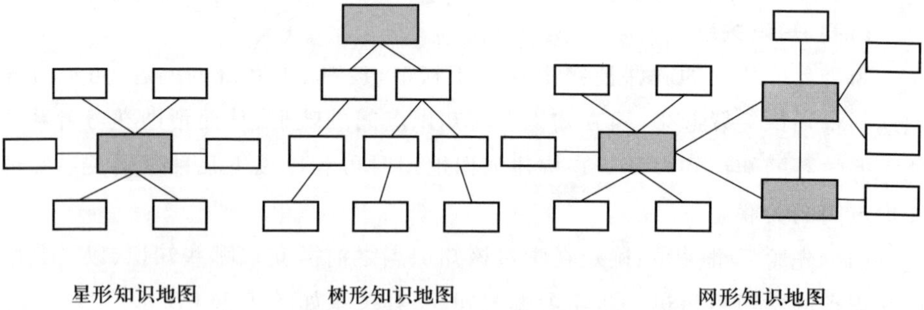

图 4.3.7　知识地图呈现方式

三、知识地图的制作

知识地图的制作离不开工具的支持，构建知识地图的工具有很多，如 Inspiration、MindManager、InfoRapid KnowledgeBase Builder 等都是较常用的知识地图制作工具，下面将对这几个工具分别进行介绍。

（一）使用 Inspiration 制作知识地图

Inspiration 是 Inspiration 软件公司开发的一种专用概念图软件，图 4.3.8 展示的便是使用 Inspiration 制作的“植物”知识地图。近年来，Inspiration 良好的应用性和功能性使其在教学中的作用越来越突出。Inspiration 提供了丰富的符号库，其中包括 1 300 多个高质量的图形、图像和动画，共分为 17 大类，涉及教学中的语文、数学、物理、化学、生物、科学等各个学科，能够基本满足各学科绘制知识地图的需要。

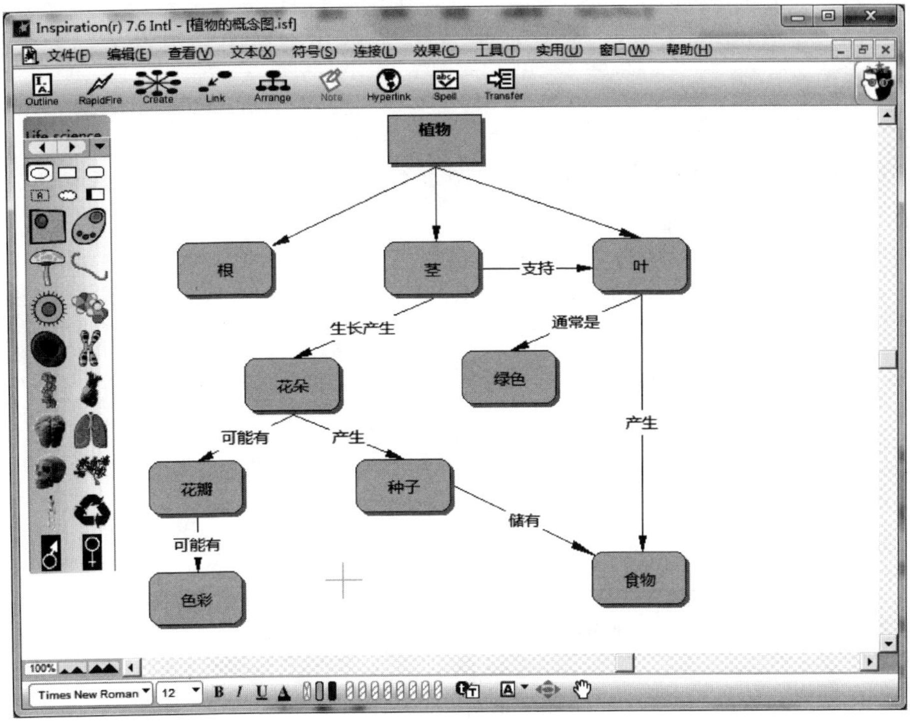

图 4.3.8　植物的知识地图

使用 Inspiration 制作知识地图的一般流程为：

第一步，围绕知识主题，设计主干知识点；

第二步，建立主干知识点间的连接关系；

第三步，为各知识点增加图标、注释或文件链接；

第四步，保存知识地图并将知识地图导出为图片格式。

（二）使用 MindManager 制作知识地图

MindManager 是一款功能强大的思维导图工具，亦可用于制作知识地图，如图 4.3.9 展示的便是使用 MindManager 制作的“唐诗鉴赏”知识地图。MindManager 为教师提供了丰富的素材库,包括各种基本图形、数字、艺术、科学、文化、地理、食品、人物、技术以及娱乐等在内的多种彩色静、动态图形符号,因此,MindManager 被教师广泛应用于教学中。MindManager 可以支持教师制作出结构清晰、形象生动的知识表征图形,使教师在实现课堂“翻转”时思路清晰,令讲授过程组织性更强且易于理解和记忆,同时学生能根据知识地图了解教学知识及知识间的关联,以便更好地开展学习。

使用 MindManager 制作知识地图的一般流程为:

第一步,确定知识主题,将中心主题置于中心位置;

第二步,以主题为中心,向外扩张分支,并使用合适的知识点关键词来表示各分支的内容;

第三步,为主题或某一分支节点添加注释或超链接;

第四步,对基本制作好的知识地图进行美化,如添加背景,注意颜色、图标、文字等方面的搭配;

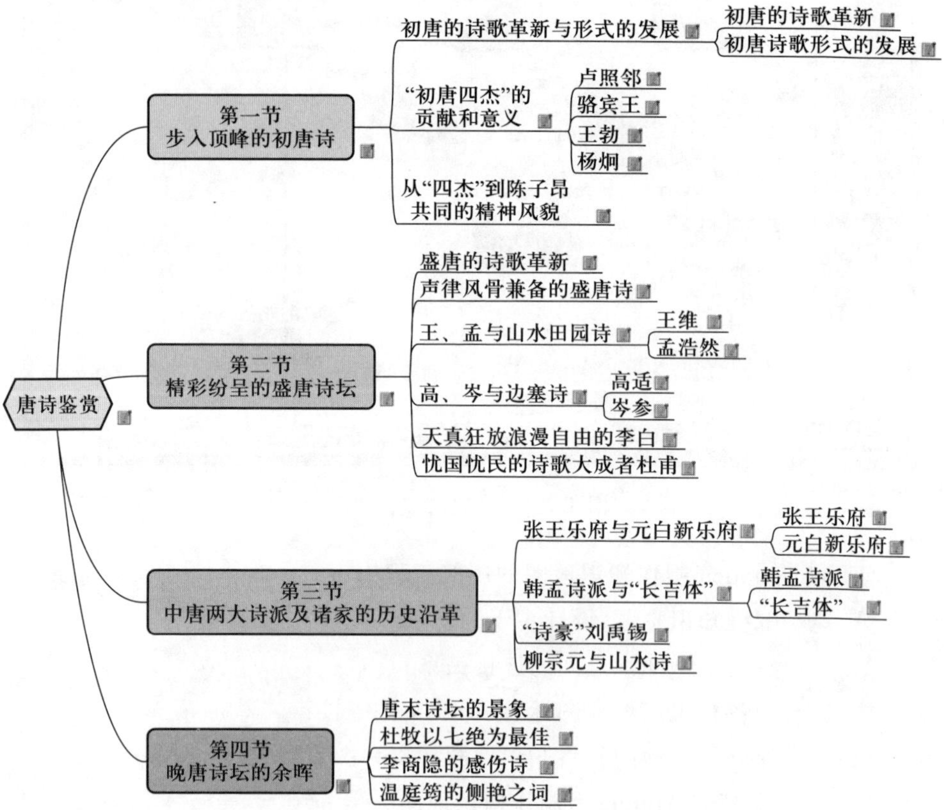

图 4.3.9　“唐诗鉴赏”知识地图

第五步，以文档、幻灯片、网页、图片等形式输出制作好知识地图文件。

（三）使用 InfoRapid KnowledgeBase Builder 制作知识地图

InfoRapid 中的 KnowledgeBase Builder 是由德国一家软件制造公司开发的免费知识库生成器。InfoRapid KnowledgeBase Builder 允许多个中心知识点并存，并能建立彼此间的联系，较适用于网状知识地图的制作。图 4.3.10 展示的便是使用 InfoRapid KnowledgeBase Builder 工具制作的“生态系统”知识地图。

与许多知识地图绘制工具一样，InfoRapid 所制作的知识地图能清晰地显示知识点的相关信息，便于学习者预览和选择知识内容；其网形结构的便捷呈现，以及自动使用不同色系颜色来显示不同层级知识间的关联，能有效减少学习者外部认知负荷，使知识结构一目了然。使用 InfoRapid 制作网型知识地图的一般流程为：

第一步，选定知识主题，将主题作为网型结构中心，整个知识地图围绕知识主题展开；

第二步，以知识主题为中心，向外扩展分支，并使用子知识点来表示各分支内容；

第三步，确定各知识点间的关联，知识点间的层级关系将自动以不同颜色展示；

第四步，为主题或某一分支知识点添加注释或超链接；

第五步，对基本制作好的知识地图进行美化，如添加背景、图标等；

第六步，以 PNG、JPG 等图片格式输出制作好的知识地图文件。

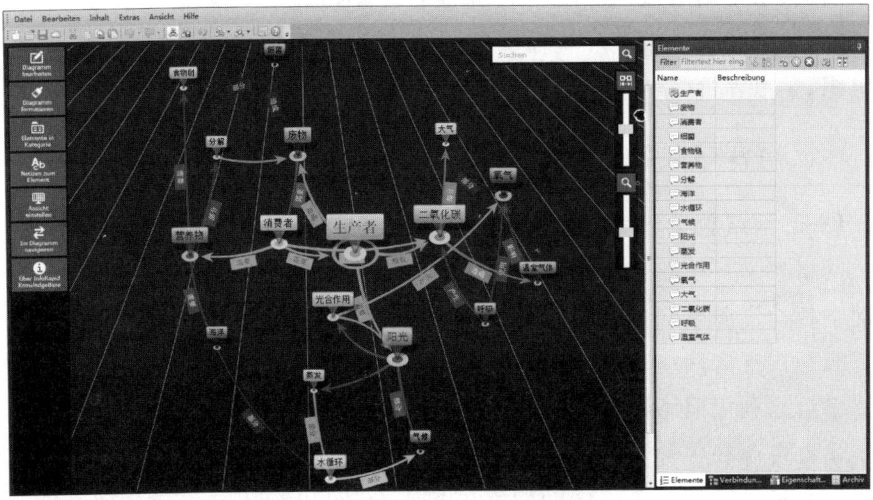

图 4.3.10　“生态系统”知识地图

第五章
翻转课堂教学实施

翻转课堂作为一种互联网环境下的新型教学模式，其实施过程中的教学环境、活动结构、课堂时间分配、组织管理等要素都具有鲜明的特点。首先，翻转课堂的实施需要网络教学环境和“一对一”的学习终端支撑，实现线下面授课堂与网络学习的整合；其次，翻转课堂的课前、课中、课后教学活动组织，课堂的行为管理、时间分配、环境管理需要新理念、新思维作为指导；最后，课堂教学活动组织与管理全过程需要大量网络化教学手段与资源的介入，大大增加了教师组织课堂的难度。有效的翻转课堂教学实施需要网络教学环境、学习资源、翻转式教学活动、学习分析等要素的有效管理与有机整合。

第一节　翻转课堂的网络支持环境

网络教学环境是开展翻转课堂活动的重要基础，同时也是沟通课外和课内的重要纽带。教师通过网络教学环境实现学生管理、资源上传、在线答疑等教学活动，学生则通过该环境进行课前自主学习、练习、交流等学习活动。因此，有效的翻转课堂教学环境需要提供学习资源管理、学习过程分析、学习活动组织、学习评价、学习持久力激励等功能。

一、可汗学院的网络教学环境

（一）网络教学环境的概念

网络教学环境是网络通讯设备、学习资源与学习过程管理系统的整合，包括网络教学资源及网络教学支撑平台，是网络教学活动开展的基础。网络教学资源是指支持网络教学活动的各种资源，如课件、视音频、试题等；网络教学支撑平台是利用网络技术建立的，基于网页的，能支持和管理教学过程、提供共享学习资源和各种学习工具的虚拟学习环境，为网络教学的实施提供基础性通讯与学习管理服务。借助网络支撑平台，可以为用户创设各种个性化的“网络学习空间”，为有效开展翻转课堂提供重要保障。

(二) 可汗学院的网络教学环境

可汗学院为学生提供了一个网络自主学习平台。该平台包括在线练习、自我评估、进度跟踪、教师个别化辅导、学习分析等教学功能。① 在可汗学院的教学平台中,学生通过观看知识点教学视频、完成进阶练习或测试开展自主学习,并可随时查看平台自动生成的学习进展报告。教师可以通过平台查看学生的在线学习行为,了解学生对某个知识点的掌握情况,并通过推荐视频材料和练习、解答疑问等方式给予学生个性化辅导。可汗学院的网络教学环境的基本功能如图 5.1.1 所示。可汗学院作为一个不断完善和发展的教学平台,随着时间的推移不断调整,其功能、界面结构将会不断更新。

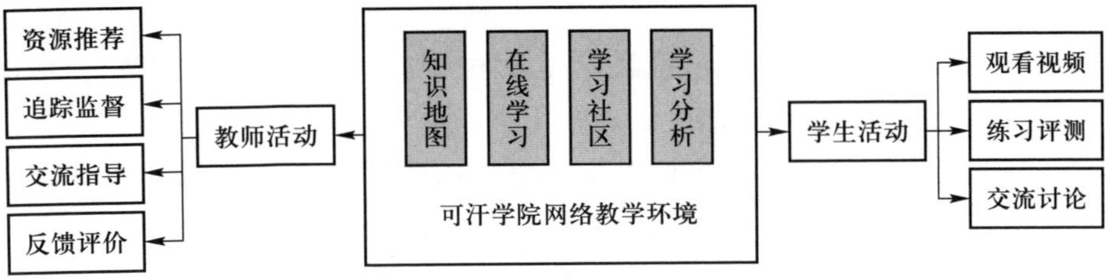

图 5.1.1 可汗学院的网络教学环境

可汗学院的教学平台包括以下四个主要模块:

(1) 知识地图模块。知识地图模块展示了可汗学院的课程知识体系基本框架。可汗学院以课程知识地图为基础来组织课程内容,并提供了与知识地图相对应的一系列微课视频。

(2) 在线学习模块。可汗学院的在线学习模块为学习者提供了观看微课视频、完成练习测试的功能。每个知识点都配有相应的练习与测试,系统根据测试情况评定学习者对该知识的掌握程度,从而判断是否可以继续进行下一知识点的学习。

(3) 学习社区模块。可汗学院的学习社区为学习者之间、学习者与教师之间的自由沟通交流提供了空间,它包括讨论、辅导等功能。学习者在观看视频后可以进入学习社区,向辅导教师或其他学习者提出学习疑问,或与其他学习者交流讨论学习内容,教师则需针对学生提出的疑问给予反馈。

(4) 学习分析模块。可汗学院提供了基于教育大数据的学习分析统计功能,主要包括学习起点分析、学习问题诊断,以及学习活动分析统计等。对于

① 方圆媛.翻转课堂在线支持环境研究——以可汗学院在线平台为例[J].远程教育杂志,2014,(06):41-48.

学生而言，可汗学院的学习分析模块，可以为学生提供详尽的统计分析报告，便于学生根据自身掌握程度及时调整学习方式及进度。对于教师而言，学习分析模块为翻转课堂中的课中教学活动实施提供了有力支撑，可以帮助教师及时把握学生的学习情况，并据此设计有针对性的课堂活动策略。

二、翻转课堂的网络教学环境

（一）翻转课堂网络教学环境的特点

网络教学环境是传统课堂教学环境在网络上的一种延伸，与传统教学环境相比，翻转课堂的网络教学环境具有开放性、预设性、生成性、交互性以及虚拟性等特点。

（1）开放性。翻转课堂网络教学环境面向所有课程学习者开放，并能够满足不同层次学生的学习需要。

（2）预设性。翻转课堂网络教学环境的构建具有计划性、预期性和规范性，体现了教育者的意图、指向与要求。

（3）生成性。师生在网络教学环境中开展一系列教学活动，使得教学资源与过程具有动态性。

（4）交互性。翻转课堂的网络教学环境支持同步、异步等多种交互方式。

（5）虚拟性。利用网络超越教学的时空限制，并模拟现实世界的学习空间，为师生提供一个虚拟的教学时空。

（6）简单易用性。网络教学环境一般界面清晰明了，操作简单，响应速度快，能够满足师生课堂的实时交互需求。

（二）翻转课堂网络教学环境的重要组成

翻转课堂的实现依赖于两个环境，一是课下的网络教学环境；二是课中教学环境。① 翻转课堂的网络教学环境是实现课堂内外教学活动的纽带：教师通过该环境向学生提供学习视频及其他学习材料，而学生则在该环境中观看学习视频并完成练习。此外，教师通过该环境管理学生的学习行为，并了解学生掌握有关知识的情况，以便设计出更有针对性的课堂活动。

在一般的中小学翻转课堂教学实践中，支持翻转课堂课下学习活动的网络教学环境一般由网络教学平台和学习终端两部分构成。① 网络教学平台：即应用类似 Moodle、Claronline 等学习管理系统（LMS）软件构建的网络教学空

---

① 方圆媛.翻转课堂在线支持环境研究——以可汗学院在线平台为例[J].远程教育杂志，2014，(06)：41-48.

间,用于支持翻转课堂课前和课中互联,以及师生互动,具有当堂练习、反馈数据统计分析等功能,是实现翻转课堂教学的基础;② 学习终端:指计算机、平板电脑、手机等硬件设备,是学生开展微课学习、网络交流、互动练习的硬件基础。目前国内中小学的大部分翻转课堂教学实践都基于专业厂商提供的电子书包教学系统或"一对一"教学环境开展。

(三) 翻转课堂网络教学环境的教学功能

能够有效支持翻转课堂教学活动实施的网络教学环境一般应具备以下功能。①

(1) 资源上传与分享。能够帮助教师有效组织和呈现课程与教学资源。翻转课堂的实施需要教师通过网络环境为学生提供预设教学视频及其他学习资源,能够实现资源的快速上传与发布。

(2) 自主学习及测试。学生课前自主学习的学习效果往往通过在线进阶练习检测,翻转课堂的网络教学环境应能支持学生进行自主学习,包括观看视频、阅读学习材料等。同时为学生提供作业测试与学习反馈,用于检测学生的学习效果。

(3) 在线交流与协作。能够提供聊天室、论坛、讨论区等在线交流方式,通过将课堂上的互动交流拓展到网络空间,以增加师生交互的时间和效果。学生依托网络教学环境可以方便地建立起学习共同体,开展学习交流活动。

(4) 学习分析与互动评价。具备记录学生的学习过程相关信息、收集学生的学习数据的功能,例如在线学习时间、练习对错,以便教师及时了解学生的学习状况和遇到的困难,进而能够设计出有效的教学活动,在课堂上能给学生有针对性的辅导。同时,网络教学环境一般还支持多种评价方式,如允许学习者将个人作品上传到系统中,由同伴及教师开展基于作品的评价。

三、利用 Moodle 实施翻转课堂教学

(一) Moodle 平台与翻转课堂

Moodle(Modular Object-Oriented Development Learning Environment,模块化面向对象的动态学习环境)软件是一套由澳大利亚马丁·罗格玛斯(Martin Dougiamas)博士开发的开源网络学习管理系统。它基于社会建构主义理论设计,教学功能强大,能支持师生基于网络开展多样化的网络教学活动。目前

---

① 程艳静.基于 Moodle 的翻转课堂在《Photoshop CS3 图形图像处理》中的实践研究[D].内蒙古师范大学,2014.

Moodle 在中小学网络教学实践中具有良好的应用基础,可以作为翻转课堂教学的网络支撑平台。Moodle 平台可以帮助教师有效组织和呈现教学资源,动态地记录学生的学习过程信息,及时了解学生的学习进展;Moodle 的教学互动功能(如论坛、测试、小组互评)等能有效整合翻转课堂的线下课堂与网络教学空间,支持师生开展线上、线下的交流互动。

(二) 基于 Moodle 实施翻转课堂的基本步骤

目前国内外已经有部分学校开始尝试使用 Moodle 平台实施翻转课堂教学。如美国斯蒂尔沃农村地区的艾尔蒙湖小学利用 Moodle 平台开展翻转课堂教学,教师在 Moodle 中上传课程的教学视频、测试和扩展资料等,并要求学生先观看 10~15 分钟的视频教学,再通过 Moodle 平台来完成一些理解性的基础练习,教师可以通过 Moodle 平台了解学生的答题情况,以便更具针对性地进行课堂活动设计。美国明尼苏达州斯蒂尔沃特市石桥小学则通过 Moodle 跟踪学生的学习情况,从而更有针对性地帮助学习上有困难的学生,满足不同水平的学生的个性化学习需求。应用 Moodle 实施翻转课堂教学一般包括课前、课中与课后三个环节(如图 5.1.2 所示)。

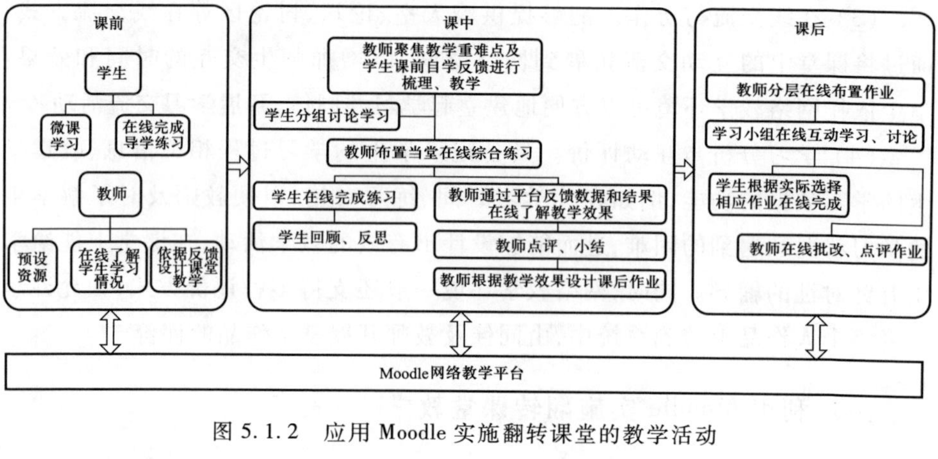

图 5.1.2　应用 Moodle 实施翻转课堂的教学活动

1. 课前活动

首先,教师利用 Moodle 平台预设教学视频、在线练习等资源,这些资源既可以是教师自制的,也可以是来自网络的优秀学习资源。

接着,学生应用 Moodle 通过观看微课资源完成知识学习,并进行相应的在线练习。

最后,教师借助 Moodle 平台的在线练习记录,分析了解学生的学习情况,据此设计有效的课中教学活动。

2. 课中活动

首先，教师根据学习内容的知识脉络进行梳理、归纳，并讲解重难点，组织小组讨论，布置当堂在线练习。

接着，学生按要求完成当堂练习，开展学习汇报与反思，教师根据学生练习完成情况进行点评与小结，并布置课后作业。

最后，教师也可以在课中开展项目学习、基于问题的学习等探究学习活动，网络平台将为学生的作品创作、共享和研讨提供支撑。

3. 课后活动

教师分层布置作业，学生按要求完成作业，并借助 Moodle 平台进行网络研讨与交流。教师将学生的作业、电子作品等进行整理评价，并在平台上与全班学生进行分享。

第二节 翻转课堂实施过程

翻转课堂通过网络整合了传统课堂教学与在线自主学习的优势，其教学环境、组织方式、教学策略等要素都发生了变化，如何优化翻转课堂教学的各要素，形成更加有利于学生知识建构的教学结构，是翻转课堂实施过程中要解决的重要问题。

一、翻转课堂实施的关键要素

由于翻转课堂融入了互联网的链接、共享、互动协作等特征，通过传统教学过程的“颠倒”，优化“知识讲授”与“知识内化”环节，构建了网络环境下新型的教学结构。相对传统课堂教学，翻转课堂的实施要考虑的要素有较大的变化。

（一）学习环境

翻转课堂的一般做法是让学生在课堂之外自主学习，在课堂内进行研讨与交流。对大部分中小学生而言，要做到让他们在课堂之外严格按教学设计来自主学习并不容易实现。改造这种来自于自由网络世界的教学模式，使其适应班级授课制框架下的课堂教学，第一个要考虑的问题就是学习环境。学习环境是实施翻转课堂教学的重要基础，中小学在开展翻转课堂教学实践探索时，可以在学校内构建一个集中式的、适合学生课前学习的“一对一”网络教室，并基于实践对其进行不断改进，探索行之有效的翻转课堂教学环境设计。

（二）技术支持

翻转课堂教学的实施需要网络教学平台、学习资源、学习终端和各种学习工具的支撑。教师在实施翻转课堂教学时，无论是学习资源制作、课前学习活动组织，还是课中在线评测活动开展，都需要使用到大量的信息化手段和工具，因此简单易用的教学平台、及时的技术支持服务在翻转课堂实施过程中必不可少。

（三）学习评估

翻转课堂教学要求教师了解学生的课前学习情况，将其作为设计课堂教学活动的重要依据；此外，教师在课堂中也常常需要通过当堂在线测试等方式检测课堂活动实施效果。因此，翻转课堂的实施要求建立起一套关于学生学习数据收集、分析与统计的系统，以帮助教师更便捷地获取学生的学习数据，确定学生的学习起点，分析评价学生的学习过程，预测学生的学习发展趋势。

（四）时间分配

实施翻转课堂首先面临的是时间安排的挑战，我国学生的课时安排普遍过多，课业负担繁重，如果要实现经典的“家里学习微课视频，回到课堂做作业、参与讨论，实现知识内化”的模式并不容易。因此，与国外普遍采用的“家校翻转”不一样，国内很多实践者提出了“校内翻转”“课内翻转”的实践模式，但要实现“校内翻转”“课内翻转”，具体的时间如何分配需要根据学科、课型特点做出科学的规划。

（五）教师

翻转课堂对教师的教学观念、教学技能提出了全新的要求。我国教育部于 2014 年 5 月颁布了《中小学教师信息技术应用能力标准（试行）》。该标准根据我国中小学校信息技术实际条件的不同、师生信息技术应用情境的差异，对教师在教学和专业发展中应用信息技术的能力提出了基本要求和发展性要求，包括“应用信息技术优化课堂教学的能力”和“应用信息技术转变学习方式的能力”两方面的能力要求。其中，在“应用技术优化课堂教学的能力”方面，主要关注教师利用信息技术进行讲解、启发、示范、指导、练习与反馈等教学活动所应具有的能力；在“应用技术转变学习方式的能力”方面，主要关注教师利用信息技术支持学生开展交流合作、探究建构、自主学习与个性化发展等学习活动所应具有的能力。翻转课堂作为一种变革传统课堂教学流程的新型教学模式，教师的教与学生的学较传统教学模式都有了很大变化，这要求教师具备应用技术转变学生学习方式的能力，并能够熟练掌握网络教学环境的各种教学工具，拥有驾驭翻转课堂这种教学模式的能力。

（六）学生

翻转课堂教学要求学生必须具有良好的自主学习能力和信息素养。学生只有具备较高的自主学习能力，才能在课前应用数字化学习资源进行高效学习；学生只有具备较高的信息素养，才能够在网络环境下流畅地与同学协作互动，按要求完成各种数字作品创作、提交作业等。当然，教师也需要借助翻转课堂教学不断提升学生的学习能力与信息素养，发展学生信息技术环境下的协作技能、批判性思维与问题解决能力。

二、翻转课堂实施的基本流程

翻转课堂的实施包括教学设计、准备教学资源、组织教学活动、效果评价与完善几个阶段，基本流程如图 5.2.1 所示。

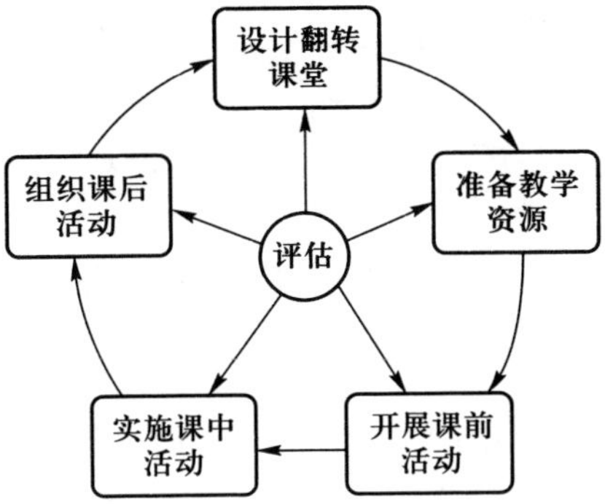

图 5.2.1 翻转课堂实施的基本流程

（一）设计翻转课堂

翻转课堂教学在实施前需要先进行整体的设计和规划，其内容主要包括合理选择教学内容、确定多维教学目标、设计教学过程、教学资源、教学活动与教学评价等，并对各要素进行有机组合与衔接，形成科学、可行的教学设计方案。

（二）准备教学资源

1. 教学视频

教师可以根据学生的认知水平与特点，自行录制教学视频，也可以直接使用现成的优质教学视频。教学视频应精悍短小，教学时间一般不要超过 10 分钟，便于学生有足够的时间与耐心观看学习视频内容。

2. 学习任务单

学习任务单主要用于检测学生的课前学习效果，帮助教师把握学生对课前学习知识的掌握情况。学习任务单一般配合教学视频使用,其内容可以是习题、学习作品制作要求等。

(三)开展课前活动

如图 5.2.2 所示,翻转课堂的课前活动一般包括:教师利用网络平台预设教学视频、在线进阶练习等资源;学生应用学习终端观看微课资源,完成相应的在线练习;教师检查网络教学平台中记录的全体学生、个别学生的学习数据,了解学生的学习情况,并在此基础上设计出更具针对性的课中教学活动。当然,学生在课前自主学习过程中可以随时通过论坛、留言板等社交媒体与同伴、老师进行互动交流,分享各自的学习收获,探讨学习过程中遇到的疑惑,互相解答。

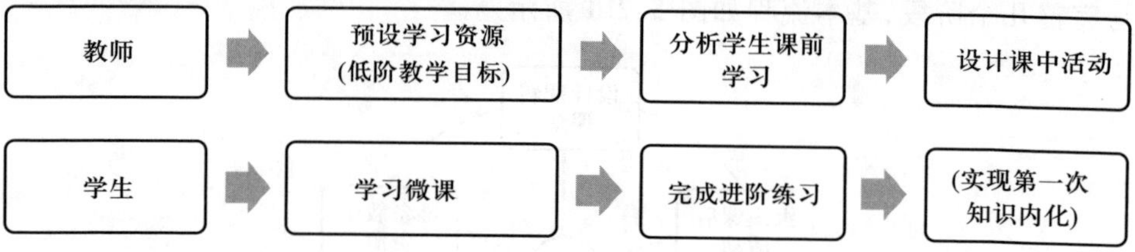

图 5.2.2 课前活动内容

(四)实施课中活动

如图 5.2.3 所示,翻转课堂的课中教学活动一般包括:教师根据学习内容的知识脉络进行梳理、归纳,讲解重难点,按高阶教学目标设定任务、问题、练习等,组织小组学习、探究与讨论活动;学生按要求完成课中学习活动,汇报与展示学习成果,教师组织交流与评价,帮助学生完成第二次知识内化,达成高阶教学目标。当然,不同学科与不同单元内容的教学实施上也会有较大的差异,上述给出的流程只是一般性的活动流程。为帮助学生在课中达到高阶教学目标的要求,课中的教学活动可以是基于问题解决的自主探究、学习任务驱动的协作探究等。

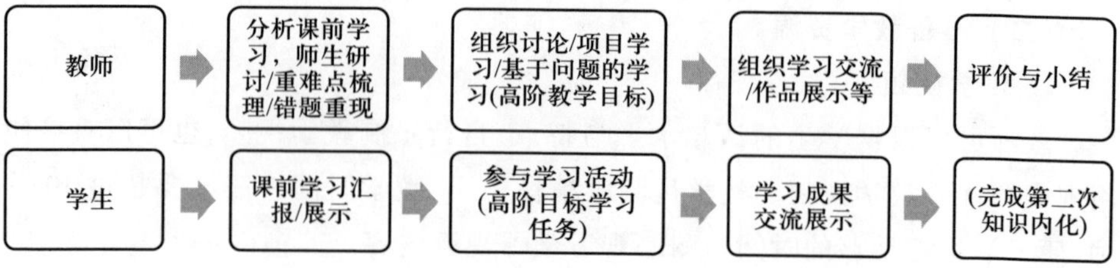

图 5.2.3 课中活动内容

(五) 组织课后活动

如图 5.2.4 所示,翻转课堂的课后活动:教师根据学生的学习情况分层布置作业(有时会把学习下一节微课作为作业),学生按要求完成作业,并应用网络平台进行研讨与交流等。同时,教师往往还需要将学生的作业进行整理评价,并在平台上与全班学生进行分享。

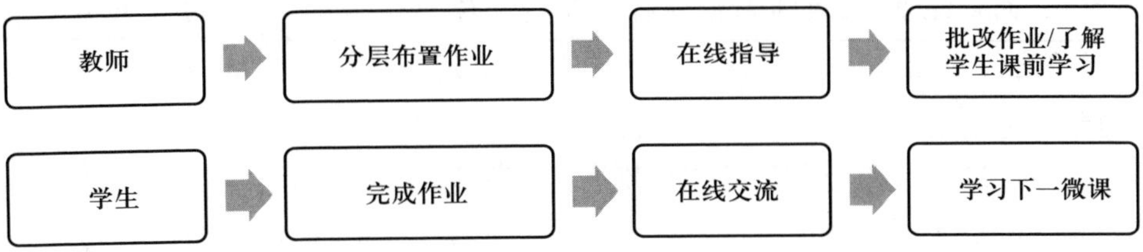

图 5.2.4　课后活动内容

(六) 评价与完善

教师收集翻转课堂教学过程中的各种反馈信息与数据,分析整体学生与个别学生的学习成效,反思与评价整个教学过程,根据评价结果对翻转课堂整个实施过程及其要素进行优化与完善。

三、国内外翻转课堂的实施案例

近年来翻转课堂在美国高校引起高度关注,美国数字化学习中心(The Center for Digital Education)对美国高校教师的调查显示,有 29%的科目课程使用过或正在使用翻转课堂教学模式,另外有 27%的教师表示在一年之内有使用翻转课堂实施教学的计划。但美国的新媒体联盟 2015 年发表的《亚洲大学视角下的翻转课堂》报告认为:文化的差异可能导致翻转课堂无法在全世界范围内成为主流,东西方在学习方式上的差异让翻转课堂无法在亚洲国家流行。[①] 目前,翻转课堂在世界各地均有不同程度的成功实施案例。

(一) 加拿大大不列颠哥伦比亚内部高中数学课的翻转课堂实践[②]

2011—2012 学年,加拿大大不列颠哥伦比亚内部高中的约翰逊老师在三个班级的数学课程中实施了翻转课堂教学。在正式实施翻转课堂前,他预先制作了 15 个教学视频,并准备好了每次课给学生的资源包、随堂测验以及阶段性测验,同时也提前设计了翻转课堂实施时的每一次课堂活动。在课堂教

① Horizon Report:2015 Higher Education Edition[EB/OL].http://horizon.wiki.nmc.org/? response-Token=096102f3e7fad4fe217693c1f5857c12c,2015-10-12.

② 郑艳敏.国内外翻转课堂教学实践案例分析[J].中小学信息技术教育,2014,(02):44-47.

学开始前,他只需结合学生的自学情况进行调整即可。

做好了这些充分准备后,约翰逊老师才开始开展翻转课堂教学——学生们在家中先看教师录制的10~20分钟的针对教材知识点的教学视频;之后会接受与该视频匹配的相应测验;学生完成测验之后可通过教师发布的资源包来进行拓展性学习,期间可通过Moodle平台与教师或者同学讨论学习和测试的结果;回到课堂上,教师则在拥有液晶投影仪、交互式电子白板和平板电脑的教室进行问题解决,解决完之后教师再布置适当的拓展性问题并给予解决和评价。

不难发现,约翰逊老师的充分准备为翻转课堂的成功实施提供了基础保障,丰富的技术环境则提供了强有力的技术支撑。从时间线上来说,其设计的学习过程大致分为两部分:在家,学生通过教师布置的教学视频学习新知识,通过教学视频之后的试题来检验他们是否已经掌握新内容,测验结果的及时反馈可以告诉学生哪些地方还存在问题需要进一步学习,之后学生可通过教师布置的拓展资源包进行拓展性学习,而此时教师则通过Moodle平台跟踪学生的学习情况,并与学生进行沟通交流;第二天到学校,教师根据学生反馈的问题设置不同的情境进行问题解决,问题解决完之后,教师会再布置适当的拓展性学习或测试,从而提高学生的知识迁移能力。

(二)科罗拉多大学波德分校翻转课堂实践①

科罗拉多大学波德分校(University of Colorado at Boulder)的迈克尔·斯戈潘(Michael Skirpan)和汤·叶(Tom Yeh)老师选择了大学计算机科学专业课程"以用户为中心的设计与开发"(User-Centered Design and Development)开展翻转课堂实践。该课程是一门编程技能类课程,利用15周完成,每周上2.5小时的课,预计学生每周需要10小时的学习时间。课程的网络教学环境使用谷歌云存储平台(Google Drive)。该课的翻转课堂实施过程如下。

1. 设计翻转课堂活动

该模式把翻转课堂的教学活动分为四类,刚开始实验时课内没有安排任何教师讲授的时间。经过一段时间试验后,他们建议把课堂时间的安排做调整:保留20%的时间作为学生研讨或教师讲授,80%的时间提供给学生开展协作探究活动。

---

① Skirpan M, Yeh T. Beyond the Flipped Classroom: Learning by Doing through Challenges and Hack-a-thons[C]. Proceedings of the 46th ACM Technical Symposium on Computer Science Education. ACM, 2015: 212-217.

(1) 学习挑战(课前活动):让学生课前按照老师要求进行编程的实践性练习,非一般翻转课堂的教学视频,老师会提供相应的指导性材料;

(2) 学习周记(课外活动):每个星期学生都要提交他们在“学习挑战”中完成的作品、遇到的学习问题、反思与建议等;

(3) 课堂冲刺(课内活动):按老师指定的学习任务(学生课前不了解具体的任务要求),学生利用在课前“学习挑战”活动中学习的知识与技能,在课堂上以小组协作、同伴互助方式进行快速设计、编程,完成学习任务,提交作品。

(4) 课程项目(全学期活动):本课程全学期需要完成的综合实践,即设计某个程序作品。

学生每周需要按老师要求,课前完成“学习挑战”项目,课内实施“课堂冲刺”活动,学习协作、资料与作品分享等通过 Google Drive 平台完成。

2. 设计课堂教学环境

迈克尔·斯戈潘和汤·叶认为传统教室中单个的桌椅是阻碍合作学习的因素,同时也不利于学生小组间的活动、交流。因此,两位老师把课堂的教学场所设在包含有较大型工作桌、沙发等适宜学生开展协作学习的休息室中。整个班共包括 31 个学生,其中有 8 名研究生和 23 名本科学生,这些学生隶属于不同的年级。

3. 准备教学资源

教师为每位学生建立了 Google Drive 的文件夹,仅有该班的教师和学生才有权进行查看,方便于学习小组创建与分享他们的周记、项目计划和个人反馈。同时,教师为每周的学习挑战和周记创建相关的文件夹,并上传每周的学习任务(“学习挑战”)及相关支持资料。各小组最终的作品将会放置到可共享的 Google Presentation 中。

4. 开展课前“学习挑战”活动

教师首先在班级网站上发布课程学习资源链接,学生通过网络学习资源开展课前“学习挑战”活动,按要求完成学习任务并提交作品,在此过程中也可以通过网络进行师生讨论和交流。

5. 组织课中“课堂冲刺”活动

“课堂冲刺”通过任务驱动、小组合作的方式,创造活跃的课堂气氛,激发学生的学习热情。每周的“课堂冲刺”任务一定跟课前学习的知识与材料有关,但课堂冲刺的具体学习任务会保密,直到学生进入到课堂。每周课堂冲刺的最后 15 分钟为小组学习作品、学习成就的展示时间,让各小组相互了解不同团队完成任务的策略与方法。

6. 进行课程评价

所有的学生在 Google Drive 上拥有他们自己的文件夹,能够将其所有学习资料分享给教师,为教师对学生的评价提供数据支撑。最终学生的成绩按照各项评价内容的比例进行加权,其中课堂冲刺比例为 25%,学习挑战比例为 30%,周记比例为 15%,最终课程项目为 30%。

(三) 广州市天河区“天云项目”中的翻转课堂实践

2013 年开始,广州市天河区教育局与华南师范大学教育信息技术学院联合实施“天云项目”,该项目组织了一批实验学校开展翻转课堂的教学实践。其中一位初三的政治老师探索了完全应用校内课堂时间实施翻转教学的模式,并实现了常态化教学。她结合初中政治的学科特点,将翻转课堂的“课前”学习活动和“课中”教学活动,都设在常规课堂时间完成,即“校内翻转”。她把课堂设置成 A 型课和 B 型课。A 型课是学生的自学课,相当于翻转课堂的“课前”自主学习,教师为学生提供学习指引、微课、课本、学习任务等学习资源,学生按照学习指引独立完成对基础知识的掌握,并完成相应的任务,同时也可通过学习平台将问题及疑惑反馈给教师,帮助学生完成第一次知识内化。B 型课则是由教师创设情境组织学生开展基于问题解决的学习活动,相当于一般翻转课堂的“课中活动”。教师通过学习平台统计学生任务的完成情况,并整理出学生在平台上提出的问题,在此基础上组织学生开展基于问题解决的自主探究、小组协作解决与教师答疑,解决学生自学中出现的问题,帮助学习实现第二次知识内化。问题解决完之后,教师通过当堂测试,加强学生对常考点和易错点的理解和巩固。此外,教师还可以根据课堂时间安排的情况,布置一些拓展训练,让学生以小组的形式合作完成。

第三节　翻转课堂的组织与管理

翻转课堂的组织与管理要处理好课下(课前)学习活动与课堂教学活动的衔接,以及课堂中整体、小组与个体学习活动的组织,科学分配课堂时间,帮助学生在完成课前通过学习微视频完成第一次知识内化的基础上,在课中再次进行知识内化,保证所有学生达成教学目标,并实施有效的教学评价活动。

一、翻转课堂的教学组织

教学组织形式是指为完成特定的教学任务,教师和学生按一定要求组合起来进行活动的结构,传统的课堂教学组织包括全班组织形式、个别组织形式以及分组组织形式三种。[①] 翻转课堂除了使用传统手段进行教学活动组织外，还可以借助网络化的手段。教师应根据教学目标的需要和学生的认知规律，灵活使用不同的组织方式。

（一）全班授课

翻转课堂对传统班级授课的改变就是，在讲授新知识部分不再使用集体讲授的方式，而是让学生在课前使用学习终端，根据自身的认知水平、学习进度、学习风格自定步调进行自主学习。

翻转课堂在课堂上往往需要减少教师集中讲授的时间，转变为使用师生汇报交流、小组研讨、作品展示等多种方式，帮助学生进一步查漏补缺，实现知识的第二次内化。

翻转课堂课中教学活动的全班集中讲授内容往往集中在知识重难点梳理、总结归纳、课前学生普遍做错的习题的讲解等，教师在集体授课过程中可以通过网络教学平台，锁定学生学习终端的屏幕，保证所有学生能够集中注意力听课。

（二）小组学习

翻转课堂把传统教学的知识讲授环节前移，为师生在课堂中开展小组研讨、问题探究、协作学习提供了更多可能。因此，小组学习是翻转课堂课中环节非常重要的教学组织形式。小组学习活动的实施需要考虑分组策略与活动组织策略，其中，有效合理的分组是实施小组协作学习的基础。

教师可以结合学生性格、能力等因素进行合理分组，发挥每个学生的长处，帮助学生在协作过程中相互学习、相互促进。分组需要考虑以下关键要素。[②]

（1）积极且相互依赖的小组关系，即小组成员应有共同的目标、共同的奖励和分级奖励等；

（2）资源互补性，每个小组成员必须使用各自不同的技能或资源来解决任务；

（3）角色完整性，每个小组成员都应分配一个特定的角色，每个组员都了解自己的角色在整个活动过程中的作用，相辅相成，形成一个不可分割的整体；

---

① 施良方，崔允漷.教学理论：课堂教学的原理、策略与研究[M].上海：华东师范大学出版社，1999：152.

② Flipped Classroom Field Guide[DB/OL].http://www.cvm.umn.edu/facstaff/prod/groups/cvm/@pub/@cvm/@facstaff/documents/content/cvm_content_454476.pdf,2015-2-28.

（4）具有群体动力，要求小组成员能够获得来自教师或其他成员的鼓励；

（5）人际交往能力，学生应使用有效的人际交往及团队沟通技巧，与其他成员有效沟通、分享想法和意见等。

教师在进行分组时，为了保证小组活动能够有效开展，可以参考以下5个建议。①

（1）小组结构取决于教学需求。教师需要明确哪种类型的小组能帮助学生达到最好的教学效果。

（2）尽量保持适当的小组人数。人数越多的小组，越难鼓励每个小组成员都积极参与到小组活动中。据科学统计，较合适的小组人数应该是2~4人。

（3）成员独立性强。成员应具有较强的独立自主性，即要求小组成员不单与同伴合作才能完成任务，还应确保每个小组成员都能独立解决问题。

（4）让小组明确最终的目标。要求小组成员开始小组工作前熟知最终的学习目标，能够将预期结果清楚地告知其他同学，以便后期对小组展开评价。

（5）尽可能形成随机、异构的小组。协作学习活动为学生提供了一个与不同能力和背景的人一起学习交流的机会，应尽量组成异构的小组，帮助学生学会如何与不同的人合作完成任务。

（三）个别辅导

个别辅导是指教师根据个别学生的学习情况进行有针对性的指导、答疑等活动。翻转课堂的个别辅导可以发生在课前，也可以在课中。学生应用网络进行课前自主学习时，教师可以通过网络教学平台中的论坛、聊天室等为学生进行一对一的个性化辅导；在课中的教学活动，教师可以通过在教室里巡查或者通过网络教学管理平台监控学生的学习行为，对学生提出个别化的辅导与矫正，并适时地给予学生引导。

翻转课堂在应用个别教学组织形式的过程中需要注意以下要点。②

（1）教师在课前应根据所要求的教学目标精心选择和准备学习活动以及各种不同内容、不同媒体形式的学习资源；

（2）仔细安排课堂学习活动，把教学内容划分成较小的独立单元（每个步子一般只包含单个知识点），认真安排各个单元的学习程序；

（3）通过一定评价方式让学生表达自己对所学内容的理解情况和应用情

---

① Flipped Classroom Field Guide[DB/OL].http://www.cvm.umn.edu/facstaff/prod/groups/cvm/@pub/@cvm/@facstaff/documents/content/cvm_content_454476.pdf,2015-3-20.

② 个别化学习教学组织形式特点概述[EB/OL].http://www.zhixing123.cn/lilun/21746.html,2011-12-25.

况，以便在进入下一步学习之前，检查学生对前一步内容的掌握程度；

（4）必须让学生立即知道每一步学习的结果，让他们伴随一次次的成功，充满信心地前进；

（5）教师要尽可能多地与学生接触，可以是课外在线的交流和讨论，也可以是课内面对面的交流与辅导，及时给予学生帮助；

（6）通过提供微课等内容精简、时间短、碎片化的学习资源，使学生维持自学的兴趣，并为个别学生提供灵活的定制化教学。

二、翻转课堂的管理策略

教师在翻转课堂实施过程中，应做好课堂行为管理、课堂时间管理与课堂环境管理等几个方面的内容，保证翻转课堂相关教学活动的有序开展与推进。

（一）翻转课堂的管理问题①

亚伦·萨姆斯认为翻转课堂改变了现有的课堂管理。在传统教学课堂上，教师必须始终密切注意课堂上的学生动向。因为一些学生稍有分心就会跟不上进度或者影响其他人的学习，他们通常要么是无聊，要么只是简单地不守规矩。当采用翻转课堂式教学后，教师发现许多传统课堂管理的问题消失了，如捣乱课堂的学生表演失去了观众，因为其他同学都在忙于活动或小组协作。

亚伦·萨姆斯提出了三个关于翻转课堂管理的新问题：

（1）教师的时间能合理分配给每个学生吗？

教师每天需要花费大量时间与学生互动，指导个人或小组，但教师为每个学生所花费的时间并不总是相等的，他需要决定到底把较多的时间分配给哪些学生，该指导学困生还是学优生？教师必须意识到，在分配时间方面最重要的并不是只用于帮助提出问题的学生，而是用于确保真正需要帮助的学生能得到他们所需要的帮助。

（2）如何更好地帮助学生提高注意力？

翻转课堂将时间还给了学生，但部分学生并不知道应该如何处理这些自由的时间，一些学生更是以“自由”为借口，利用这些时间做任何他们想做但与课程学习无关的事，很明显这不是一个有效利用时间的方法。

因此，在翻转课堂中，教师仍然需要监控学生的注意力不集中行为，但不同于传统课堂的是，这里的关键是找到学生注意力不集中的原因。如果他们

① Aaron Sams.Classroom Management and the Flipped Class[EB/OL].http://www.edutopia.org/blog/classroom-management-and-flipped-class-jon-bergmann,2014-6-20.

的学习成绩落后了，这往往是因为他们没有很好地利用这些自由的学习时间，在这个时候教师需要通过适当的干预技术处理类似的情况。对一些情况较为严重的，教师可能需要进行单独的思想教育，甚至必要的时候可以打电话给学生的父母或进行家访，与他们的父母合作解决学生该类问题；而对其他情况较为轻微的，教师需要采取措施将那些相互干扰，使彼此注意力不集中的学生分开，并在每次课上对这些学生给予多一些关注，这样就能慢慢地帮助学生纠正那些不良的习惯。

(3) 教师能为每个学生分配合理的自由时间吗？

某些学生可以很好地控制翻转课堂中自主学习时间，但有些学生则无法很好地处理。教师可以为那些自制力较差的学生提供更详细的学习安排，并给予相应的指导，引领他们进行学习；而同一时间允许那些能够合理运用时间的学生可以更加自由地自定步调、自行安排自主学习的时间，让其充分发挥自主学习的优势。

(二) 翻转课堂的管理策略

课堂管理是指教师为了保证课堂教学的秩序和效益，协调课堂中的人与事、时间与空间等各种因素及其关系的过程。① 做好课堂管理不仅是课堂教学顺利进行的基本保证，而且是提高课堂教学质量的有效途径。翻转课堂的管理包括课堂问题行为管理、课堂时间管理、课堂环境管理。

1. 课堂问题行为管理

翻转课堂的课堂问题行为管理是课堂管理中的重要组成部分，它不仅有助于维护良好的课堂教学秩序，约束和控制有碍学习的问题行为，而且有助于激励学生，引导学生积极参与到学习活动中，从而提高学生的学习效率以及翻转课堂的教学效果。

课堂问题行为是指在课堂中发生的、违反课堂规则、妨碍及干扰课堂活动正常进行或影响教学效率的行为。翻转课堂中常见的问题行为包括沉默寡言、懒散或无所事事、骚扰其他同学、说粗话侮辱其他同学等。与传统课堂相比，翻转课堂少了很多的课堂管理问题，学生更多地参与到课堂中。他们并不是坐在座位上听教师讲课，教师也不试图让学生保持安静。相反，教室里充满了活动、参与、调查和学习。②

---

① 施良方，崔允漷.教学理论：课堂教学的原理、策略与研究[M].上海：华东师范大学出版社，1999：152.

② Aaron Sams.Classroom Management and the Flipped Class[EB/OL].http://www.edutopia.org/blog/classroom-management-and-flipped-class-jon-bergmann，2014-6-20.

翻转课堂的问题行为的恰当处理,取决于教师对于管理策略的有效运用,教师可以运用以下的策略管理学生的行为问题。

(1) 运用先入为主策略,事先预防问题行为

学生的问题行为,有些是出于无知,有些是出于故意,有些则是出于初始时的不慎。事实上,一些课堂问题行为是在课前就注定了的,而不是因为课堂活动过程中的运行所致。学生一旦产生了问题行为,则事后的消解远比单纯学习新行为困难得多。因此,最有效的管理,就是采取先入为主,预防在先,以防止许多不必要的问题行为产生,或使问题行为没有产生的机会和条件。

先入为主策略就是在问题行为产生之前,采取措施优先实施预防性管理,避免或减少问题行为产生的可能性。主要包括三个方面:制定学生的行为标准;促成学生的成功经验;保持建设性的课堂环境。

(2) 运用行为控制策略,及时终止问题行为

先入为主策略对于预防问题行为尽管非常有效,但不能完全消除问题行为。对于这些行为,必须给予有效的控制,使之得到及时的处理。否则,这些问题行为将会扩展或蔓延,甚至引发其他的问题行为。行为控制策略主要包括强化良好行为和终止已有问题行为两个方面。

2. 时间管理

高效率的教学实质上就是在单位时间内花费最少的精力,获得最有效的成果。要提高教学的效率,就必须坚持时间优化意识,注重时间管理策略。翻转课堂的时间管理应该包括课前网络自主学习时间管理和课堂教学时间管理两部分。

(1) 课前时间管理

翻转课堂要求学生在课前有足够的时间观看视频,接受知识的传递,因而教师在进行翻转教学时,应注意对学生的课前网络自主学习的时间运用进行管理。翻转课堂课前时间管理最重要的是对教学视频、学习任务单进行优化,保证教学视频的长度、知识结构与学习任务安排合理。翻转课堂的教学视频是供学生课前自主学习观看的,但是网络学习的时间较为自由,因而学生学习的效果和效率存在一定的不确定因素。教师提供的教学视频若时间过长,容易使学生产生厌烦或抵触的心理,使学生不看或只是粗略地看一遍;而若时间过短,则容易让学生产生疑惑或对知识理解不透彻的情况。目前国内比较常见的做法是利用微课作为课前自主学习的视频,因为微课具有时间短、知识点短小精悍等特点,非常适用于翻转课堂的课前自主学习。

(2) 课中时间管理[①]

翻转课堂教学模式由传统的"课堂讲授,课后练习"转变为了"课前自主学习,课中教师辅导和学生协作讨论"。因而,翻转课堂的课堂教学以学生协作学习、探究学习或自主学习等教学活动为主,教师在课堂教学中应合理分配教学活动的时间。

① 减少时间的损耗,增加学生的学习时间。在课堂中的教学活动,教师应少说、多做,给学生提供更多的时间用于学习和自我表现,而学生学习时间越多,其学习效果越好。所以教师应在有限的课堂时间内多增加学生学习的时间,使课堂取得更好的教学效果。

② 课前做好准备,合理分配时间。课堂上一般会有导入、知识呈现、讨论、练习、总结等环节,因此教师在上课前应为每个环节分配合理的时间,认真考虑每个环节的作用和效果。导入环节应该控制在相对短的时间内;而讨论环节和练习环节的时间相对要稍长一点,以给学生更多思考和讨论的时间,帮助学生更好地掌握知识;最后教师需要留出一定的时间进行总结,使教学过程完整。同时,教师可以增加一些弹性时间,以保证能随时弥补因一些突发状况所占用的时间,使课堂教学更加从容有序地开展。

③ 维持学生积极性,优化教学过程。教师在课前针对学生在自主学习中的疑问及时修改或调整课堂教学计划,明确教学的重难点,这样可以使教师节省一些课堂导入和介绍的时间。同时优化教学过程,将教师、学生可能造成分配时间流逝的人为因素降低到最小限度,保障规定的有限时间落到实处,提高时间的利用率。在教学过程中,需要唤起并维持学生学习的积极性,使其主动地参与到教学活动中,并充分发挥学生的主体作用;要确保教学环节的连贯性,使教学过程顺畅;还需要随时把握每个教学环节的时间,根据教学实际情况适当地增减一些教学内容和活动,使课堂能够取得良好的教学效果。

3. 课堂环境管理

课堂环境管理是翻转课堂实施过程中的重要支撑和保障,它包括翻转学习中时刻所需的网络教学环境的管理以及在课堂活动教学环境的管理。

(1) 网络教学环境的管理

翻转课堂将课程原来需要统一讲授的部分或全部内容以视频的形式置于网络学习平台、APP 客户端或其他平台上,供学生进行在线学习。因此这就要求设备终端、网络环境、软件等系列要素需达到开展课前自主学习活动的基本

---

① 陈婷.基于微课程支撑下的高中美术翻转课堂教学策略研究[D].广西师范大学,2014.

条件与要求。为保证学生学习持续有效地进行，还要求对网络教学平台进行适时的管理和修正。一般来讲，教师将微视频制作完成后，学生在家学习并完成在线作业，教师通过学习管理平台监控学生学习进度，根据需要介入学生的学习，予以个性化的指导和帮助。同时，教师还会通过网络教学环境共享学生资源，使学生不论是自主学习还是分组学习都能够进行及时的沟通交流和反馈。只有对网络教学环境进行有序的管理，才能维持翻转课堂教学的正常展开。与此同时，还要注意合理引导学生自主学习，尽可能避免与学习无关的其他网络行为活动，保持网络教学环境的健康使用。

（2）课堂教学环境的管理

课堂教学环境管理，即对实施课堂活动的教学环境（教室）进行管理。翻转课堂不仅仅要注重学生课外学习的部分，更要关注课堂上进行知识内化的学习过程。翻转课堂教学环境的有效管理是全班授课、小组学习与个别辅导活动开展的基础。

翻转课堂的课堂教学活动组织，教师经常采用基于项目的学习、基于问题的学习、基于游戏的学习、混合学习等多样化的学习方式，学生往往需要通过小组协作、共同探究的形式来参与课堂活动。因此，翻转课堂对课堂教学的物理环境要求较高，选择一个适合开展这些多样化学习活动的课堂环境极为重要。传统课堂的教学环境当中，固定的单个桌椅对于学生的协作来说已经成为一种阻碍，使得学生在自由交流的过程中无法达到理想的教学效果。因此实施翻转课堂的环境最好配备有足够空间的教室，同时具有现代化教学设备来保证技术支持，教室中桌椅最好能够自由、灵活的移动组合，方便于学生开展小组讨论、交流和展示。

三、翻转课堂的教学评价

翻转课堂的教学评价包括对课前自主学习与课中教学两个环节的评价。翻转课堂的评价除了可以应用传统的教学评价手段，还可以应用各种网络技术手段，如在线测试、电子档案袋、网络问卷与投票等，开展多元化综合评价。

（一）翻转课堂的教学评价

课堂教学评价是对教师和学生的教与学活动过程及其效果做出价值性判断的过程。传统的教学评价往往以课后测试成绩来反映学生学习效果，而翻转课堂更加强调通过课前、课中学习的两次评价，以评促学，帮助学生实现知识内化。同时，评价过程还强调通过信息化手段收集学生的学习时间、学习过程信息、创作的电子作品等数据，对学生的思维发展、问题解决能力、协作交流能力等做出更加科学的评判。

例如:中山市教育局教研室李宇韬老师在实施“平行四边形面积”学生课前学习评价中,她不仅统计分析学生练习的正确率,还收集了学生学习微课的时间:共记录了 36 位同学的学习开始与结束时间,其中最短为 13 分钟,最长为 38 分钟,平均每人用时 25.2 分钟。教师通过分析不同学生学习微课所需要的时间,可以了解学生间的学习能力差异。

(二)翻转课堂教学评价的功能

翻转课堂的教学评价功能主要体现在以下三个方面。①

(1)诊断与反馈功能。通过对翻转课堂的教学活动及其效果进行评价,教师和学生不仅可以评价自己的目标完成情况,还可以发现教学中存在的问题,以期根据问题情况做出分析,并制定相应的解决策略,以更好地促进教学与学习。诊断主要体现在目标的完成情况上,反馈则体现在评价为教学改进提供依据方面。

(2)导向功能。翻转课堂的教学评价是根据课程和教学目标制定的,以便于教师的教与学生的学转向课程和教学目标,并根据目标和评价结果对教学做出调整。

(3)激励功能。翻转课堂的教学评价是对翻转教学做出价值评判的过程。在教学评价中获得肯定的教师和学生会获得某种程度的成就感,使学生和教师更加积极主动地向目标努力。当学生和教师通过教学评价发现自身的不足时,会对自己的学习行为或教学行为反思和调整,从而不断地进行自我完善。

(三)翻转课堂教学评价应注意的问题

翻转课堂以建构主义学习理论与掌握学习理论为基础,在教学过程中始终提倡“以学生为中心”,强调学生的自主学习、独立探索与小组协作。翻转课堂的评价内容,除了包括传统课堂教学评价时需要考虑的内容要点外,还应该考虑翻转课堂教学模式的自身特点,重点关注以下问题。②

(1)教师是否能够根据学生的实际情况制作出与既定的教学目标和教学内容相吻合的微视频。

(2)教师是否能够通过网络教学平台与学生形成积极良性的互动交流。

(3)教师是否能够组织学生在课堂上形成氛围良好的小组协作、探究性

---

① 迟艳杰.教学论[M].北京:高等教育出版社,2009:230.

② 朱宏洁,朱赟.翻转课堂及其有效实施策略刍议[J].电化教育研究,2013,(08):79-83.

学习。

(4) 学生是否能够利用信息技术,根据教师提供的微课进行独立探索性的学习。

(5) 学生是否能够在课堂中或教学平台上通过与他人合作,积极探究,协同解决问题。

(6) 学生是否能够充分利用知识管理工具,将学习到的知识制作成有形作品,以完成知识的吸收内化,并将自己的学习成果进行充分的展示,与他人分享。

第六章
项目学习概述

项目学习(Project-Based Learning,简称 PBL)被普遍认为起源于美国教育家杜威的"从做中学"(learning by doing)教育理论。项目学习作为一种创造性地解决实际问题的学习方式,强调学生的学习过程要基于现实问题进行主动探究、协作探究,强调学生在解决问题中实现知识建构与能力发展。信息技术环境下的项目学习实践,更利于发展学生的批判性思维、协作交流能力与问题解决能力,更有利于促进学生的全面发展。因此,近年来我国多项教育信息化国际合作项目都在探索如何应用项目学习的教学理念开展教学改革实践,以此推进信息技术与学校教育教学的深度融合。

第一节　项目学习的发展

项目学习的英文原文是 Project-Based Learning,简称为 PBL,又被翻译为"基于项目的学习""项目式学习"等名称,本书统一称为"项目学习"。项目学习被普遍认为源于杜威提出的"从做中学"教育理念,后来他的这种理念逐渐被教育研究人员发展演变为"项目学习"教学法。[①] 近年来,该教学方法在国际上受到从事教育信息化领域的教育工作者的关注,它以学生为中心,变革了以课堂讲授为主的教学方式,是信息时代培养学生解决复杂问题能力的最佳选择,并与 21 世纪技能(21st Century Skills)培养等概念联系在一起,在全球得到广泛推广。

一、项目学习的兴起

杜威最先提出了"从做中学"的思想。杜威于 1897 年在《我的教育信条》中列举了他关于教育的信念:教育不是把外面的东西强迫儿童或青年去吸收,而是要使人类与生俱来的潜能得以发展。在杜威实用主义教育思想影响下发

① Wikipedia. Project - Based Learning [EB/OL]. https://en.wikipedia.org/wiki/Project-based_learning,2015-02-20.

展起来的项目学习，逐步得到教育界的认同，让学生“做项目”已成为美国教育的传统。甚至有不少的学者认为项目学习比传统的课堂教学更具优势，布鲁门费德(Blumenfeld)与克拉西克(Krajcik)引用马克思(Marx)、里韦特(Rivet)等人的研究结果提出：分析表明，相比传统教学方法，在教室里采用项目学习方法教学能使学生取得更好的成绩。①

信息社会来临与经济转型是推动项目学习重新进入教育变革视野的重要原因。传统工业化时代的标准化人才培养方式已无法满足信息社会对创新性人才的需求，知识全球化时代呼唤更具有创造力、复杂问题解决能力、知识创新能力的综合性人才。近年来，西方部分教育界针对信息社会发展的人才需求，提出了一个“21世纪技能”的概念。他们认为当今社会对人才的要求不能按照传统的标准来衡量，而要加入新的要素，即学生的21世纪技能，主要包括信息素养、全球化思维、批判性思维和问题解决、有效的数字沟通、数据分析和解读等方面。过去，人才的培养主要是掌握基础知识(包括数学、语言、自然科学、社会科学等基本学科知识)和传统技能(包括自我管理、逻辑思维、创造力、沟通能力、想象力、学习能力等)，但是这样的培养目标已经不能适应全球经济发展的新要求。21世纪信息社会不仅需要学生具备传统的知识能力，还要掌握21世纪技能，其关系如图6.1.1所示。

信息时代项目学习发展的核心是让学生应用技术创造性地去解决问题，鼓励学生在问题解决中构建知识与发展能力。信息环境下的项目学习能够给予学生更多数字化的生活学习体验，提供更接近未来信息时代的问题解决环境，帮助学生实现个性化全面发展。目前全球的教学变革也以提升学生信息时代的创新精神、社会适应与发展能力为核心。

此外，项目学习的理念与我国倡导的基础教育课程改革精神是完全一致的。2001年6月，我国颁布了《基础教育课程改革纲要(试行)》(以下简称《纲要》)。《纲要》明确指出我国基础教育课程改革的目标：“改变课程实施过于强调接受学习、死记硬背、机械训练的现状，倡导学生主动参与、乐于探究、勤于动手，培养学生搜集和处理信息的能力、获取新知识的能力、分析和解决问题的能力以及交流与合作的能力。”项目学习强调以学生为中心，倡导学生主动参与，积极动手实践，注重学生信息素养、问题解决能力、批判性思维、数据分析与解读、团队协作等能力的培养。因此，项目学习是适应新课程改革理念

① Sawyer, R. K. The Cambridge Handbook of the Learning Sciences [M]. New York: Cambridge University Press, 2006.

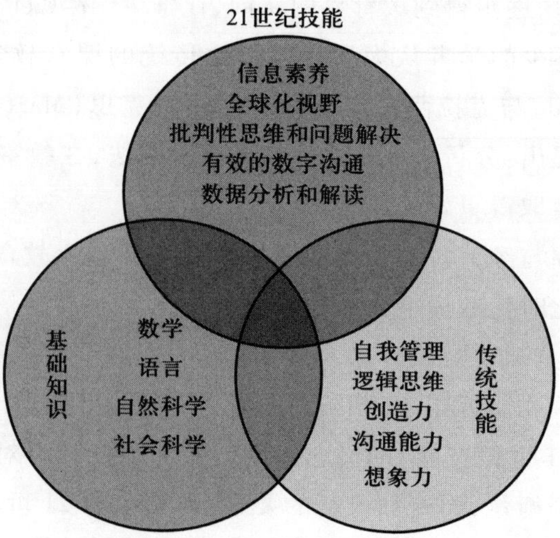

图 6.1.1　信息社会对人才的要求

的一种教学模式。推动项目学习在信息化教学环境下的实践,有利于推动国家课程改革和人才培养目标的落实。

二、项目学习的概念

尽管项目学习实践的开展已有多年,但目前教育学界对项目学习仍没有统一的定义。

国外学者马卡姆(Markham)等认为,项目学习是学生围绕复杂的、来自真实情境的主题,在精心设计任务、活动的基础之上,进行较长时期的开放性探究,最终建构起知识的意义和提高自身能力的一种教学模式。①

所罗门(Solomon)认为,项目学习活动往往围绕着具有一定挑战性的项目主题展开,主题的选定往往来自真实的环境,依托某一学科理论,并在活动过程中体现多学科交叉的思想。②

这两个定义具有一定的代表性,它们将项目学习看作是一种教学模式、教学思想、教学方法,强调了学生在真实世界中综合运用多学科知识解决问题,在问题解决中促进学习。

国内不同学者也对项目学习提出了自己的看法。

黎加厚认为,项目学习是以学习、研究学科的概念和原理为中心,通过学

---

① Markham, Thom et al. Project Based Learning Handbook[M]. Buck Institute for Education, 2003.

② Solomon, G. Project-Based Learning: a Primer[J]. Technology & Learning, 2003(1): 20-30.

生参与一个活动项目的调查和研究来解决问题，以建构起他们自己的知识体系，并能运用到现实社会当中去的一种学习模式。①

刘延申认为，项目学习活动的开展，学生要通过亲自调研、查阅文献、收集资料、分析研究、撰写论文等，将学到的理论知识和现实生活中的实际问题紧密结合，得到综合训练和提高。最后，学生在课堂上介绍自己的研究情况，互相交流，并训练表达能力等。②

尽管不同学者因研究角度的不同，对定义的界定在理解上有些许差异，但这些定义中也呈现出对项目学习理解上的共性。本书认为，项目学习是一种以学生为中心的教学模式，是学生从真实世界中的基本问题出发，围绕复杂的、来自真实情境的主题，以小组方式进行周期较长的开放性探究活动，完成一系列诸如设计、计划、问题解决、决策、作品创建以及结果交流等学习任务，并最终达到知识建构与能力提升的一种教学模式。

三、项目学习与基于问题的学习

在教育实践领域中，基于问题的学习（Problem-Based Learning）与项目学习（Project-Based Learning）是两个很接近的教学模式，它们的英语缩写都是PBL，在教学理念上也很多相同之处，因此也有一些学者认为这两种教学模式是一样的。

国外有学者建议把基于问题的学习作为项目学习的一种特例，即基于问题的学习是把项目学习中的“项目”定义为要解决的一个问题而已。③ 基于问题的学习通常遵循的教学步骤是：(1) 引出一个劣构性的开放问题；(2) 问题定义或陈述；(3) 界定与问题相关的已知知识与需要解决的问题任务；(4) 讨论可能的解决方案；(5) 学生在教师指导下自主解决问题；(6) 分享发现或问题解决方案。

项目学习与基于问题的学习具有很多相同点：(1) 聚焦解决开放性的问题或任务；(2) 强调知识与技术的真实应用；(3) 促进学生 21 世纪技能的建构；(4) 强调学生的独立自主学习与探究学习；(5) 教学比传统课堂需要更长时间（跨课时、跨单元），知识更加综合化。但两者间也会有一些差异，如

---

① 黎加厚.信息技术课程改革与实践[EB/OL].http://www.ictedu.cn/bbs2008/sf_upload/sf_20041218105318.rar,2014-02-25.

② 刘延申.美国高等师范教育改革简述[J].教育研究,2001,(10):74-77.

③ John Larmer.Project-Based Learning vs.Problem-Based Learning vs.X-BL[EB/OL].http://www.edutopia.org/blog/pbl-vs-pbl-vs-xbl-john-larmer,2014-03-20.

表6.1.1所示。

表6.1.1　项目学习与基于问题学习的差异

	项目学习 (Project-Based Learning)	基于问题的学习 (Problem-Based Learning)
教学内容	开放、多学科知识整合	大部分为单一学科,也有多学科知识整合
教学时间	时间较长,需要多周或多个月完成一个项目	教学时间较短
学习方式	多样化学习步骤	按照预设的学习步骤进行
学习产出	创作的具体作品、表演等	可以是有形的或无形的解决方案、解决思路
学习情景	大部分是真实世界的问题、任务、预设等	常常使用案例、虚构的情景或虚构性的问题等

第二节　项目学习的教学理念

项目学习是从杜威倡导的“从做中学”教育理念中发展起来的,它突破了传统教学中的“教师、课程、课堂”三个中心,体现了以“学习者、经验、活动”为中心的理念。它以学生为中心,以问题解决为核心。支持项目学习的教育理论主要有建构主义学习理论、杜威的实用主义教育理论和布鲁纳的发现学习理论等。

一、项目学习的理论基础

(一)建构主义学习理论

建构主义是认知心理学派中的一个分支。在皮亚杰(Piaget)的“认知结构说”的基础上,科恩伯格(Kernberg)从认知结构的性质与发展条件等方面作了进一步的研究。维果斯基(Vygotsky)提出的“文化历史发展理论”,强调了认知过程中学习者所处的社会文化历史背景的作用,并提出了“最近发展区”理论。建构主义学习观认为:学习不是由教师把知识简单地传递给学生,而是由学生自己建构知识的过程。学生不是简单被动地接收信息,而是主动地建构知识的意义,这种建构是无法由他人来代替的。

学习不是被动地接收信息刺激,而是主动地建构意义。它是根据学习者的经验背景，对外部信息进行主动的选择、加工和处理，从而获得自己的意义的过程。外部信息本身没有什么意义，意义是学习者通过对新旧知识经验间的反复的、双向的相互作用过程而建构成的。因此，学习不是像行为主义所描述的"刺激—反应"那样。学习意义的获得，是每个学习者以自己原有的知识经验为基础，通过对新信息重新认识和编码来建构自己的理解。

同化和顺应是学习者认知结构发展变化的两种途径或方式。同化指学习者把外在的信息纳入到已有的认知结构中，以丰富和加强已有的思维倾向和行为模式。顺应指学习者已有的认知结构与新的外在信息产生冲突时，引发原有认知结构的调整或变化，从而建立新的认知结构。同化是认知结构的量变，而顺应则是认知结构的质变。同化—顺应—同化—顺应，循环往复，平衡—不平衡—平衡—不平衡，相互交替。人的认知水平的发展，就是这样的一个过程。这样看来，学习不是简单的信息积累，更重要的是包含新旧知识经验的冲突，以及由此而引发的认知结构的重组。学习过程不是简单的信息输入、存储和提取，是新旧知识经验之间双向的相互作用过程，也就是学习者与学习环境之间互动的过程。建构主义学习理论认为"情境""协作""会话"和"意义建构"是学习环境中的四大要素。①

1. 情境

学习环境中的情境必须有利于学生对所学内容的意义建构。

2. 协作

协作贯穿于整个学习活动过程。教师与学生之间、学生与学生之间的协作，对学习资料的搜集与分析、假设的提出与验证、学习进程的自我反馈和学习结果的评价，以及意义的最终建构都有十分重要的作用。

3. 会话

学习小组成员之间必须通过会话商讨如何完成规定的学习任务。此外，协作学习过程也是会话过程，在此过程中，每个学习者的思维成果在整个学习群体中共享。

4. 意义建构

意义建构是教学过程的最终目标。在学习过程中帮助学生建构意义就是要帮助学生对当前学习的内容所反映的事物的性质、规律以及该事物与其他事物之间的内在联系产生较深刻的理解。

项目学习实质上就是在真实情境中，通过教师的指导，学生进行自主探

---

① 何克抗.建构主义——革新传统教学的理论基础[J].电化教育研究,1997,(4):25-27.

究,并与同学广泛交流,不断地解决疑难问题,从而完成对知识的意义建构的一种教学模式。

(二) 杜威的实用主义教育理论

杜威的实用主义教育理论是项目学习的理论基础。杜威针对"以课堂为中心,以教科书为中心,以教师为中心,以注重强制性的纪律和教师的权威作用"为特征的传统教育,提出了实用主义的教育理论。在《民主主义与教育》一书中,他阐述了其教育思想体系。概括地说,这种理论体系可称为新的"三中心论"。

(1) 以经验为中心。他认为,"知识不是由读书或人解疑而得来的结论","一切知识来自于经验","教育即生活,教育是传递经验的方式"。

(2) 以儿童为中心。实用主义反对传统教育中忽视儿童的兴趣和需要的做法,主张教育应以儿童(或者说受教育者)为起点。"兴趣显示着最初出现的能力,因此,经常仔细观察儿童的兴趣,对教育者是最重要的"。

(3) 以活动为中心。杜威认为,崇尚书本的弊端是没有给儿童提供主动学习的机会,只提供了被动学习的条件——死记硬背。他又提出,学校主要是一种社会组织。教育既然是一种社会过程,学校便是社会生活的一种形式,学校应该让学生从实践活动中求学问,即"从做中学"。他提出在教学过程中的五个要素:设置疑难情境,使儿童对学习活动有兴趣;确定疑难在什么地方,让儿童进行思考;提出解决问题的种种假设;推动每个步骤所含的结果;进行试验,证实、驳斥或反证假设,并通过实际应用检验方法是否有效。上述五个要素的实质,反映了杜威重视实践应用,强调从实践中培养学生能力的教育思想。项目学习强调对学生动手能力的培养,强调"经验""学生""活动"这三个中心。项目学习基本上也是采用"做中学"的方式,学生通过各种探究活动,通过制作作品来完成知识的学习。①

(三) 布鲁纳的发现学习理论

针对传统教学的"仓库理论",美国著名教育家布鲁纳(Bruner)提出了发现学习理论。他认为,学生的认知过程与人类的认识过程有共同之处,教学过程就是教师引导学生发现的过程。他要求学生在学习过程中,利用教师或教材提供的材料,亲自去发现问题的结论和规律,成为一个"发现者"。他还设计了如下发现学习的程序。②

---

① 杜威教育论著选[M]赵祥麟、王承绪编译.上海:华东师范大学出版社,1981.

② 王策三.教学论稿[M].北京:人民教育出版社,2005.

(1) 提出问题。教师选定一个或几个一般的原理,学生的任务是带着问题去学习,提出问题或疑难。

(2) 创设问题情境。情境中的问题既适合学生已有的知识能力,又需要经过一番努力才能解决,从而促使学生形成对未知事物进行探究的心理。

(3) 提出假设。学生利用所掌握的资料,对问题提出各种可能性。

(4) 检验假设,得出结论。对各种可能性进行反复的求证、讨论,最终寻求答案。

项目学习并不是接受式的学习,而是发现式的学习。在学习之初,学生就问题解决形成假设,提出解决问题的方案,然后通过各种探究活动以及收集得来的资料对所提出的假设进行验证,最后形成解决问题的结论。

二、项目学习的教学特点

项目学习强调从以“教”为中心向以“学”为中心转化,与传统教学相比有以下几个特点。

(一) 教学内容主题化

在项目学习中,需要提供一个驱动性的主题(问题),用于组织和激发学习活动。学生利用所学知识围绕该主题展开实践探究,解决项目学习中的问题,并在此过程中建构起新的知识体系,掌握一定的技能。

(二) 学科知识综合化

与传统的分科教学相比,由于项目学习中的问题来源于现实生活,解决项目的驱动问题需要综合运用多个学科的知识和技能,这体现了多学科交叉的思想。项目学习整合了一系列相关学科的基本知识、研究方法以及当前社会的综合问题,其目标是培养学生解决综合性、实践性问题的能力,这与传统的教学目标形成了鲜明的对照。在项目学习中,学习者需要运用多门学科的知识,单纯依靠某一门学科知识则无法完成活动任务。

(三) 学习活动实践化

项目学习强调活动的实践性。项目学习不再仅仅局限于教师对学生进行纯理论书本知识的传授,而是让学生依据自己的需要、动机、兴趣进行参与、体验和研究。学生实践的内容丰富多彩,将理论知识和实践操作融为一体,涵盖多方面的知识与技能。学生面对的是来源于现实生活的真实而具体的问题,不是单纯而抽象的某个学习问题。实践的方式也是多种多样,在项目实施过程中,学生充分利用多媒体和网络等信息技术,再通过实践体验、学习知识、创造想象等多种途径来解决问题,如调查采访、收集资料、分析计算、实验探究、撰写报告等。学生在实践中体验、学习,在实践中提高获取信息、加工信息和处理信息的能力。

(四) 学习过程协作化

活动过程中强调协作,教师通过项目学习,为学生提供协作学习的机会,鼓励学生以各种形式开展合作。在这种学习活动中,学习者之间往往需要达成一致的意见,对学习任务进行合理的分工,并且适时地进行协商和讨论。它充分体现了合作学习的精神,加强了学习者之间的相互协作和理解,这有利于培养学生的团队精神和人际交往能力。此外,除了学生之间的协作交流,项目相关教师、学生以及其他相关人员还组成一个"学习共同体",为完成任务而共同努力。

(五) 学习方式个性化

项目学习面向每一个学生的个性发展,尊重每一个学生发展的特殊需要。它强调学生在活动过程中所产生的丰富多彩的学习体验以及个性化、创造性的表现。项目学习的一个重要原则就是学生根据自身的兴趣来选择学习的主题和内容,学生对学习有充分的自主选择权。学生从确定选题、收集资料到作品制作、答辩、成果展示的整个过程,都是自主决断完成的,这将有助于培养学生的"自我导向"能力。

(六) 学习评价多样化

项目学习不再局限于书本知识,而是依据学生具体需要、动机、兴趣等进行参与及体验。学生实践内容不同,所得的实践结果亦不尽相同,因而评价的方式、内容也应有所不同。

(七) 学习产出成果化

项目学习强调在活动过程中和活动结束后产生一系列的学习成果。项目学习的成果形式多样,内容丰富,学生根据不同的活动内容,从不同的角度,可以形成不同形式的成果,它既可以是语言类的研究报告,也可以是数字类的调查文章,还可以是艺术类的歌舞、小品、绘画等。

三、项目学习的教学案例

2008 年中央电化教育馆与联合国儿童基金会合作开展了"中国和联合国儿童基金会远程协作学习项目",该项目在全国组织了近百所来自城乡的学校以结对的形式,开展校际网络协作项目学习实践。

"神奇的小水塘——小水塘生态作用的探究"(以下简称"神奇的小水塘")是由深圳市福民小学、甘肃平凉市东大街小学、平凉市新民路小学和兰州市秦安路小学四所学校共同开展的一个远程协作学习项目。项目让来自南北地区的四所学校的学生(五、六年级)一起探索"如何在校园中建造一个能吸引很多外来生物、小鱼不需喂养就能自然生存的小水塘",并通过对这一小水塘的长期观察、实验探究、数据对比分析等活动,让学生掌握自然生态环境与动物生长的基本知识,了解南北方的生物物种差异,发展观察能力与科学探究能力。

项目实施的基本过程如下。

(1) 项目设计。四所学校的教师接受项目组织的面对面培训后,共同商量学习主题,确定学生的学习任务:在校园中建造一个能吸引很多外来生物、小鱼不需喂养就能自然生存的小水塘,并对其进行长期的观察与实验,通过网络共享观察数据、协作讨论等。图 6.2.1 为"神奇的小水塘"项目的活动过程。项目设计完成后,四校教师共同完成一个完整的项目计划书,为后续的活动提供一个共同遵守的学习契约。

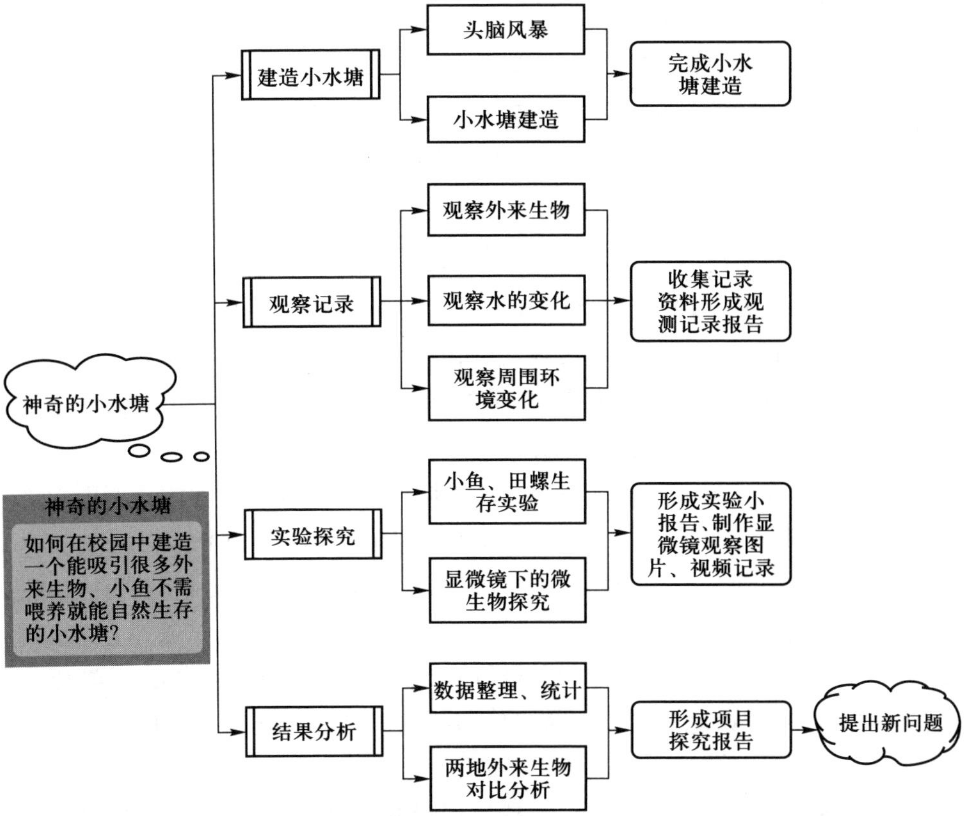

图 6.2.1　"神奇的小水塘"项目学习活动设计

（2）小组分工，制订活动计划。参与项目学习活动的学生以 5 到 6 名学生为一个小组，并确定小组间和小组内的分工。小组分工明确，分别负责记录、测量、拍照等各项工作。此外，教师还需要与学生商量，制订详细的活动计划，并填写观察记录表（见表 6.2.1）。

<u>观察活动计划</u>

【观察工具】放大镜、望远镜、玻璃皿、记录单、相机等

【预测】会引来蚊子、苍蝇、蜻蜓、青蛙等这样的小昆虫

【时间安排】每天早上和下午放学抽时间进行

表 6.2.1　小水塘观察记录表

日期：

天气：　　水温：　　观察者：

		1 号池塘	2 号池塘	
外在观察	水			
	动物			
	植物			
微生物观测				
问题与发现				
备注				

（3）开展活动，收集资料，创作作品。学生在教师的引导下按照项目计划书的设计（图 6.2.1）开展各项实践活动，在活动过程中收集各种数据、资料，并通过网络空间进行共享与交流，图 6.2.2 为深圳、甘肃两地学生在共享小水塘外来物种记录数据后制作的分析图。

远程协作项目学习的地区差异性往往是吸引学生探究兴趣的重要因素之一。这种地区差异容易引起学生的认知冲突。只有知识创建活动伴随认知冲突才有利于学生产生概念的转变，最终实现有意义的学习。此外，远程协作项目学习非常强调让学生借助各种认知工具开展知识的协作创建活动，如图 6.2.3为学生在活动过程中应用统计图、维恩图，通过网络协作交流，最后完成的数据分析、知识建模案例。这些借助认知工具实现知识协作创作而产出的作品同时也为项目的真实性评价提供了基础。

（4）项目学习评价。项目学习往往采用基于过程和作品的真实性评价，“神奇的小水塘”项目的学习评价包括作品交流展示、学习反思、小组互评、自

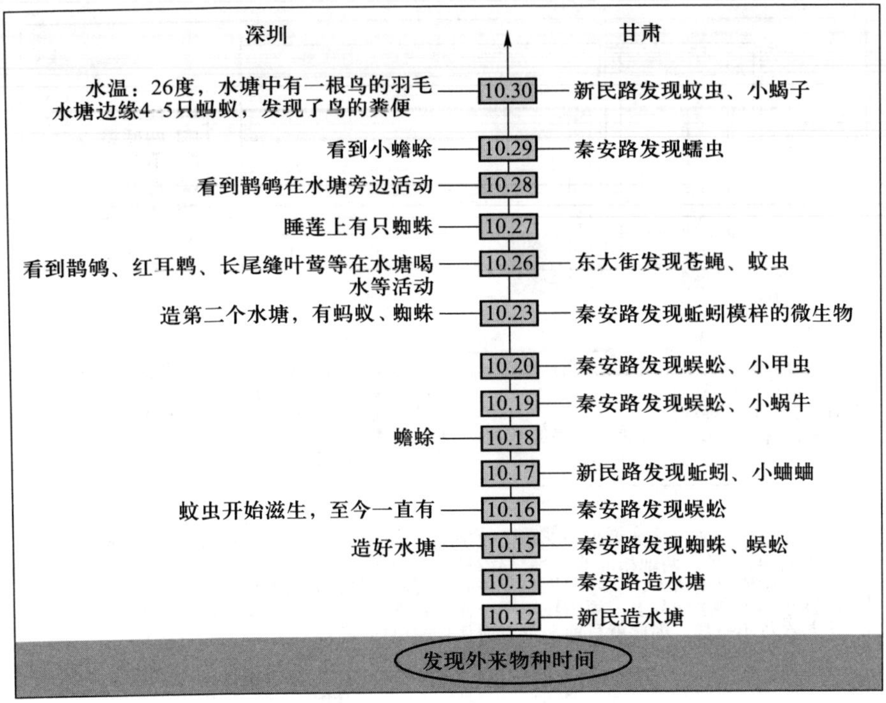

图 6.2.2　深圳、甘肃小水塘吸引的外来物种记录对比

评等，表 6.2.2 为其中的小组协作能力评价表。

表 6.2.2　小组活动评价表

班别：　　　　　　小组：

评价内容		较满意	满意	很满意
我觉得我们组	1. 自觉完成了教师布置的任务			
	2. 与伙伴们相处融洽			
	3. 我们组学到了一些知识			
伙伴们认为我们组	1. 能自觉完成教师布置的任务			
	2. 大部分时间里提出的意见对小组有帮助			
	3. 对我们组的总体表现是喜欢的			
老师夸我们组	1. 乐于完成学习任务			
	2. 在活动中积极表现自己的想法			
	3. 喜欢与其他组沟通交流			
我们组得到了	颗星			

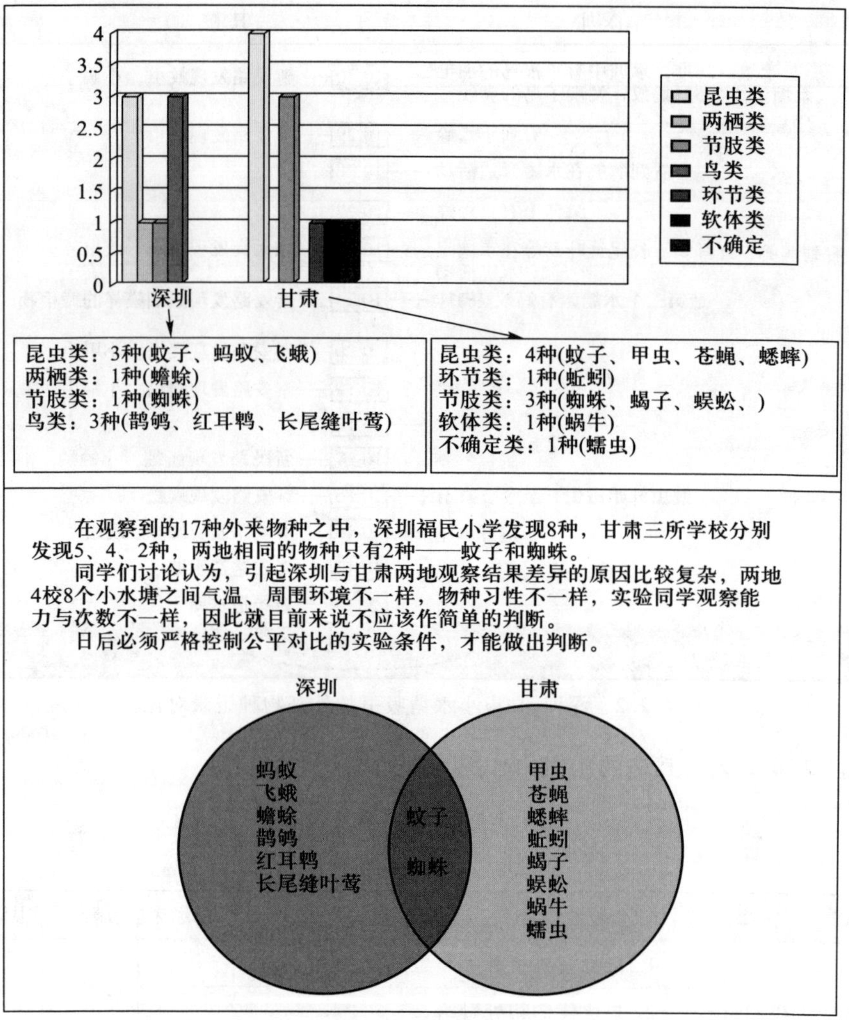

图 6.2.3 深圳、甘肃外来物种对比分析结果

“神奇的小水塘”项目组在完成学习评价的基础上，师生经过共同讨论，进一步确定了下学期后续的探究活动：

（1）组织学生继续开展“神奇的小水塘”的观察活动，坚持三天观察一次，按规范完整做好记录。

（2）深入探究本次活动中发现的一些感兴趣的问题：

- 雀鸟、蟾蜍等动物是怎样利用小水塘的？
- 小鱼、田螺等动物在小水塘里吃什么食物？
- ……

“神奇的小水塘”远程协作学习项目体现了项目学习的开放性、探究性、实践性、协作性与多学科的综合性。项目以“在校园中建造一个能吸引很多外来生物、小鱼不需喂养就能自然生存的小水塘”为主题,引导学生进行长时间的科学观察、实验探究,在活动过程中不断提出问题、解决问题,促进学生的有意义学习,培养学生应用信息工具进行协作、综合、分析、创造的高层次思维能力。

第三节　信息时代的项目学习实践

在应用信息技术变革与创新教育的世界发展潮流下,近年来国内外涌现了很多应用项目学习理念开展教育教学改革创新的项目案例,如美国工程与科学教育改革与发展研究中心(CIESE)实施的“基于在线项目的科学教育”项目、教育部-微软“携手助学”项目、中国和联合国儿童基金会远程协作学习项目等。这些项目在国内外开展了大规模的教学改革实践,产生了大量富有创意的教学案例。

一、美国工程与科学教育改革与发展研究中心项目[①]

由美国工程与科学教育改革与发展研究中心(CIESE)倡导的“基于在线项目的科学教育”(the Science Education with Online Projects,以下简称 SEOP)是由美国国家科学教育基金委员会(NFS)资助 CIESE 应用技术进行科学教育改革的实验项目之一。

CIESE 的任务是通过研究教育策略的改革和新技术的应用等手段来支持和提高科学、技术、工程和数学(STEM:Science,Techonolgy,Engineering,Mathematics)四个领域的学与教活动。学生通过基于在线项目的探究活动学习科学知识,这些项目活动的主题和内容的设置与学习者日常生活密切相关,并且根植于广阔的科学世界之中,因此能够极大地激发学习者的兴趣。该活动通过让学生使用经过设计、适合学生开展相关实验研究的数据,让学生拥有与该领域科学家开展真实研究相同的科学实验数据和研究工具,这样学生便可以以科学家的身份来学习建构自己的思维模型。除此之外,CIESE 为学生提供了一些协作软件和交流工具,如项目组邮箱、视频会议系统、共享软件、协作白板

---

① 杨刚,徐晓东.基于在线项目的科学教育理念、模式及其启示——以美国 CIESE 的学习环境为例[J].中国电化教育,2010(9):15-21.

等。其目的在于通过实践活动鼓励学习者在解决有意义的问题的同时，学习如何参与到协作探究之中以及如何使用学科的概念和方法来解决真实问题，并在此过程中习得科学知识、素养和态度，并学会建立社会交往关系。

SEOP 项目是管理领域的项目在活动教学中的延伸、发展与具体应用。因此，SEOP 中的学习“活动”，以学生的科学探究为主要形式。学生通过这种活动获取知识和该领域科学的思想观念，领悟科学家们研究自然所用的方法。

为了给学生和教师提供更大的学习活动范围，CIESE 设计了一系列的项目活动主题。主题的性质多是与学生的现实生活紧密联系，且具有开放性的。主题的设计与学生的需要和兴趣相符合，与学生的心理世界、经验世界紧密关联。主题的设计既考虑了大多数学生的认知水平，又具有一定的挑战性。此外，主题还具有一定的包容性和丰富性，值得学生在一定时间内去探究，去思考，去行动。活动主题一般分为两类：以基础教育（K-12）为主的科学教育活动和高等科学教育活动。与 K-12 有关的科学教育活动的项目主题及特点见表 6.3.1。

表 6.3.1　科学教育活动的项目主题及特点

项目活动	主题名称（年级）	特点
协作项目研究	• 家庭一天用水量的研究（4-8） • 水的沸点研究（6-12） • 全球水质量调查研究（6-12） • 日照与温度关系研究（5-8） • 池塘生物的多样性研究（1-5）	该项目着眼于研究结果的差异性。由于活动开展所处的地理位置不同，其结果是有差异的，通过对结果产生的差异开展对话，引起学生的兴趣，促进学生对问题的理解。该项目也可以跨区域在校与校之间开展协作活动
工程项目研究	• 蒸馏水的提取研究（6-12） • 偷渡者的旅行包设计（5-8） • 简易手持水泵设计（6-12） • 抗震结构的设计（6-12）	该项目的特点是利用较强的数学知识和工程科学原理对问题进行分析、设计和应用，强调了学科知识在日常生活中的应用
基于历史资料的项目研究	• 人口增长研究（6-12） • 语言艺术的社会研究（5-12） • 电影的历史与制作（5-12）	该项目的特点是活动资料来源于真实的历史材料，如图片、文物、统计数据等。通过对原始历史资料的分析得到结论，并形成相关的假设，然后进一步研究他人对此分析形成的观点，经对比以证实或修正自己最终的结论

续表

项目活动	主题名称(年级)	特点
基于实时数据调查的项目研究	• 天气与气候的调查研究(5-10) • 空气污染:如何解决?(6-12) • 海洋潮汐的规律(6-12) • 飞机如何航行在正确的航道上(9-12)	该项目的最大特点是利用一些真实且权威的数据对问题进行分析,强调了数据来源的实时性。来源可以是一些科研中心网上提供的,也可以是实践中经观察所得到的
伙伴项目研究	• 新泽西州水域的探索(与“COOL 教室”项目合作) • 热带雨林生物链(与蒙特克莱尔大学的“PRISM”项目合作) • 分子生物实验研究(与罗格斯大学卫克曼研究所开展合作)	该项目主要是与其他有特色的科学教育网站或项目中心进行合作,以扩展 CIESE 的项目特色,增加活动资源。如在与“COOL 教室”开展合作的过程中,CIESE 成员可以加入“COOL 教室”项目中,利用“COOL 教室”项目和工具(如三维地图、北部海湾观察系统)进行扩展性调查项目活动主题列表

CIESE 设计了一系列多样化的项目活动,教师可以设定有趣的问题,选择不同的活动内容来满足学生的需求。开展活动前,以新颖的问题唤起学生对问题的思考,并以此作为切入点来激发学生的内部生理或心理动机,让学生重新关注生活的现象。而有意义的活动内容能使学生更加积极地投入到学习过程之中。这对教师来说是一种积极且有意义的思考过程,即继“如何教”之后思考“教什么”,以此带动项目学习的有效开展。

二、教育部—微软“携手助学”项目

2003 年 11 月,微软(中国)有限公司和中国教育部签署了“中国基础教育信息化合作框架”协议,开始实施“携手助学”项目。在这一协议的框架内,微软(中国)与教育部基础司一起启动了“百间计算机教室”项目,为 100 所学校建设计算机教室和多媒体教室,鼓励实验学校采用项目学习的方式,探索信息技术在中小学学科教学中创新应用的方法。2008 年 11 月 4 日,教育部和微软公司在北京签署了“携手助学”二期的合作协议,继续支持中国教育信息化、教育研究水平的发展及人才培养。二期合作主要围绕创新教师、创新学校和创新学生三方面展开。

在“携手助学”创新应用主题活动中，主要应用虚拟教室漫游(The Virtual Classroom Tour，简称 VCT)设计项目学习的活动，以此促进 PBL 教学理念的传播与教师创新经历的分享。VCT 是一个由微软公司创新教师网络平台制作的 PowerPoint 模板，主要用于教师的教学设计与教学过程重现。VCT 通过使用统一、简洁、易用的 PPT 模板，从多个角度介绍激发教师产生教学创新思想的启迪和思维过程。它强调探索与创新，其结构简单、脉络清晰、可操作性强。VCT 的种种优势恰好弥补了 PBL“预设”难以条理性实现、成功经验难以共享的缺点。因此，VCT 是应用于设计和表现项目学习过程、展示项目学习成果的理想方式。

VCT 设计包括学习目标分析、教学内容分析、教学活动设计、教学实施与反思、教学资源整合、教学评价设计六大环节，[①]如图 6.3.1 所示。在 VCT 中，教师需对学习者的可预见行为进行分析，在此基础上设计教学，保证设计的教学活动符合学生的学习水平，并能有效激发学生的学习兴趣，教师按计划实施教学，在教学活动结束后进行反思，对教学资源进行整合，最后做出合理的评价。

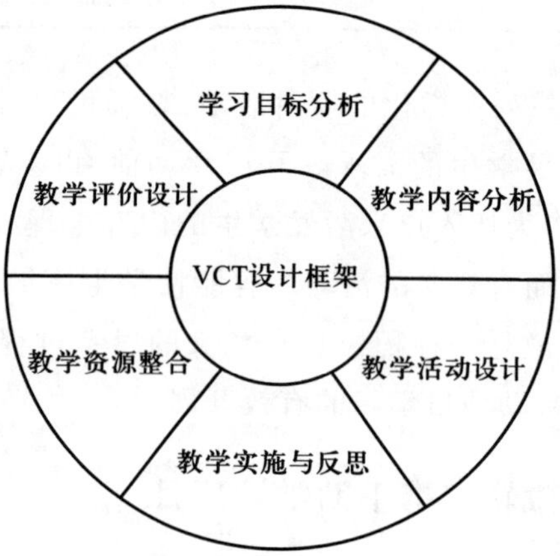

图 6.3.1　VCT 的设计框架

“携手助学”项目受到了参与教师的肯定。教师们认为“携手助学”项目教学模式新颖，应用该模式可使教学组织形式富有成效，能为教师开展 PBL 提供系统化的流程和简易的操作步骤；学生参与项目学习热情较高，在未来的教学活动中，应继续推广项目学习，积极开展 PBL 活动。

---

① 章学梅.基于项目的学习：VCT 设计模板与案例研究[J].电化教育研究，2009，(3)：101-103.

三、中国和联合国儿童基金会远程协作学习项目①

“中国和联合国儿童基金会远程协作学习项目”是联合国儿童基金会资助的一个远程教育项目，项目时间从2008年至2012年。该项目为项目学校提供了一个促进项目学习活动开展与交流的网络空间——“特酷”网络学习社区（www.tecol.org.cn）。来自不同地区的城乡学校借助网络通讯技术（如“特酷”网络学习社区、QQ等）形成学习共同体，围绕共同的主题或学习任务，开展基于项目的学习，并通过远程协作的方式完成主题学习、问题解决、作品创作等学习过程。

在远程协作学习项目实施过程中，主要采取以下三种方式开展项目学习。②

1. 平行问题解决模式

平行问题解决模式指的是两地学生围绕共同的、复杂的、真实而有意义的问题，同时进行实验、观察、调查、访谈等活动的设计与实践，以解决问题，并在活动过程中不断交流问题的解决思路、策略和收获。通过让学习者合作解决问题来学习隐含于问题背后的科学知识，培养解决问题的技能，发展高层次思维能力、自主学习能力和协作学习能力。活动开展步骤大致为：确定待解决问题、各自设计问题解决方案、分享问题解决方案。远程协作的学习者之间通过网络工具（MSN、QQ等），针对问题综合运用所学的知识提出问题解决的方案，在条件许可情况下付诸实施；将过程中的问题和收获及时地发布交流，做出比较分析，提出建议和观点，最终求得问题的解决办法。在这种交流互动中，不断培养学生的问题分析、解决能力和团队协作精神。其基本模型如图6.3.2所示。

2. 共同创作模式

共同创作模式指的是异地学习者在网络环境的支持下借助创作工具围绕一个主题共同完成作品的设计和制作，在创作过程中相互讨论、交流、评价，适时反思，从而形成对主题完整而深刻的理解，并将自己的理解显性化，在创作中外显化。创作形式可以包括共同写作、共同作曲、共同翻译、共同制作电子作品等。网络技术的发展为协作创作模式提供了技术支持，学生可以在相隔

① 张晓娜，柯清超. PBL网络学习社区的设计研究——以“特酷”项目学习社区为例[J]. 中小学电教，2010，(7)：27-31.

② 郑大伟. 基于项目的远程协作学习研究[J]. 电化教育研究，2010，(6)：75-77.

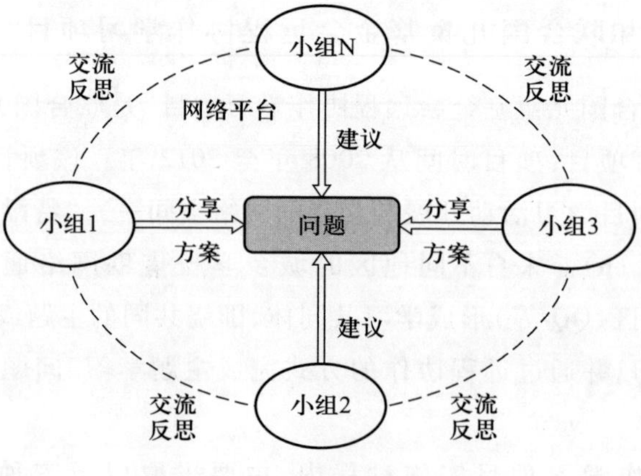

图 6.3.2　平行问题解决模式

千里的两地共同完成一个主题创作,体会合作的乐趣,感受成功的喜悦。作为一种自主学习和协作学习相融合的典型模式,其具体实施的一般步骤是:确定创作主题、进行创作分工、实施创作、进行创作汇整、评价与反思。共同创作模式是一种包括了输入、加工、输出等完整认知过程的远程协作学习模式,能极大地调动学生的积极性,培养学生的创新精神和协作精神,加深学生对知识的理解。其基本模型如图 6.3.3 所示。

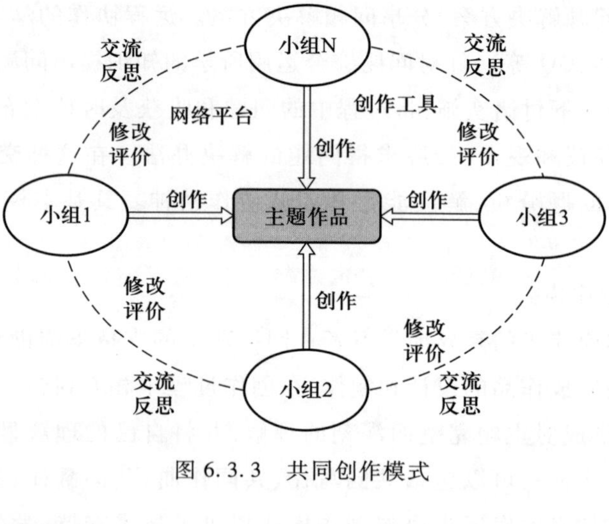

图 6.3.3　共同创作模式

3. 实验探究模式

实验探究模式指的是两地学生针对一个真实事物的特点或现象分别通过设计、实施不同的实验去主动探索和发现表象掩盖下的科学规律、定理。在此过程中,学生分享、比较各自的实验活动、数据、结果,从而形成一致性的结论。

学生在动手实践的过程中,不断发现、假设和验证,进行有意义的学习,不仅获得了知识,还提高了人际沟通技巧,培养了科学探究精神,真正做到了"知行合一"。实验探究模式的基本实施步骤是:确定主题(特点、现象)、提出假设、设计实验、实施实验及分享、比较、分析、综合、形成结论。其基本模型如图 6.3.4 所示。

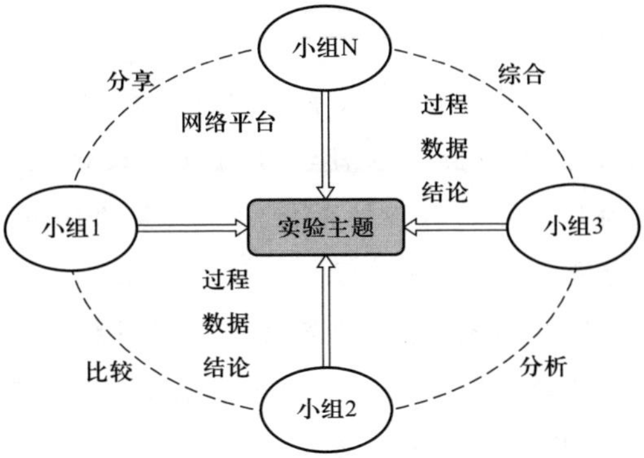

图 6.3.4　实验探究模式

项目中期评估结果表明,通过参与远程协作学习项目,教师在项目开展和平时教学过程中改变了教学方式,由一成不变的"灌输式"讲授教学转变为应用教学资源开展以学生为中心的探究式教学;同时在与他人合作、课题研究、课堂信息技术应用、教学组织和管理、反思等方面的能力也都得到不同程度的提高。与此同时,多数学生的信息技术能力得到了很大的提高,可以利用计算机与他人交流、收集处理信息和制作学习作品;与他人协作交流能力得到提高,语言表达和写作得到锻炼;学习方式发生了转变,学会了独立思考并掌握以问题解决为核心的探究式学习方法。

第七章
项目学习设计

项目学习是一种超越传统课堂教学的学习模式，它具有综合性、实践性、开放性、自主性与生成性等特点。项目学习的教学设计，首先围绕项目的“驱动问题”设计展开；项目学习过程设计包括学习任务的分解、学习策略设计、学习活动设计及学习资源设计，其中学习支架设计是核心；项目学习评价设计要充分考虑到项目学习的长周期、综合性等特点采用多样化的评价形式与工具，实施多元化评价。项目学习所有的设计内容最后通过“项目计划书”的形式呈现，项目计划书为师生开展项目学习活动提供引导。

第一节　项目学习的驱动问题设计

项目学习设计的首要任务便是把项目主题和课程标准凝练成一个具有意义、有价值的驱动问题(Driving Question)。驱动问题应能激发学生的参与性，并帮助他们在项目过程中集中精力，围绕目标开展项目活动。

一、项目学习驱动问题与课程目标

(一) 驱动问题的概念

驱动问题可以理解为项目中需要通过讨论并加以解决的矛盾、疑问，是项目学习中研究的核心。它往往来自真实世界和实际生活，具有选择性和指向性，能为学生探索实践活动指引方向，激发学习兴趣。它是项目学习中问题解决或作品创作的聚焦点，项目的所有活动都围绕它展开。

驱动问题能够帮助教师规划教学内容和技能，让学生明确项目目的，在学习过程中抓住重点。它就像“灯塔”一样激励着学生，指引学生向项目目标努力。

(二) 驱动问题与课程目标的关系

驱动问题的设计要以课程目标为基础。实现课程教学目标是项目学习的根本出发点和最终归宿。课程目标决定着项目计划的总方向，除了设计驱动问题外，后续的环节也都要以项目学习的目标为依据展开。项目学习的目标一般要求能够形成一个可以呈现或展示的项目结果，例如海报、实验报告等实物。

根据布鲁姆的教学目标分析理论，问题的类型主要包括记忆性、理解性、应用性、分析性、综合性、评价性六类，根据难易程度，一般将前两者归为低层次问题，后四种归为高层次问题。在项目学习中一般会选择高层次的问题（如评价、分析、综合等）作为驱动问题。在项目学习的过程中，驱动问题紧紧围绕课程目标而制定，而课程目标通过解决驱动问题而实现，两者密不可分。也就是说，教师要在依据项目目标确定了驱动问题后，将驱动问题分解为一系列任务，通过逐步完成分解后的项目任务，从而达成课程目标。

驱动问题的设计服务于课程目标，教师需要围绕课程目标设计驱动问题，并充分考虑课程内容的要求以及学生的认知水平和能力。在设计驱动问题时更需要针对不同层次的目标，有针对性地选择和设计驱动问题。

二、项目学习驱动问题的设计

驱动问题要求具有开放性、争议性、广度性、穿透性，并能够促进学生的高层次思维能力的提升。设计和提炼驱动问题十分重要，有意义的驱动问题能够引起学生对项目的兴趣，使项目更加复杂、具有挑战性且在学生的“最近发展区”内。

教师可以和学生共同研讨完成驱动问题的设计，如教师可以公布主题，让学生通过头脑风暴提出自己感兴趣的问题，并通过讨论从中挑选符合课程目标的可行问题作为最终的驱动问题，这样能够更好吸引学生的兴趣。

在设计驱动问题时，应该注意以下设计要点。

1. 驱动问题须激发学生兴趣

驱动问题应能够激发学生深度投入，并在项目过程中始终保持学习兴趣。例如：蚂蚁为什么会打架？动物的行为研究一般都是学生比较喜欢的主题，这样的问题有利于吸引他们参与到项目活动中。

2. 驱动问题是开放性的

驱动问题的开放性主要有三方面。（1）解决问题所需的信息是开放的。学习者必须思考哪些是可能有用的信息，并对这些信息进行判断、鉴别，这个过程的实质就是学习者进行高阶思维的过程。（2）解决问题的方法是开放的。驱动问题的解决方法通常不是唯一的，学习者可以通过头脑风暴等方式分析、比较各种解决方法之间的优劣，决策出最优的解决方法。（3）问题结果是开放的。对于驱动问题,通常来说没有完全正确的、唯一的答案。例如:美国在第二次世界大战时是否应该使用原子弹? 这要求学生分别对赞成或反对投放原子弹的双方观点和论据做深度的调研,这个问题是开放性的,学生可以根据自己的逻辑推论提出各自的想法。

3. 驱动问题应是可行的

设计驱动问题时要考虑学生是否能够在某一时间段内根据自身已有的认知水平、可用的资源等解决该问题。例如谁是20世纪最伟大的人? 这个问题能够激发学生的思考,但如果放在小学阶段开展,那就不太现实。

4. 驱动问题要能够直指某个学科或主题的核心内容

驱动问题可以选择某个学科领域的核心争论问题,例如:我们的饮用水有多安全? 学生要回答这个问题,需要得到基于生物、化学以及生理学标准的评测指标和科学的证据,因此,学生需要对这方面开展调研,学习评测其中的关键要素。

5. 驱动问题是有挑战性的

驱动问题要具有一定的挑战性,鼓励学生使用自己不熟悉或不曾用过的方法去实施项目。例如:人们煮开水有可能在室内、室外、山上、田野,使用不同的加热设备,不同的容器,这都会导致水的沸点有所不同,但究竟哪个因素对水的沸点影响最大? 这样的问题就不得不促使学生在不同的条件下开展实践活动,并观察究竟是什么因素能影响水的沸点。

6. 驱动问题可以是现实生活中实际问题,反映真实的情景

驱动问题可以来源于生活实际的情境问题,例如当有人掉到水里被救上岸后,应该如何处理这种情况? 这个问题就会引导学生学会在紧急的情况下临危不乱地救助他人的基本措施和方法。

7. 驱动问题与课程标准、教学目标应保持一致

驱动问题仅仅符合"能引起兴趣"是不够的,还应该能够引导学生掌握课程目标要求的知识与技能、过程与方法等,且确保学生能够通过解决驱动问题的过程掌握必要的学习内容。

8. 驱动问题的设计需要不断完善

设计一个有价值的驱动问题通常需要一个由粗到精的过程,当提出驱动问题的初步设计后,需反复思考该问题是否符合要求? 问题是否聚焦在项目主题? 问题是否符合学习课程标准规定的内容? 问题是否能将动手实践与知识学习相结合? 例如,在21世纪,机器人和自动化技术是如何改变了人类社会? 这个问题可以进一步提炼为:在21世纪,机器人和自动化技术将会怎样

改变我们的城市生活和商业发展？这样才能让学生更好地理解具体在哪些领域开展调研。

三、项目学习问题设计案例

蚂蚁是学生最为常见的昆虫之一，很多同学也有过观察蚂蚁的经历，他们对蚂蚁世界充满着好奇。“蚂蚁行为探究”的选题贴近学生的生活，而且在整个研究活动中让学生自己提出问题，然后一起研究解决这些问题，学生的积极性很高，学习欲望也很强。

教师在开展项目学习前，收集了许多学生关于蚂蚁行为的问题。通过学生提出的问题，教师基本能把握学生的兴趣方向，经过师生共同讨论、提炼和梳理，从中挑选并设计出符合课程目标的 3 个项目学习问题，由此展开蚂蚁行为特点的发现与探究（见表 7.1.1）。

1. 蚂蚁喜欢吃什么？
2. 蚂蚁为什么打架？
3. 蚂蚁触角的作用是什么？

表 7.1.1　“蚂蚁行为探究”项目驱动问题的设计过程

1. 确定目标 通过该项目的开展，学生能了解蚂蚁的行为特点与生活规律，培养他们开展初步的实验设计、控制操作、观察分析的能力。在网络环境建构的协作共建空间中，两地学生共同探究、主动思考、共同写作，以提高学生的协作沟通能力、归纳总结能力。
2. 收集学生感兴趣的问题 在东西部同学携手共同探究蚂蚁行为特点的活动过程中，我们发现并提出了很多问题。经过我们的共同讨论、提炼和梳理，认为以下问题是大家很感兴趣的问题： （1）蚂蚁的样子有什么特点？ （2）蚂蚁喜欢吃哪类食物？ （3）蚂蚁是不是像人类一样，每天都有固定的就餐时间呢？ （4）蚂蚁是靠什么来辨别方向的呢？ （5）蚂蚁是怎样筑巢的？ （6）蚂蚁的洞穴是什么样的？ （7）蚂蚁靠什么来分辨是敌还是友？ （8）蚂蚁的种类有哪些？ （9）蚂蚁是直接孵出活生生的蚂蚁，还是先孵出“蚂蚁蛋”呢？ （10）蚂蚁的语言是什么？

续表

(11) 蚂蚁是靠什么找到食物的呢?
(12) 蚂蚁触角是干什么用的?
(13) 如果用剪刀剪掉蚂蚁触角,蚂蚁会有怎样的反应呢?
(14) 蚂蚁的蚁穴里黑漆漆的,它们怎么可以在蚁穴里行动呢?
(15) 小蚂蚁通过什么传播信息?
(16) 蚂蚁会游泳吗?
(17) 两只不同家族的蚂蚁放在一起会不会打架呢?
(18) 在没有空气的情况下,蚂蚁能够坚持活多久?
(19) 蚂蚁怎样交配?
(20) 蚂蚁一般可以活多久?
(21) 蚂蚁怎么交谈?
(22) 蚂蚁是怎样搬运食物的?
(23) 蚂蚁的社会是怎样的?
(24) 蚂蚁有多大力?
(25) 蚂蚁的弱点是什么?
(26) 蚂蚁是怎样过日子的?
(27) 蚂蚁为什么喜欢群居生活?
(28) 蚂蚁会为争夺食物而自相残杀吗?
(29) 蚂蚁面对敌人时,用什么“武器”去对付它们?
(30) 蚂蚁最喜欢的运动是什么?
(31) 蚂蚁喜欢什么样的生活环境?
(32) 蚂蚁在什么环境下才能生存?
(33) 蚂蚁一次可以产多少卵?
(34) 蚂蚁会咬人吗?
(35) 蚂蚁受伤后,会怎么办?
(36) 蚂蚁为什么可以搬动比自己大的食物?
(37) 蚂蚁群之间是怎样分工的?
(38) 蚂蚁世界像人类社会一样吗?
(39) 蚂蚁眼睛好不好用?
(40) 蚂蚁是怎样繁殖后代的?
(41) 蚂蚁群之间会为争夺地盘发生战争吗?
(42) 蚂蚁一直在奔跑,它为什么不累呢?
(43) 蚂蚁的天敌是什么?
(44) 当蚂蚁遇到了天敌,会有什么反应呢?

续表

(45) 蚂蚁的排泄物有毒吗?
(46) 蚂蚁在地球上生活了多少年?
(47) 蚂蚁对生物世界有怎样的贡献呢?
(48) 蚂蚁会因为人类对环境的污染而灭绝吗?
(49) 蚂蚁身上也长有骨头吗?
(50) 蚂蚁是靠什么呼吸的呢?
3. 师生讨论,确定符合课程目标的驱动问题 (1) 蚂蚁喜欢吃什么? (2) 蚂蚁为什么打架? (3) 蚂蚁的触角的作用是什么?

第二节 项目学习的过程设计

项目学习的过程设计,需要在信息技术支持下,根据教与学的理论对项目学习活动的程序进行规划与安排,包括项目学习任务的分解、学习策略设计、学习活动设计及学习资源设计等。在整个项目学习活动设计中,学习支架的设计尤为重要。

一、项目学习过程设计的主要内容

(一) 项目任务分解

1. 项目任务的设计

项目任务既是对学习内容的描述,也是对学习成果和过程的描述。对项目任务的设计应该是对学习内容、学习活动和学习成果三方面作整体设计。设计项目学习任务时,要考虑以下几个方面。

(1) 设计的任务要切合项目学习的目标,难度要适合学习者的认知水平。

(2) 设计的任务要综合项目主题涉及的所有知识点。

(3) 学习者要完成项目任务需要具备哪些先行知识? 如果不具备,应该用什么方法去了解和熟悉?

(4) 设计的任务是否可以分解为若干个小任务,同时又具有连贯性,需要学习者通过协作才能完成?

(5) 设计的任务在项目学习环境中是否具有可操作性? 应尽量避免环节

过多、程序过于复杂的项目任务。

(6) 要避免为任务而设计任务。任务设计者要尽可能为学习者的个体活动创造条件,利用有限的时间和空间,最大限度地为学习者提供互动和交流的机会,达到预期的教学目的。

2. 项目任务的分解

任务分解就是依据项目学习目标,将设计的项目任务进行细化,具体化为各个小组任务,每个小组又在分工阶段将小组任务细化、分解为若干个"组中组任务"(即小组将任务分割为若干小任务,分别由两到三人负责),而"组中组"的成员再经过商讨进行二次分工,获得个人学习任务。到此,每个组员都能够得到具体的学习任务。在分解项目任务前教师要明确项目学习的目标和评价标准。进行任务分解时,要考虑以下几个方面。

(1) 将项目任务逐步细化分解,最底层的学习任务可直接分派到个人去完成,每个任务原则上要求分解到不能再细分为止。

(2) 分解后的活动任务不宜过大,包含的内容不宜过多,要保证学习者能在规定的时间内完成。

(3) 分解后的任务要赋予实质性的内容,要说明学习者在开展项目学习时具体的行为、活动、操作方法或步骤。

(4) 分解后的任务应是相互关联、具有统一的教学目的或目标指向的,同时在内容上相互衔接。

(5) 分解后的任务应呈"任务链"或"任务系列"的形式,后面的任务以前面的任务为基础或出发点,这样,学习者能够一步一步地进行探究,最终达到预期的项目学习目标。

(二) 学习策略设计

学习策略的设计是项目学习中促进学习者主动完成意义建构的关键环节。在项目学习中,常用的策略有:情境创设教学策略、支架式教学策略、基于网络资源的自主探究学习策略、网络支持的协作学习策略等。在项目学习中,各种学习策略很少是被孤立运用的,它们常常是相互交叉、相互渗透的。

1. 情境创设教学策略

狭义上讲,教学情境是由教学的具体环境、教学内容、师生情绪和情感等构成的教学氛围,包括物理和心理两方面内容,是"情"和"境"的融合。教学情境维系着学习者的认知、动机、兴趣和意志信念。良好的情境能使学习者产生浓厚的兴趣,激发学习者主动、自觉地参与教学活动。

在项目学习中,情境创设教学策略通常应用于项目探究任务设计中。例如在“蚂蚁行为探究”案例中，教师在设计主题探究活动时，创设了以下探究情境：假设你是一位昆虫学家，你将如何利用网络探究和实践调查，获取蚂蚁演变进化的知识？假如你是一位医药学家，你将如何利用网络探究和实践调查，获取蚂蚁的药用价值信息？假如你是一位环境学家、生物学家，你又将如何探究蚂蚁与你研究领域相关的知识？教师通过创设这样的任务情境，让学习者置身于模拟真实的科学探究过程中，从而激发学习者的兴趣和积极性。

2. 支架式教学策略

欧洲共同体“远距离教育与训练项目”把支架式教学策略定义为：应当为学习者建构对知识的理解提供一种概念框架。这种框架中的概念是为发展学习者对问题的进一步理解所需要的。因此，事先要把复杂的学习任务加以分解，以便于把学习者的理解逐步引向深入。支架式教学策略由以下几个步骤组成。

（1）搭建脚手架：围绕项目主题，按照“最近发展区”的要求建立概念框架。

（2）进入情境：将学习者引入一定的问题情境。

（3）独立探索：让学习者独立探索。探索内容包括：确定与给定概念有关的各种属性，并将各种属性按其重要性大小顺序排列。探索开始时要先由教师启发引导（例如演示或介绍理解类似概念的过程），然后让学习者自己去分析。探索过程中教师要适时提示，帮助学习者依据概念框架逐步攀升。起初的引导、帮助可以多一些，以后逐渐减少，逐步放手让学习者自己探索，最后争取做到无需教师引导，学习者自己能在概念框架中继续攀升。

（4）小组协作：进行小组协商、讨论。讨论的结果有可能使原来确定的、与当前所学概念有关的属性增加或减少，各种属性的排列次序也可能有所调整，并使原来多种意见相互矛盾且态度纷呈的复杂局面逐渐变得明朗、一致起来，在共享集体思维成果的基础上达到对当前所学概念比较全面、正确的理解，即完成对所学知识的意义建构。

（5）效果评价：对学习效果的评价包括学习者的自我评价和学习小组对个人的学习评价，评价内容包括：自主学习能力；对小组协作学习作出的贡献；对所学知识的意义建构的情况。

3. 基于网络资源的自主探究学习策略[①]

自主探究学习策略的核心是要发挥学习者学习的主动性、积极性，充分体

① 郭爱红．探究式实验教学培养学生创新能力的研究[D]．云南师范大学，2007.

现学习者的认知主体作用,其着眼点是如何帮助学习者“学”。因此,这类教学策略的具体形式虽然多种多样,但总有一条主线贯穿项目学习始终:让学习者“自主探索、自主发现”。

基于因特网资源的自主探究学习策略的实施需向学习者提供要解决的问题,并让学习者利用网络进行信息的检索和分析,从而获取解决问题的资料和方法。在这个过程中,教师负责对学习者学习过程中的疑难问题提供帮助,但不能直接告诉他答案,而是给予适当的启发或提示,如“请查阅某某网站上的某某文章”之类。这种学习策略改变了传统教学过程中学习者被动接受的状态,而使学习者处于积极主动的地位,更能有效地激发学习者的学习兴趣和创造性。

基于网络资源的自主探究学习有四个基本要素,即问题、资料、提示和反馈。问题,即学习者自主探究的问题;资料,即基于因特网搜集的探究资料;提示,即教师在适当的时候给予恰当的提示;反馈,即教师在学习者遇到问题时给予及时的反馈。将这四个要素组织和衔接好,便能在简单的技术背景下,达到良好的教学效果。在实施这种教学策略时要特别注意一点,就是应防止学习者产生过强的挫败感,为此要有比较敏感的信息反馈系统,以便及时给予学习者帮助。

4. 网络支持的协作学习策略

协作学习策略是一种既适合于教师主导作用的发挥,又适合于学习者自主探索、自主发现的学习策略。在项目学习中,常用的协作学习策略有“问题讨论”“角色扮演”“竞争”和“协同”四种。

(1) 问题讨论

问题讨论策略中讨论的问题应当是能引起争论的问题,且整个协作学习过程中要有教师的组织和引导,协作学习小组的成员应能积极参与讨论。此外,教师要考虑如何站在稍稍超前于学习者智力发展的边界上(即最近发展区)通过提问来引导讨论,切忌直接告诉学习者应该做什么,即教师不能代替学习者的思维。对于学习者在讨论过程中的表现,教师要适当作出恰如其分的评价。

(2) 角色扮演

通常有两种不同形式的角色扮演:一是师生角色扮演,二是情境角色扮演。师生角色扮演就是让不同的学习者分别扮演学习者和指导者的角色,学习者被要求解答问题,而指导者则检查学习者在解题过程中是否有错误。当学习者在解题过程中遇到困难时,指导者需帮助学习者解决疑难。在学习过程中，他们所扮演的角色可以互换。需要注意的是扮演指导者和学习者的学生对学习问题应有“知识上的差距”，而怎样衡量和认识这种知识上的差距是运用这种教学策略的难点之一。

情境角色扮演即要求若干名学习者，按照与当前学习主题密切相关的情境分别扮演其中不同的角色，以便营造一种身临其境的气氛，使学习者能设身处地去体验、理解学习的内容和学习主题的要求。

（3）竞争

竞争学习策略是指两个或两个以上学习者针对同一学习内容或学习情境，进行竞争性学习，看谁能够首先达到项目学习目标的要求。在运用这种协作学习策略时，教师需要恰当选择竞争对象，巧妙设计竞争主题，一方面要避免学习者产生受挫感，另一方面又能巧妙利用学习者不愿服输的心理刺激进一步的学习。

（4）协同

协同学习策略是指多个学习者共同完成某个学习任务，在共同完成任务的过程中，学习者发挥各自的认知特点，相互争论、相互帮助、相互提示或者进行分工合作。学习者对学习内容的理解和领悟就在这种和同伴紧密沟通与协作的过程中逐渐形成。

（三）学习活动设计

人们对于学习活动的定义有狭义和广义之分。狭义的学习活动，是从学习者的外显行为进行界定，一般指学习者完成的学习任务及其所有操作的总和。广义的学习活动，指学习者与学习环境的相互作用，它在狭义的学习活动的定义上，增加了学习者在操作过程中所形成和发展起来的认知、技能、情感和态度，是从学习者外显行为表现和内隐行为表现两方面共同对学习活动进行界定。[①] 在本书中，学习活动设计是针对狭义的学习活动而进行的。而参照项目学习开展过程中学习者对知识的获取、迁移和应用行为，我们将项目学习划分为四个不同阶段的学习活动：任务感知、知识输入、知识内化、知识输出。

1. 任务感知

任务感知阶段，即学习者在教师的指导下，分析和理解即将开展的项目学习主题，并将项目学习任务进行分解。这个阶段务必让每位学习者都清楚地了解自己以及所在小组需要完成的项目学习任务。

---

① 杨开城．学生模型与学习活动的设计[J]．中国电化教育，2002，(12)：16-20；杨开城．网络时代的教学设计理论发展应关注的几个问题[J]．现代教育技术，2002，(1)：20-23.

在设计任务感知学习活动时，教师可以采用情境创设、情境角色扮演等教学策略，吸引学习者的注意力，将学习者置身于问题解决的模拟真实情境中，扮演其中的角色（例如植物学家、环境学家等），营造一种身临其境的气氛，让学习者能设身处地去体验学习主题、理解完成任务的工作需求。

在学习者角色扮演感知学习任务时，教师应当对学习者作出适当的引导，指导学习者从所扮演的角色出发，思考完成任务所需的基本操作步骤，同时为学习者详细讲解不同任务类型的含义及其适用阶段，引导学习者展开讨论，以任务类型为基本单位，将项目学习任务进行分解，并对学习任务进行初步分配（随着项目学习的进行，可能会产生新的任务以及新的任务分配结构）。

2. 知识输入

知识输入阶段，即学习者在明确自身任务后，通过浏览报纸和杂志、互联网搜索以及走访调查等方法，查找并收集与主题相关的信息，并对收集的信息进行分析和评价。

在查找、收集主题信息阶段，教师应该鼓励学习者通过多种途径获取与主题相关信息，寻求问题解决和任务完成的方法。其中较为常见的信息获取途径有以下三种。（1）利用图书馆查阅与主题相关的报刊、书籍。这种方法较为传统，获取的信息一般具有权威性，可以直接采用，但对于较为新型的研究主题而言，需要注意此类信息的时效性。（2）利用互联网查找最新信息。互联网的信息丰富多样、更新速度快，而且获取方法快捷简便，时效性强，是当前较为流行和普遍的信息获取方式。但是，需要注意的是互联网信息存在着鱼龙混杂的情况，因此，此类信息需要进行甄别后才可以采纳和使用。（3）亲自调查和访谈。选择与主题相关的对象进行调查和访谈，获取第一手真实信息。

3. 知识内化

知识内化，主要指将所学的显性知识转化为隐形知识，从而实现知识建构的过程。这里的显性知识指那些能够以正式的语言明确表达的知识，表达方式可以是书面陈述、数字表达、举例、手册、报告等，这种知识能够正式、方便地传递和交流；隐性知识是建立在个人经验基础之上，并涉及各种无形因素的知识。其中，隐性知识可以划分为两个方面：一是技术方面的隐性知识，它包括那些非正式的、难以表达的技能、技巧和诀窍等；二是认识方面的隐性知识，它包括心智模式、信念和价值观等。

在项目学习中，前期活动中收集的有用信息为显性知识，这些显性知识经过大脑加工和重构后而产生的那部分用于指导具体实践操作的新创知识为隐性知识。知识内化的目标是学习者能够将收集的有用信息转化为问题解决实践操作的系列活动,促进学习者的知识建构。

4. 知识输出

知识输出主要指学习者为检验假设,对收集的证据(包括事实、数据等)进行分析、总结,最终形成结论生成作品。学习者要运用思维对收集的证据进行合理的分析和整理,在对结果进行描述与解释的过程中形成结论,并对形成的结论进行表达与交流,最后生成作品,以作品的形式将内化的知识外显化。需要注意的是,探究所得结果与结论、作品是不相同的:结果是由观察、实验所得出的数据资料的直接产物;结论是根据结果对假设的一种合理的回答和解释;作品则是将结论以可视化的方式进行呈现,以便于分享与交流。

由此得出,知识输出阶段的学习活动主要是学习者在描述与解释探究结果的基础上得出接受或抛弃假设的结论,并生成知识产品。当学习者对结果进行描述、解释的时候,教师要给予必要的指导,要指导学习者整理并描述验证的结果以及对结果作出合理的解释,同时还应当引导学习者对自己或他人的解释作出批判性的思考。学习者生成的知识产品的表达方式是多样化的,可以是研究报告、实物模型、电子板报、PPT、网页、戏剧表演等。

(四)项目资源设计

项目资源主要包括两方面:学习资源和学习工具。支持项目学习的学习资源通常有三种不同的层次:预设学习资源、相关学习资源、泛在学习资源。学习工具可以是物质的也可以是非物质的,非物质的一般指各种软件工具,如计算机软件、学习论坛等。

1. 学习资源的设计

在网络环境中存在着大量的学习资源,因而,教师在设计学习资源内容时,需要首先考虑是否已经存在可用的学习资源,尽量利用现有的资源,避免重复建设。一般会有以下三种情况:

(1) 有满足需要的学习资源,可以直接使用,这时教师可以不用再重新设计开发。

(2) 存在相近的信息资源,经过简单修改后能够使用,这时教师可以对其进行二次开发。

(3) 没有满足需求的学习资源,这时教师需要进行全新的资源开发。

在项目学习中,通常可以要求学习者先根据预设资源和相关资源进行搜索和学习,然后再逐步扩展到整个互联网、社会和自然界中广泛的学习资源,从而逐步培养学习者全面收集信息、处理信息和评价信息的能力。这三类资源之间没有绝对的界限，完成项目学习的过程中通常需要同时使用，而使用这三类资源可以遵循以下的使用思路。

（1）在导入问题的准备阶段，可以利用“预设资源”迅速达到教师和学习者共同创设情境的目的。

（2）在协作学习、自主探索阶段，利用“相关学习资源”的导航指向，帮助学习者尽快寻找到有用的信息。

（3）鼓励学习者学习使用信息搜索工具，包括使用网络搜索引擎和数据库，或者采取社会调查、问卷和访谈等方法，在“泛在资源”中主动获取广泛、丰富的信息，培养更高层次的收集信息的能力。

在项目学习中，教师除了引导学习者充分利用网络资源外，更要鼓励学习者充分利用图书馆、资料室和实验室等有关设施，充分利用当地社区的自然景观和人文资源，包括博物馆、图书馆、科技场馆、科研院所、风景名胜、文化遗址等，作出系统的调查和登记，挖掘资源潜力。除此之外，项目学习还需要丰富的人力资源的支撑。这些人力资源主要指能够指导学习者有效开展学习活动的“导师”，不仅包括教师，还包括同伴、领域专家、社区成员和网络中的人员等。

2. 学习工具的设计

学习工具指有益于学习者查找、获取和处理信息，以及交流协作、建构知识、评价学习效果的中介。从传统学习工具到信息技术工具，学习工具的种类很多。在项目学习中，学习工具的设计主要指根据学习者已有的认知层次和信息技术水平，结合学科的特点以及项目学习目标的要求选择恰当的学习工具，并在项目学习中逐步渗透使用这些工具的知识，提高学习者的信息素养。

学习工具是支持学习过程的重要手段，它能有效地促进学习者认知发展，对知识意义的建构具有重要作用，学习工具主要用来帮助和促进学习者的认知过程，学习者可以使用它们进行信息与资源的获取、处理、编辑等工作，还可以用来帮助学习者实现与学习环境的交互，帮助学习者运用自己的语言、文字表达自己的思想和观点，形成个性化的知识结构。

学习工具是支持学习者信息协作共享的重要平台。利用网络交流工具，组织协商活动，有助于培养学习者合作学习的精神；信息搜索工具可以帮助学习者搜集解决问题所需要的重要信息；利用评价工具，学习者可以自我评价，调整学习的起点和路径。表 7.2.1 中内容为项目学习中常用的学习工具。

表 7.2.1　项目学习工具的种类与功能

种类	功能	实例
效能工具	提高项目学习效率	文字处理软件、作图工具、数据处理工具、计算机辅助设计软件等
信息工具	查找、获取资源	各种搜索引擎、搜索工具，如谷歌
情境工具	用于创设丰富的、情境化的问题空间或学习任务，引导学习者进行情境探究、建构知识	创设任务情境，让学习者在情境模拟、游戏化的环境中学习
交流工具	支持师生之间和生生之间交流、协商、对话	利用异步交流工具(如 E-mail，BBS 等)实现非实时交流讨论；利用同步交流工具(如 QQ、MSN 等)进行实时交流讨论
认知工具	提供认知支持，促进学习者认知、思维过程发展	数据库、电子报表、语义网络工具、专家系统外壳、计算机化通信工具、超媒体工具等，如概念图能有效地记录学习者的思维历程、概念的形成过程
评价工具	记录、评价学习者的学习过程，展示学习成果，支持反思、经验总结，监控学习进程	电子绩效评估系统、电子评价量规、电子档案袋、学习日志等

二、项目学习的支架设计①

项目学习的学习过程相对复杂，要求学习者不仅能够综合运用多学科的概念、规则和原理，还要有较强的自主学习能力和自我控制能力，学习目标的层次也比较高，所以在项目学习开展过程中必须为学习者提供足够细致的学习支架。因此，项目学习的支架设计是项目学习过程设计的主轴线，也是实现项目学习预期目标的核心因素。

(一) 学习支架的定义

学习支架是指协助学生发展学习能力的一种暂时性的支持，这种支持有可能是辅助工具或辅助策略，是在更有能力的他人的帮助下对自我学习起到

① 张晓娜．项目学习中学习支架的设计研究[D]．华南师范大学，2011.

的有效干预。在项目学习实施过程中，学习支架主要用于帮助教师呈现学习任务、创设学习情境，并引导学习者顺利开展探究学习活动。随着学习的不断深入，教师逐渐减少支持，逐步引导学习者在无需帮助的情况下独立完成任务。

（二）学习支架的表现形式

学习支架作为辅助学生学习的暂时性支持，其形式随着任务的不同、支架目的的不同而变化。从学习支架本身的表现形式来看，项目学习支架可分为范例、问题、建议、向导、图表等。除了这些可设计的学习支架外，学习支架还有更为随机的表现形式，如指导、解释、模版、框架、对话、启发，咨询、合作等。随着信息技术的发展，学习支架被整合到网络学习环境中，它的交互层面及支架形式也在不断地扩展。下面将就其中几种常见的表现形式进行阐述。

1. 范例

范例支架是指在项目学习中为学习者展示最能起代表作用的典范，该典范往往含纳了符合学习目标要求、展示特定主题中最重要的探究步骤、体现典型学习过程的总结性学习成果或阶段性成果。范例展示可以避免拖沓冗长或含糊不清的解释，引导学生通过观察、理解，掌握其中的知识和技能，较为便捷地达到学习目标，这有利于直觉思维的形成，促进知识的迁移。范例不一定是电子文档、实物制作等有形的实体，还可以是熟练的操作技巧和过程等非实体范例。一般可由教师或者有能力的学生进行示范，边操作边讲解注意事项和关键步骤，从而对学生的学习起到很好的引导示范作用。

好的范例在技术和主题上都会对学生的学习起到引导作用，这同样适用于项目学习。例如，师生往往纠结于项目学习的选题中，不清楚什么形式的主题适合进行研究学习，这时就可以参考以往各届成功作品范例，总结项目学习主题的特点和类型，当然也可以分析不成功的案例，吸取经验，避免发生同样的错误；再如，学生还可以通过观察基于虚拟现实技术制作的展示活动操作步骤的视频范例，领会其中蕴含原理，掌握复杂技能。

2. 问题

问题是学习过程中最为常见的支架。支架问题相对于框定单元研究范围、引导学生进一步深入探究的框架问题来讲，更加关注细节和可操作程度。由于支架问题的系统性较弱，一般经验丰富的老师才能将其自然地、随机地用于学生的学习过程中，当教师可以预期学生可能遇到的困难时，设计环环相扣、循序渐进的支架问题才能激发学生的求知欲。

项目学习中也需要用到问题支架。例如，当学生在查找相关主题资源不知道从何入手时，教师就可以设置这些问题：主题可以包含几个方面的资源？可以通过哪些方式进行调查？调查的手段是什么？再如，学生在需要确定进一步探究的方向和策略时，教师可以提出以下这些问题来为学生提供学习支架：你到达这一步取得了哪些成果？哪些成果是有用的，哪些是无用的？这些成果离你期望能够达到的目标还有多远？在到达这一步时你做过什么？走过多少弯路？哪些经验对你最有启发？

3. 建议

当将问题支架中的设问语句改成陈述语句后，问题支架就成为了建议支架。与问题支架的启发性相比，建议支架的表现方式更为直接。

建议也可以辅助项目学习，如学生在查找“蚂蚁行为探究”的信息资源时，教师建议可以从“蚂蚁喜欢吃什么食物？”“蚂蚁为什么会打架？”“蚂蚁为什么会搬家？”等角度出发，不同的小组通过实地观察、网络搜索、书籍杂志等方式调查相关信息。再如，学生需要进一步确定探究方法和策略时，教师建议采用问卷调查和访谈的形式来收集信息。

4. 向导

向导（亦可称为指南）是问题、建议等片段性支架根据某个主题而汇总起来的集合，它关注整体性较强的绩效。向导有不同的种类，项目学习中通过设计不同的向导可起到不同的辅助作用。

（1）观察、倾听向导：引导学生细致地观察，让学生把观察到的、感受到的和体会到的用合适的语言最大限度地反映出来，避免错过细节的把握或者聚焦到错误的事情上。

（2）记录向导：用来帮助学生合理安排项目进度，科学安排时间，训练学生管理的能力，最常用的是工作页模板。

（3）收集向导：可以帮助学生了解他们正在寻求事物的不同方面或事物相互之间的联系。

（4）访谈向导：可以帮助学生采集特定信息。

（5）陈述向导：可以帮助学生组织思维、整理思路等。

（6）项目计划书：可以指导师生按照一定的探究步骤开展活动。

（7）项目成果模板：可以规范作品形式。

5. 图表

图表是将思维进行可视化的最佳支架，对于学生高阶思维能力（如分析、评价、创造）的培养有很大的帮助。组织信息可视化的图表形式多种多样，学习支架中最常见的图表包括概念图、思维导图、韦恩图、时间线、统计图表等。

(1) 概念图

概念图中用节点代表概念、用连线表示概念间的关系,是一种展示概念、要素、实例之间相互关系的工具。概念图可以在项目学习中作为先行组织者,为新内容的学习提供相关的引导性材料,还可以用于组织、规划学习活动的过程,以及作为思维支架和协作支架等。例如,在讲解新的内容之前,教师通过让学生利用概念图将已经学到的知识表示出来,一方面教师可以了解学生已有的知识结构以及知识是如何在学生的脑中组织的,从而可对学生的认知方式作出诊断性评价并及时调整教学目标;另一方面,学生也可以依据概念图清晰地了解自己的知识结构,以及已经掌握的知识和将要学习的知识之间的联系,认清与预期目标的差距,明确新知识学习的方向。

(2) 思维导图

思维导图也叫做心智图,是一种知识表征工具和将放射性思考具体化的方法。在项目学习中,思维导图可以作为教师选择与呈现教学内容的工具、促进知识结构化的工具、发散和创新思维能力培养的工具、促进学习者意义学习的工具、学习评价的工具等。

(3) 韦恩图

韦恩图用来帮助学生整理、分析、归类几件事物之间的相似性和差异性。如在“神奇的小水塘”项目(具体可见第六章第二节“三、项目学习的教学案例”)中,深圳和甘肃两地的学生利用韦恩图就两地小水塘中的生物种类进行对比。

(4) 时间线

时间线支架可以展示某种事物随着时间的发展情况以及事件的关键点。例如,在“神奇的小水塘”项目中,学生利用时间线工具展示探究活动不同阶段的项目成果,为学生的探索指引方向。

(5) 统计图表

统计图表可以用来分析一种事物的变化规律或者以类聚的方式归纳多种不同事物之间的相似性和差异性。例如,在“神奇的小水塘”项目中,学生利用统计图表,分析比较深圳和甘肃两地实验环境中昆虫、两栖类、节肢类等物种的种类数量。

(三) 项目学习的基本学习支架

按照项目学习开展的基本过程,可以将项目学习中的学习支架分为目标引导支架、小组管理支架、计划制定支架(学习活动准备阶段的项目学习支架)、学习活动支架、学习活动的评价支架(活动评价支架)、协作技能支架、元认知支架等(见表7.2.2)。每一类学习支架的设计需要教师在维果斯基“最近发展区”理论的指导下,对项目学习该阶段的学生活动和学习者的能力进行分析,然后选取合适的策略(或工具),最后将策略转化为恰当的学习支架形式。

表7.2.2　项目学习中七类学习支架

学习支架的类型	学习支架的作用	教师的辅助策略/工具	学习支架的表现形式	支点
目标引导支架	帮助学生确定项目的目标	创设情境让学生体验目标	创设情境	确定项目主题阶段
		通过设置问题让学生发现现象背后的原理	问题	
		运用概念图的方式提供范例	范例	
小组管理支架	帮助学生形成组织结构良好的合作小组	提供分组机制	通讯录、分组名单	组建学习小组阶段
		指导小组分工	角色、任务分工表	
		提供小组规范	小组规范	
		指导学生掌握决策方法和技术	典型决策方法	
		设计评价方案	评价方案	
		增强学生小组归属感	自己介绍卡、团队海报	
计划制定支架	帮助学生了解项目任务、合理规划项目时间	指导学生制订项目计划	指导、建议	制定项目计划阶段
		提供项目计划	向导(活动手册、活动脚本、时间安排表)	
学习活动支架	帮助学生完成学习任务	提供学习过程引导、方法指导、技能指导、情感支持等	按照活动组织形式(待细化)	开展项目活动阶段

续表

学习支架的类型	学习支架的作用	教师的辅助策略/工具	学习支架的表现形式	支点
活动评价支架	帮助学生进行过程性评价和小组作品评价	提供评价量规和工具	作品评价指标	项目学习全过程
			自评、互评量表	
			电子档案袋	
协作技能支架	培养学生的协作交流技能	提供协作交流工具	协作交流工具	协作学习阶段
		提供技能指导	指导（指南、视频、新手向导）	
		组织学生开展协作	头脑风暴、圆桌会议、角色扮演	
		为小组讨论提供指导	小组讨论指导	
		提供概念图记录小组讨论过程	概念图	
元认知支架	帮助学生评估和反思自己的学习过程	提供提示和启发性问题	提示、引导性问题	项目学习全过程

（四）项目学习支架的设计

1. 项目学习支架设计的前期分析

前期分析阶段指项目学习开展的准备阶段，在此阶段，教师不仅要分析学习内容的类型，了解学习者的学习特征，还要进行项目学习策略和工具的设计。其中，对项目内容进行分析，主要是为了判断项目类型，确定适合开展的学习活动组织形式；对学习者特征的分析，是为了确定学生的先前知识水平、学习技能是否适合开展项目学习；对使用的学习策略和学习工具进行分析，是为了确保采用的学习策略和学习工具能够促进学习者的交流协作，提高学习者学习的积极性，并且促进学习者的知识建构。

（1）项目学习内容的分析

项目学习都有一个核心的驱动性问题，学习内容是围绕这一问题展开，学生在解决问题的过程中提高知识获取、问题解决和自主协作等方面的能力。项目学习的问题主要是来自于现实生活和真实情境中的复杂的、非良构问题，是值得学习者深入探究的知识。

项目学习者已有的知识与解决探究问题所需要的知识之间的差距就是项目学习内容的梯度。梯度的大小决定着学习内容知识点的跨度大小，决定着学习者的学习进程。相对来说，结构不良问题的解决需要更加复杂的方式，所以当项目学习中涉及的问题处于连续梯度层次越高的时候，就需要越多学习支架的支持。但是无论如何，都应该将内容维持在适当的梯度，梯度太小会使学习者觉得枯燥无味没有探究价值；梯度太大会造成学习者的认知困难，使学习者退缩不前。

(2) 项目学习者的特征分析

学习者特征分析是设计学习支架的基础，只有充分了解了学习支架所帮助的学习对象，才能做到有的放矢地提供支持。

一般情况下，项目学习者初始能力的分析包括学习者先决知识和技能的分析、学习者对项目学习内容的认识和态度的分析以及学习者信息技术水平的分析。通过对比分析学习者不同方面能力的差异，就能够更有针对性地对学习者的这些能力进行不同程度地支持。项目学习者初始能力的分析和学习支架的设计是密切相关的。较为准确地确定学习者的初始能力水平是设计项目学习支架的关键，也是保证项目学习效果的前提。项目学习中，学习者的初始能力位于学习支架的最低点，学习目标要求的能力位于学习支架的最高点，两者之差就是学习支架的高度，高度越大，需要搭建的学习支架也就越多。学习水平较低的学生，教师需要给予比较多的支持，随着学习者能力的提高，支架可以逐渐减少甚至隐退。

此外，学习者的学习风格也会对项目学习支架点的选取产生一定的影响。学习风格即学习者特有的认知、情感和生理行为，是学习者知觉与学习环境相互作用并对之做出反应的持续、一贯带有个性特征的行为方式。一个项目学习共同体中可能会存在几种不同学习风格的学习群，及时把握不同群体学习风格上的差异并给予适当的支持，有利于实现最大化的个性化教学，提升项目学习效果。

(3) 项目学习策略和学习工具的分析

在项目学习中，学习策略和学习工具的选择要注意和教学目标的相关性以及使用的便易性。灵活的学习策略有助于建立发挥学生主体性的多样化的学习方式，促进学生在教师指导下主动地、富有个性地学习。学习工具的使用能够引导和鼓励学生独立思考,体验解决问题的过程,促进学习效果的提高。

综上所述,项目学习支架的设计是多方面因素综合作用的结果,随着学习内容、学习者、学习策略和学习工具等因素的变化,学习支架的跨度、多寡、位置也需要随机调整。总之,要使项目学习支架的作用发挥得恰到好处,就要在学生的“最近发展区”范围内创设恰当的学习情境,构建合适的学习支架。只有将学习者置于“由接近全知而又不能全知”的境地,项目学习支架才会促进学习者新知识的学习和心理的发展。

2. 项目学习中学习支架的设计

项目学习根据核心问题的性质,可以分为描述性研究类、验证假设类、设计创新类三种。由于不同类型项目学习的核心问题性质不同,围绕问题解决而开展的活动组织形式也不同,因而采用的学习支架也不尽相同。下面将分别对三类项目的学习活动支架的设计进行阐述。

(1) 描述性研究类项目的学习支架设计

描述性研究类项目主要是针对概念性问题,解决这类问题必须呈现不同类型事实或现象的案例,从中获得知识的概念、关系、概念网络和描述系统。所以需要针对该问题分为若干个子任务进行调查,以期全面呈现事物各方面的特点,然后将对应子任务或操作的结果加以重新组织排列整合,描述其系统结构。该类项目的学习活动支架如图 7. 2. 1 所示。

由上图我们可以看出,描述性研究类项目的学习支架的核心部分包括信息的感知与发现支架、信息的收集与管理支架、信息的分析与合成支架。

① 信息感知与发现支架

该支架对应于任务感知阶段,其作用就是帮助学生确定所需要的目标信息,明确信息的查找范围。常见的学习支架包括创设情境、角色扮演等。

② 信息收集与管理支架

信息的收集与管理包括资源的浏览与查找、现场信息的收集、信息的归类与排序、信息的分析与评价。信息收集与管理支架对应于知识输入和知识内化阶段。知识输入阶段的信息收集与管理指的是通过各种途径搜索与学习主题直接相关的信息,使学习者初步理解项目学习的任务;知识内化阶段的信息收集与管理则指的是为完成项目学习的子任务而以小组协作的形式开展的获取信息、分析评价信息、组织信息等活动。

信息收集与管理支架的作用就是减少学生在收集信息过程中可能遇到的挫折和困难,引导学生关注重点,帮助学生对收集到的信息进行筛选与评价。

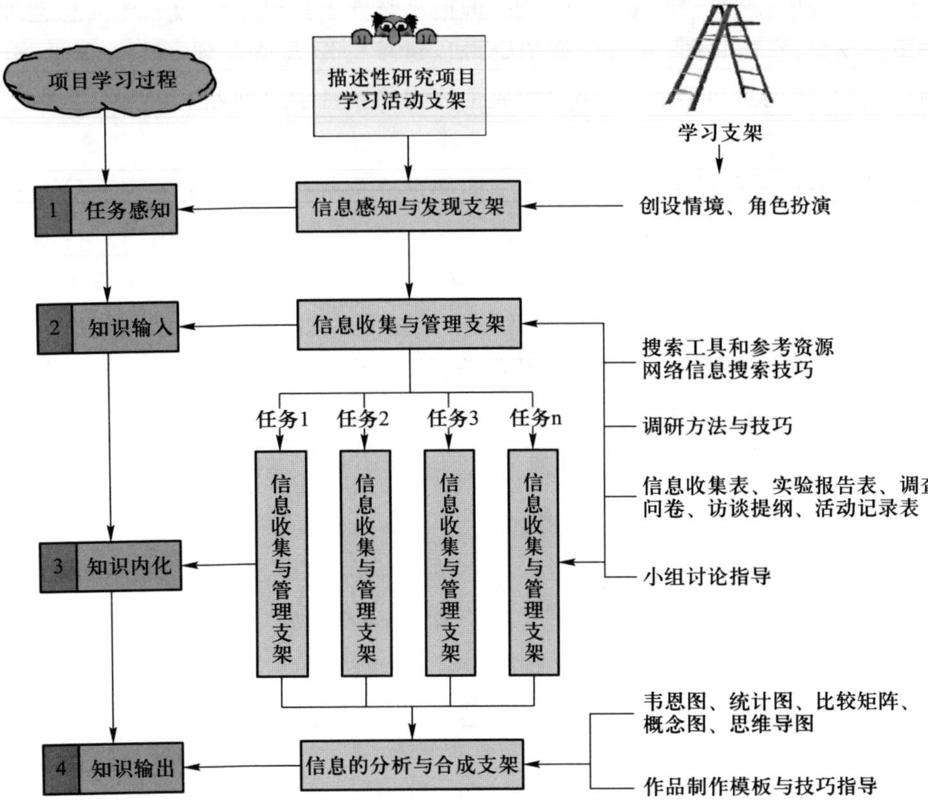

图 7.2.1 描述性研究类项目学习支架模型

常见的信息收集与管理支架包括资源搜索工具和参考资源、网络信息搜索技巧，调研方法和技巧，信息收集表、实验报告表、调查问卷、访谈提纲、活动记录表，小组讨论指导等。

③ 信息分析与合成支架

信息分析与合成支架对应于知识输出阶段。信息分析与合成支架用于帮助学生将内化阶段收集的证据进行比较、分析、归类、综合等，进而换转为需要的文本、图片、网页等。

概念图也可以作为一种信息整理的组织支架，用来分析信息之间的关系、促进知识的结构化，使学生更容易记住知识的关键、概念的联系与区别。在总结学习或者进行复习时，灵活使用概念图可以帮助学生巩固知识。教师可以借助概念图预设学习路径和内隐链接导航，使学生按照设定的正常的、最有效的学习路径来学习。学生可以借助概念图消化、吸收、整理所收集到的信息，将多个零散的知识点集合在一起，并从纷繁的信息中找到它们之间的内在联系。

思维导图作为一种“教学资源包”的信息整理工具也可作为一种信息整理的组织支架，它能将图、文、声、像的资源以链接的形式整合到各个节点上，并通过“保存为网页”的功能快速地生成个性化的项目学习网站。

(2) 验证假设类项目的学习支架设计

验证假设类项目主要针对生活中的问题开展探究，是学生对研究对象有了一定了解并形成一定认识或者假说之后，为验证假说是否正确而进行的实验探究。该类项目需要提供科学的调查方法、实验过程与方法、问题解决思维框架，由学生经历观察、实验、调查、解读、研讨等活动，通过收集数据、形成假设、实验验证等步骤解决问题并形成报告，最终培养学生协作、创新、问题分析与解决、信息技术应用能力。

验证假设类项目的学习活动支架模型如图 7.2.2 所示。

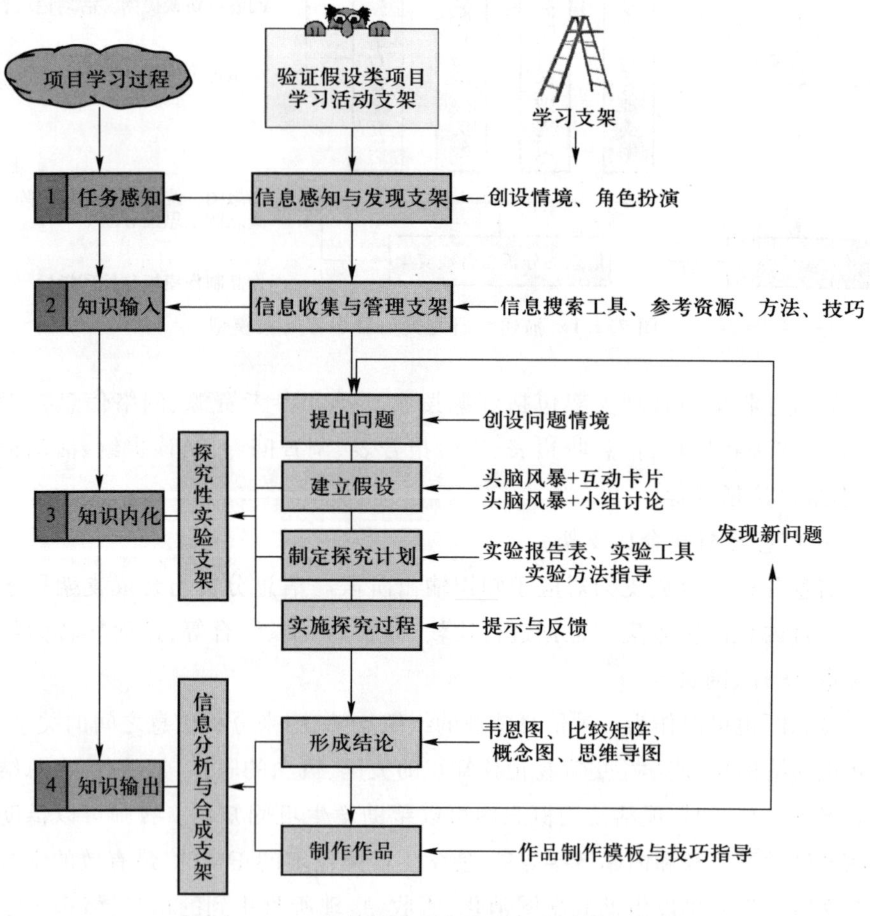

图 7.2.2　验证假设类研究类项目学习支架模型

从图中可以看到，验证假设性类项目的学习支架可分为信息感知与发现支架（任务感知阶段的发现信息）、信息收集与管理支架（知识输入阶段的数据收集）、探究性实验支架（知识内化阶段的提出问题、建立假设、制定探究计划、实施探究过程）、信息分析与合成支架（知识输出阶段的形成报告）。

① 信息感知与发现支架

信息感知与发现支架与任务感知阶段相对应，其目的是帮助学生确定所需要的目标信息。在任务感知阶段，教师要创设一种轻松的学习情境，激发学生的兴趣，产生探究的内驱力。教师可以引导学生从自然现象、生活现象或实验现象中观察体会，或者从社会热点问题出发，或者提出问题将学生的思维引导到问题的情境中来，留给学生思考问题的范围和空间，促使学生积极思考，为解决问题创设了一个良好的环境。

② 信息收集与管理支架

信息收集与管理支架与知识输入阶段相对应，在知识输入阶段，学生需要通过调查、观察等各种渠道查找并收集主题相关的数据，然后对收集到的初始的、零乱的和孤立的数据进行分类和排序，形成一定有逻辑、有结构的信息。信息收集与管理支架有助于减少学生在信息收集过程中可能遇到的挫折和困难，并帮助学生对信息进行分析和评价。常见的学习支架包括信息搜索工具、方法、技巧和小组讨论指导等。

③ 探究性实验支架

该支架对应于知识内化阶段的提出问题、建立假设、制定探究计划、实施探究过程。

首先，提出问题。学生在吸收新知识的基础上，分析数据收集阶段的信息，结合对项目学习任务更深层次的理解，提出进一步需要明确的问题。在这个阶段，教师要善于创设问题情境，鼓励学生按照自己的兴趣探究并多提出一些有探究价值的问题，善于启发学生的思维，为学生提供自主探究的机会，培养学生的问题意识和学习能力。

其次，建立假设。学生根据已有的资料、事实和自己已有的知识经验，对探讨的问题建构试探性的假设和理解。在这个阶段，教师应该引导学生在大胆猜测问题答案的基础上，做出有意义的假设。教师可以组织学生进行头脑风暴，并结合互动卡片或小组辩论，引导学生产生更多的合理假设，并对假设进行组间交流或评价。

再次，制定探究计划。在教师的引导下，学生自主思考，并根据自己的假设，在明确探究实验的目的、方法与原理的基础上，设计探究实验计划。在这个阶段,教师要为学生设计实验方案提供必要的方法指导,或者引导学生根据探究问题的难易程度和实验条件选择合适的实验方法,从设计实验方案的原则出发,提供实验报告表、实验规范等材料作为学习支架,使学生了解实验目的,遵守实验规则,养成良好的设计习惯。

最后,实施探究过程。学生按照实验探究计划逐步开展探究,自主地搜集与探究问题相关的各种信息材料,并认真观察现象,及时记录实验数据和事实等证据。在这个阶段,教师要为学生提供适当的引导,及时提醒学生一些注意事项,例如,提醒学生客观地、实事求是地分析数据,指导学生合理选择观察工具、数据分析工具,提醒学生注意实验安全等。

④ 信息分析与合成支架

该支架对应于知识输出阶段的形成结论和制作作品。

首先,形成结论。学生亲身实验所观察到的实验现象和提供的证据只是学生形成理性的基础,必须运用抽象和逻辑思维,通过比较、分析、归纳、概括等方法,对事实与证据进行加工处理、筛选整合,通过理性分析形成结论,上升为理性认识。在这个阶段,教师可引导学生利用韦恩图、比较矩阵、概念图、思维导图等学习支架对实验过程中产生的资料进行整理和分析。

其次,制作作品。在实验探究的最后,学生应在教师的指导下将发现问题、实验验证、实验结果分析整个过程中的资料整合在一起,制作成项目的最终产品。在这个阶段,教师应为学生提供作品制作模板和技术指导,帮助学生顺利完成作品制作。此外,教师还应安排作品交流环节,并在学生分享项目作品时,对学生的交流予以指导,激发学生的探究欲望和兴趣,启发学生运用已有收获或者结论提出更多有价值的问题,不断发展高阶思维能力,然后重新进行"提出问题—建立假设—制定探究计划—实施探究过程—形成结论"的过程,使问题能层次分明、逐步深入。

(3) 创新设计类项目的学习支架设计

创新设计类项目以解决一个比较复杂的操作问题为主要目的,一般包括社会性活动设计、创新类项目设计等,它更偏重于操作和实践活动,如"智能"浇花器的制作等。

创新设计类项目的学习活动可以分为任务感知阶段的问题情境、想象与头脑风暴,知识输入阶段的设计与准备材料,知识内化阶段的创造与体验,知识输出阶段的提高与改善、分享与交流,与之对应的学习支架依次为信息感知与发现支架,信息收集与管理支架,设计类实验支架,信息分析与合成支架。该类项目学习活动支架的模型如图 7.2.3 所示。

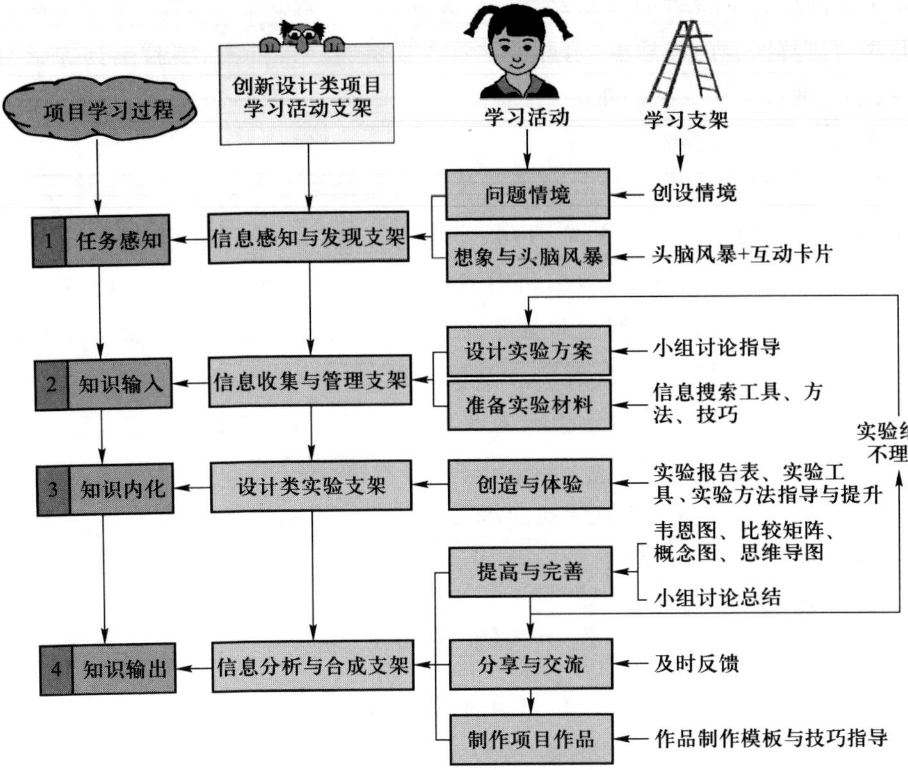

图 7.2.3　创新设计类项目的学习活动支架模型

① 信息感知与发现支架

信息感知与发现支架对应任务感知阶段的问题情境、想象与头脑风暴活动。在任务感知阶段，教师应为学习者提供一个可以反映“真实世界”的问题环境，引发学生从日常生活中的问题出发，发现值得探究的现象，接着组织小组进行头脑风暴，讨论解决该问题需要开展哪些任务活动。

② 信息收集与管理支架

信息收集与管理支架对应于知识输入阶段的设计与准备材料活动。在这个阶段，学生针对制定的任务设计实验方案，通过多种途径收集与任务相关的材料信息，并对信息进行分析、筛选与评价。其中，实验方案设计工作以学生为主导，教师共同参与、确定方案并鼓励学生尽可能地将在设计过程中闪现的“智慧火花”付诸实践，加以探究。教师应该为学习者提供信息搜索的工具、方法、技巧，指导小组讨论，以帮助学生解决实验中遇到的困难和问题。

③ 设计类实验支架

设计类实验支架对应于知识内化阶段的创造与体验活动。在这个阶段，学生根据前期收集资料的分析结果，按照确定的方案开展实验。教师应在实验开展前讲解实验的注意事项，并为学习者提供实验报告表、实验工具等学习支架，以及进行实验方法的指导与提升。

④ 信息分析与合成支架

信息分析与合成支架对应于知识输出阶段的提高与改善、交流与分享。首先，学生对实验结果进行测试、评价，小组内部进行讨论总结，分析实验成功或失败的原因。教师可引导学生利用韦恩图、比较矩阵、概念图、思维导图等学习支架对实验数据进行整理和分析，并在学生交流与分享环节提供及时的反馈。如果实验结果不理想，要引导学生发现和分析其中存在的问题和需要改进、调整的内容，整合小组的改进意见完善实验方案，重新开始实验。教师应该引导学生对测试的结果进行客观公正地分析，培养学生善于从失败中总结原因的科学意识。最后，教师还应该为学生提供作品制作模板以及技术指导，引导学生制作项目作品。

三、项目学习的过程设计案例

“我的智能浇花器”是由广州和增城两地学校的学生通过远程协作方式开展的学习项目。在该项目中，两地的学生共同探讨如何利用塑料瓶制作“智能浇花器”，并在项目活动中初步学习气压、压强等科学知识。该项目的目标是希望学生通过智能浇花器的研制活动，学会利用塑料瓶制作简易、实用的自动浇花器，以此提高学生学习科学的兴趣，培养学生的创新、动手实践与合作能力。

下面将重点介绍“我的智能浇花器”学习项目的过程设计。

（一）项目学习活动过程的设计

本项目的学习活动过程如图 7.2.4 所示，包括了以下几个阶段的学习活动。

1. 第一阶段——制作前的准备

（1）远程讨论：如何利用塑料瓶制作自动浇花器？制作前要准备些什么材料？制作智能浇花器要运用哪些技术？

（2）确定项目学习方案，包括研究主题、内容、目标，以及人员分工和实验时间表。

（3）咨询花农或上网查找不同品种的花一天需要的水分大约是多少？并填写表 7.2.3。

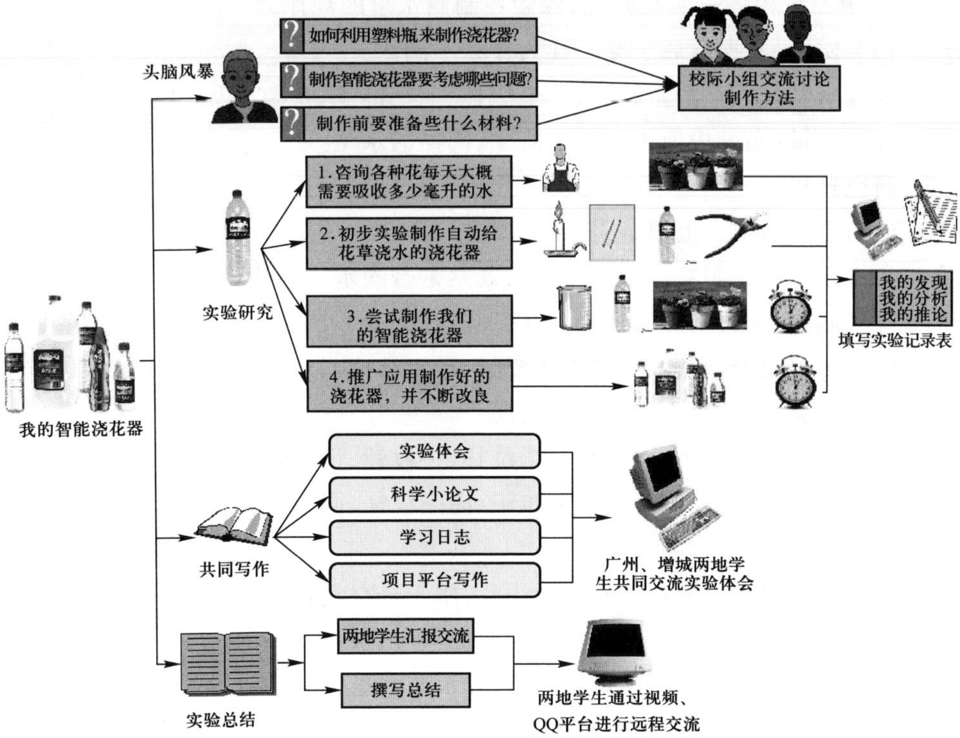

图 7.2.4　“我的智能浇花器”活动流程图

表 7.2.3　不同品种的花所需水分记录表

花的品种	花盆的大小	一天需要的水分 (　　　　)毫升

(4)计算出不同容量的塑料瓶能滴水的时间,并填写表 7.2.4。

表 7.2.4　塑料瓶滴水的时间记录表

塑料瓶的容量 (单位:毫升)	每小时需要的水分 (单位:毫升)	塑料瓶能滴水的时间 (单位:小时)

2. 第二阶段——实验研究,探索控制滴水量的规律

(1) 实验一:探索瓶子穿了孔为什么不滴水?

研究准备:水、一个塑料瓶、一个烧杯、一把锥子、铁架、记录表。

控制变量:实验中使用同一个瓶子、同样的水量。

研究过程:

给瓶子灌满水合上盖;

用锥子把瓶子刺穿;瓶子穿了孔,观察是否滴水。为什么呢?

拧开瓶盖,观察是否滴水。为什么呢?

学生小组讨论、实践、上网查找资料,得出结论。

(2) 实验二:不同水位的滴水情况

研究准备:水、一个塑料瓶、一个量杯、一枚针、记录表。

控制变量:实验中使用同一个瓶子、同一枚针、同样的水。

研究过程:

用缝衣针在水瓶的颈部开一个小孔,用于进空气;

用缝衣针在水瓶的底部开一个小孔,用于出水;

将水瓶灌满水,开始计时10分钟,数水滴数量,底下用水杯接水;

用量杯量10分钟滴水的滴水量;

水瓶灌半瓶水,开始计时10分钟,数水滴数量,底下用水杯接水;

用量杯量10分钟滴水的滴水量;

水瓶水快到底时,开始计时10分钟,数水滴数量,底下用水杯接水;

分析数据,讨论、上网查找资料、咨询专家,得出结论。

3. 第三阶段——制作我们的智能浇花器

(1) 设计,画图纸

(2) 按图纸制作

(3) 测试,改进

4. 第四阶段——应用推广我们制作的智能浇花器

介绍制作成功的浇花器的优点,并推介我们的智能浇花器。

5. 第五阶段——制作项目报告

收集实验的数据,制作一份项目报告,内容包括下列各部分:

(1) 封面及小组成员姓名

(2) 目录

(3) 塑料妙用的设计主题及设计方案(任务一的成果)

我们的主题是什么?

我们的设计方案？请说明设计本方案的理由。

(4) 实验研究、探索塑料瓶的各种用途(任务二的成果)

我们用什么方法收集数据？

我们的访问对象是什么人？

用表格列出所有数据。

我们的发现是什么？

(5) 分工情形及感受

(二) 学习活动支架设计

在项目学习过程中，问题情境、想象与头脑风暴属于信息的感知与发现；收集资料、通过实验探索控制滴水量的规律、设计实验方案都属于设计与材料准备；制作智能浇花器、测试、自我评定属于设计性实验；最后发现新的问题，讨论、推广我们制作的智能浇花器、制作项目报告属于信息的分析与合成。按照本项目的学习过程，设计了如图 7.2.5 所示的学习活动支架。

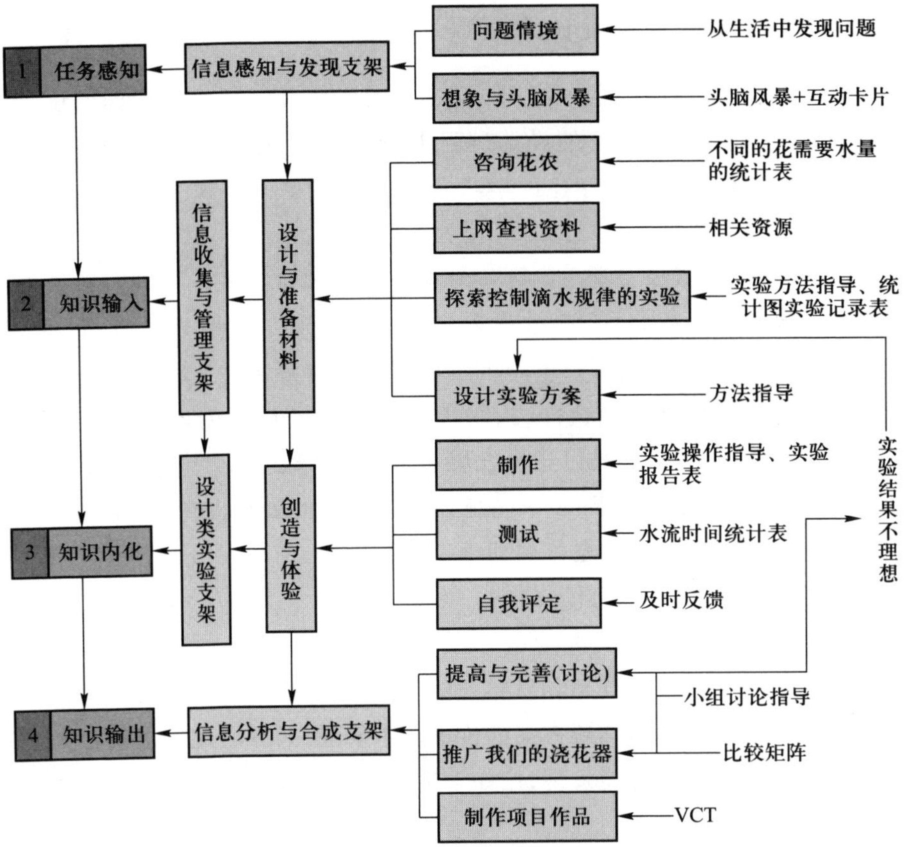

图 7.2.5　“我的智能浇花器”学习活动支架设计

（三）学习工具与环境

本项目主要选择了以下的学习工具与环境用于支持项目的开展：

（1）远程协作学习平台：http://www.schoolnet.org.cn

（2）概念图工具：Inspiration

（3）作品制作工具：PowerPoint/Word/Excel

第三节 项目学习的评价设计

评价是实现项目学习目标的重要环节，在项目学习的实施过程中发挥着导向、监控和激励作用。由于项目学习不同于传统的授课学习方式，学习内容综合性和学习途径多样性使得学习活动的设计更加具体与细致，为此对项目学习评价设计也就提出了更高的要求。本节将从项目学习评价的原则、模型、形式、工具等方面对项目学习的评价设计进行详细的阐述。

一、项目学习评价设计的原则①

教师在设计具体的项目方案时，应首先以评估者的身份思考如何设计评价的问题。在项目学习评价的设计过程中，遵守以下评价设计原则将有助于达到评价目的，促进和激励学生的学习。

（一）激励性原则

激励性原则是指项目学习的评价应以激励性评价为主。一是引入小组评价，激发学生具有共事合作、尊重他人意见、发现别人长处、遇到挫折相互鼓励、群策群力的精神；二是项目学习的价值取向强调每名学生都有充分学习的潜能，都具有创新精神和创造能力，为他们进行不同层次的研究提供学习条件，激励学生全员参与；三是以学生发展为本，注重学生的个体差异，要用发展的眼光去评价项目学习成果，要纵向地评价他们的发展和提高，肯定他们的成绩和优点。只有这样，才能充分调动学生的积极性、主动性、自觉性，鼓励学生发挥自己的个性特长，展示自己的创造才能。

（二）主体性原则

主体性原则要求学生既是项目学习的学习主体，也是学习评价的主体。这种双主体形式决定了项目学习方案的价值是否实现，只有通过对学生各方面所发生的变化进行评价后才能发现，比如学生在学习过程中所表现出来的学习态

---

① 魏忠英.项目学习的评价研究[D].华南师范大学，2011.

度和运用的学习策略,活动中所获得的感悟和体验,发现问题、提出问题、解决问题过程中的知识建构、思维运用和见解创新等。同时,正因为项目学习的目标是指向学生的,学生才能最真实地评价其内容、实施过程是否满足了他们的需要,因此,在项目学习评价中要充分重视学生主体对项目学习的评价。

主体性原则并不否定其他评价主体(如教师、家长、社区等)的参与,项目学习评价的主体是多样的,除了学生的自评、互评以及教师评价外,还可以有一些社会性的评估,如家长评估、社区评估等,尽管这种评估是建议性的、不正规的,却有助于学生明确学习任务与社会角色之间的关系,将自己的学习环境与社会情境联系起来。

(三)真实性原则

真实性原则指项目学习评价要以学生在真实情境中的表现作为评价的基础,并对学生将来生活中的表现具有一定的预见价值。

首先,项目学习评价的设计要具有真实性、情境性。传统学科由于重认知轻能力、重理论轻实践、重分科轻综合,其评价设计缺乏与真实生活情境的联系,因此,学生在评价中所得的分数并不能全面准确地反映他们的现实状况,对他们未来生活中的表现也很少具有预见价值。项目学习是体验性学习,学生在真实的情境中表现出对现实生活的领悟能力、解释能力、创造能力,表现出他们的情感、态度和价值观,项目学习评价要以此作为评价的基础。

其次,评价既要重视整体目标,又要着眼于个性化表现。项目学习评价通过真实评价情境的设置,既要对学生真实表现进行全面把握,又要对学生的个性发展情况作出精确的分析:学生哪些方面的发展已经达到了预期目标?哪些方面尚未达到预期目标?相对于其他学生来说,这位学生的个性、潜力和发展趋向如何?从而使教师在坚持统一的项目学习目标的前提下,对不同学生提出不同的要求,具体的活动安排和指导也就更具有针对性和有效性。同时,也可使学生更全面地认识自己,积极地自我调节,扬长补短,从而保证项目学习目标的圆满实现。

(四)形成性评价和终结性评价相结合的原则

形成性评价关注学生的学习过程,能够为师生提供反馈信息和指导;而终结性评价则是对学生学习效果做出的判定,是衡量学生学习质量的重要指标。项目学习的评价不仅重视学生学习的效果,也应关注学习过程、学习方法和学习体验。因此,项目学习的评价重视形成性评价与终结性评价相结合,利用评价结果持续改进项目学习,不断激励和促进学生学习。

由此可见,项目学习的评价贯穿于项目学习的整个过程。教师的指导、学生的学习和评价活动,从项目开始到项目结束都不是相互分离的,而是相互结合、相互促进的。

二、项目学习评价的类型

项目学习过程中教师需要根据不同的项目学习活动和评价内容设计不同形式的、具有针对性的学习评价。按照评价的功能不同,项目学习的评价分为诊断性评价、形成性评价和总结性评价。

(1) 诊断性评价。诊断性评价是指在项目学习开始前对学生的知识和技能、智力和体力以及情感等状况进行“摸底”,通过了解学生的实际水平和准备情况,判断他们是否具有实现项目学习目标所必需的基本条件。

(2) 形成性评价。形成性评价是指在项目学习活动开展过程中,为使项目学习活动效果更好而不断进行的评价,它能及时了解项目学习的阶段性结果和学生项目学习活动开展的情况、存在的问题等,以便及时反馈、调整和改进项目学习活动。对于提高项目学习的质量来说,重视形成性评价比重视总结性评价更具有实际意义。

(3) 总结性评价。总结性评价是指在项目学习活动结束时,为把握活动最终效果而进行的评价。总结性评价注重的是项目学习的成果,通过对学习者取得的成果作出全面鉴定、区分等级,对整个项目学习的有效性作出评定。

三、项目学习评价的基本框架

(一) 项目学习评价的要素

项目学习评价的基本要素包括评价目的、评价主体、评价内容和评价工具等。由于项目学习强调以学习者为中心、以小组的形式开展项目学习,因此其评价目的是评价学习者个人和小组的进步情况,为项目学习的有效开展提供反馈信息,以便于进一步的监控和调整,从而实现最终的学习目标。项目学习的评价设计应当注意评价主体的多元性,教师、学生以及小组成员都应当是评价的主体,评价方式可以是教师评价、学习者自评、学习者互评等。评价内容包括学生的知识建构、协作能力、思维发展和信息素养等。信息技术支持下的评价工具包括基于量规的评价、基于概念图的评价、基于电子档案袋的评价、基于反思日志的评价等。

(二) 项目学习评价的框架①

根据信息技术环境下项目学习的特点,参考 CIPP 评价模型建立的项目学习评价基本框架如图 7.3.1 所示。它将评估活动介入项目学习的整个过程,

① 魏忠英.项目学习的评价研究[D].华南师范大学,2011.

不仅对项目的可行性进行分析，还注重对项目活动过程进行监控和反馈。学习过程中的评估可以及时发现和总结项目学习活动的经验和存在的不足，其反馈信息会对项目学习的开展产生积极影响。

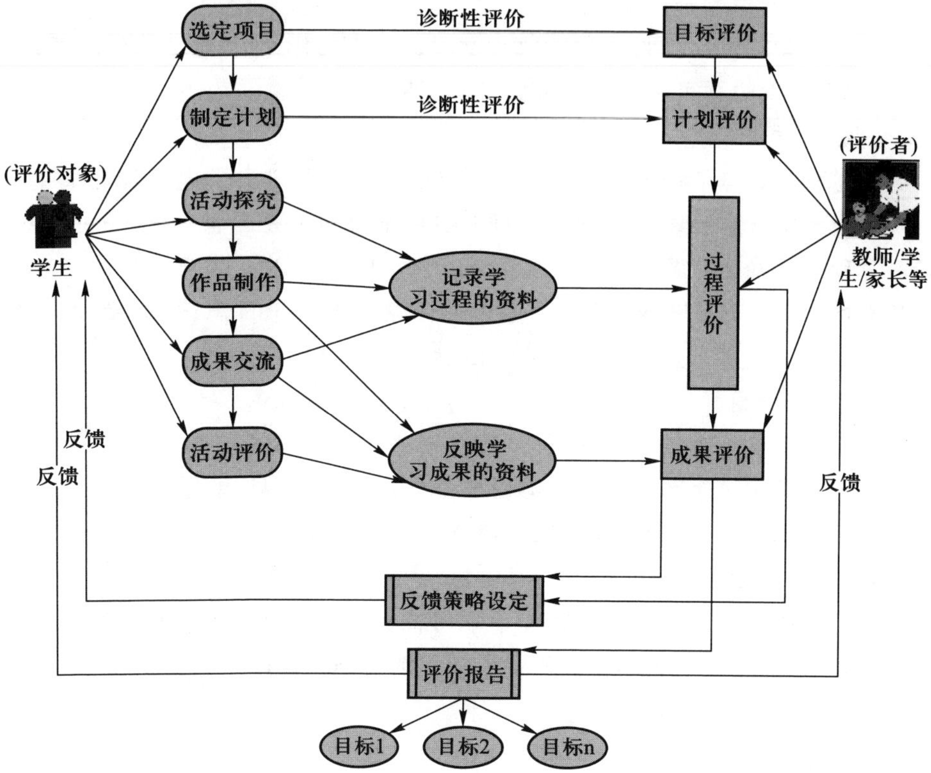

图 7.3.1　项目学习评价基本框架

四、项目学习评价的工具

项目学习的评价除了可以应用传统的教学评价手段外，还可以通过网络评价手段如调查问卷、评价量规、电子档案袋、反思日志、概念图、观察表等多种工具，提高评价效果，开展多元化综合评价。

（一）调查问卷

调查问卷比较适合用于了解学生的兴趣、态度和学习习惯，也可用于了解各方（如教师、学生、专家等）对项目学习过程、项目学习效果、项目学习成果的意见，从而判断项目学习的有效程度或优劣水平。

（二）评价量规

量规是一种结构化的定性与定量相结合的评价技术，利用量规不仅可以为学习者指明学习方向,也可以为不同的评价者提供统一的判断标准。评价活动中的自我评价、同伴评价和教师评价都可以通过评价量规来实现,关于项目评价量规将在本书第九章中详细讲述。

(三) 电子档案袋

电子档案袋可用于收集学生项目学习过程中的作品、反思、评价等真实材料,为基于学生的真实表现的评价提供事实依据。

(四) 反思日志

反思日志是电子档案袋的一种表现形式,但已经超出了电子档案袋的原有功能。反思日志可以记录学习者每天项目学习的主要内容、对学习的反思、学习过程中的疑难问题、学习的成果等内容。反思日志反映出学生的进步过程和掌握知识的熟练程度,教师可通过阅读学生的反思日志,从而发现问题,对项目学习过程进行及时合理的调整以满足学生的学习需求。

(五) 概念图

概念图作为一种评价工具,概念图能有效地记录学习者的思维历程、概念形成过程。基于概念图的评价能够引导学生从系统化、结构化、整体性的高度来关注新旧知识点及其相互联系,促进学生高阶思维的发展。

(六) 观察表

如果要收集评价项目学习过程中学习者具体的行为活动和小组学习情况等,可以利用观察表。教师在制作观察表之前必须明确以下三个问题。

(1) 评价何种技能?

(2) 是要评价某个特定学生、一个小组还是每个小组?

(3) 应该由谁来评价,教师还是学生?

以上三个决策是相互关联的。例如,如果由教师对某个学生或小组进行评价,则评价的技能种类可以稍多;而如果是由教师对每个小组进行评价或由学生来评价,则要求评价者仅对少量的技能进行简单的观察。教师进行结构化的观察是很重要的,此外,学生也充当观察者,当学生在观察表的帮助下对他人的行为进行评价时,教师可以进行其他类型的监督。所有学生都可以成为评价者,一般而言,他们喜欢这一角色,并能投入到观察同伴行为的活动中。

五、项目学习评价方案设计

表 7.3.1 给出了一个项目学习评价的设计模板。[①] 其中,评价目标类型采

---

① 柯清超. 混合学习的评价方法——以中小学教师教育技术能力培训课程为例[J].中国电化教育,2008(08):16-19.

用柯克帕特里克(Kirkpatrick)的四层模型,即学习者反应、知识迁移、行为迁移与结果。知识迁移采用布鲁姆的“记忆、理解、应用、分析、评价和创造”六层次认知目标分类。根据项目学习评价设计模板,针对不同的项目学习活动可以设计相应的评价层次,确定评价目标,设计恰当的评价工具,最后形成系统的评价方案。

表 7.3.1 项目学习评价设计模板

项目名称	项目学习活动	评价层次	评价目标	评价工具

项目学习活动	评价层次及目标	评价工具
[1]=制订计划 [2]=活动探究 [3]=资料收集 [4]=协作交流 [5]=作品制作 [6]=成果展示 [7]=学习反思	[1]=学习者反应 [1-1]=目标 [1-2]=态度 [1-3]=情感 [2]=知识迁移 [2-1]=记忆[再认,回忆] [2-2]=理解[解释,举例,分类,概要,推论,比较,说明] [2-3]=应用[执行,实施] [2-4]=分析[区分,组织,归属] [2-5]=评价[核查,评判] [2-6]=创造[创新,计划,建构] [3]=行为迁移 [4]=结果层	[1]=观察表 [2]=调查问卷 [3]=测试题 [4]=电子档案袋 [5]=学习日记 [6]=评价量规 [7]=概念图

六、项目学习评价设计案例

(一)“水的蒸发”案例简介

“水的蒸发”学习项目涉及的学科为数学、语文、信息技术,主要对象是五年级学生。项目要求学生通过自主制作量杯,进行测量水蒸发容量的实验,并在实验活动中思考、自主得出影响水蒸发的几大要素。

（二）任务设计

本项目设计了四个学习任务，以 4~8 名同学为一个小组，合作完成以下任务。

任务 1：进行水蒸发实验，做好观察、记录，收集数据。

任务 2：设计一个统计主题，进行数据收集，应用收集的数据制作统计图表，并总结发现的问题和现象。

任务 3：两地学生通过网络进行项目主题交流。

任务 4：把上述三个任务的结果进行整合，制作一份项目报告。

（三）评价设计

为了检验上述项目任务的完成情况，评价学生知识迁移层面目标的达成情况，教师制作了如表 7.3.2 所示的评价设计方案，并在此基础上，设计了如表 7.3.3 的项目跟踪量化评价表，用于分阶段对学生的活动探究情况进行量化评价。

表 7.3.2　“水的蒸发”项目的评价设计方案

项目名称	项目学习活动	评价层次	评价目标	评价工具
水的蒸发	活动探究	知识迁移	知道影响水蒸发的因素，能应用所掌握的知识解决遇到的问题； 知道收集、整理数据的方法，掌握分析数据的方法； 能够运用网络进行交流	项目跟踪量化评价表

表 7.3.3　“水的蒸发”项目跟踪量化评价表

项目任务	评价内容	起点水平 1	有进步 2	掌握水平 3	成为范例 4	得分
任务一 20%	猜想					
	制作量杯					
	观察					
	记录					
	收集数据					

续表

项目任务	评价内容	起点水平 1	有进步 2	掌握水平 3	成为范例 4	得分
任务二 40%	设计统计题目					
	数据整理					
	绘制统计图表					
	阅读统计图表					
	总结、分析					
任务三 10%	两地学生通过网络进行项目主题交流					
任务四 20%	组织					
	文法语句					
	设计					
小组的整体表现 10%	合作					
	分工					
总分 100%						

第四节　项目学习计划书

在项目学习开展之前，要为项目学习制订一个合理的计划，包括学习时间的详细安排和活动计划等。项目计划书是项目学习活动计划的书面规范表达形式，一份完整、指导性强、可操作性强的项目学习计划书是项目学习顺利开展的基础。

一、项目学习计划书模板

在实施项目学习活动之前，教师应当与学生一同制订整个活动的实施计划，完成项目学习计划书的撰写。一般来说，项目学习计划书主要由项目概述、学习团队、学习目标、驱动问题、学习任务、学习过程、学习工具与环境、项目时间表、学习评价九部分组成，如图 7.4.1 所示。

项目学习计划书模板

标题

一、项目概述

1. 开展年级：
2. 学科：
3. 简介：

二、学习团队

1. 教师：
2. 学生：

三、学习目标

认知目标：（了解，理解，掌握，应用……）

能力目标：（能……，掌握……，培养……，提高……）

情感与价值观：（培养……）

信息素养：（提高……）

四、驱动问题

五、学习任务

六、学习过程

七、学习工具与环境

八、项目时间表

九、学习评价

图 7.4.1　项目学习计划书模板

（一）项目概述

介绍项目的基本信息，包括项目发生的背景、项目参与者信息（年级、认知水平等）、项目所涉及的知识领域（自然、历史、政治等）以及本次活动的主要研究目标。

（二）学习团队

介绍项目参与者情况，包括参与教师的姓名、学科，参与学生的基本信息等。

（三）学习目标

描述通过开展本次项目学习活动，期望学生所能达到的认知、能力、情感，态度与价值观、信息素养等方面的学习目标。

（四）驱动问题

确定本次引导学生进行项目学习的驱动问题。

（五）学习任务

描述开展本次项目学习活动的具体任务，学生应能通过完成这些学习任务达到本项目的学习目标。

（六）学习过程

主要是为项目学习活动的开展预定研究阶段，可以用直观、形象的活动流程图来呈现。在活动流程图中应当确定各个活动阶段的实施顺序，并对每个阶段所要实施的活动内容描述清楚，以便教师和学生充分掌握活动的具体实施步骤，确保活动的有效实施。

（七）学习工具与环境

主要描述支持项目学习活动顺利开展的学习工具、学习资源及实施项目学习活动的环境。学习资源既包括多媒体教室、电脑室等硬件资源，也包括教师提供给学生的与项目主题相关的信息等软件资源。在编写项目计划书时，教师应当对支持项目学习活动开展的学习资源进行一定的规划与预设。

（八）项目时间表

项目学习开展周期一般为1~4周，也可以结合主题实际情况自定活动开展时间（例如种植类的研究主题，需要根据植物的实际生长周期来确定研究活动开展时间长短）。项目时间表中应包括各活动阶段的时间周期，每一阶段中涉及的教师活动、学生活动，以及各活动阶段要达到的目标（见表7.4.1）。一个合理的项目时间表，对项目学习活动的有序开展起到关键的作用。

表7.4.1　项目时间表

序号	时间	教师活动	学生活动	目标
第一阶段				
第二阶段				
第三阶段				
第四阶段				

项目时间表的表现形式比较多样，除了表7.4.1所示的表格形式外，在项目学习实践中，还经常用到甘特图对项目的时间进度进行表示。甘特图能够直观地显示各个任务计划开展的时间周期。甘特图中的水平方向表示时间跨度，纵向表示每个活动，为每一个活动画一个条形，代表其计划的时间跨度。图7.4.2所示为“水精灵行动”项目的甘特图。

（九）学习评价

这里主要描述项目学习评价方案，以及在此基础上针对具体评价内容开发制作的评价量规等。

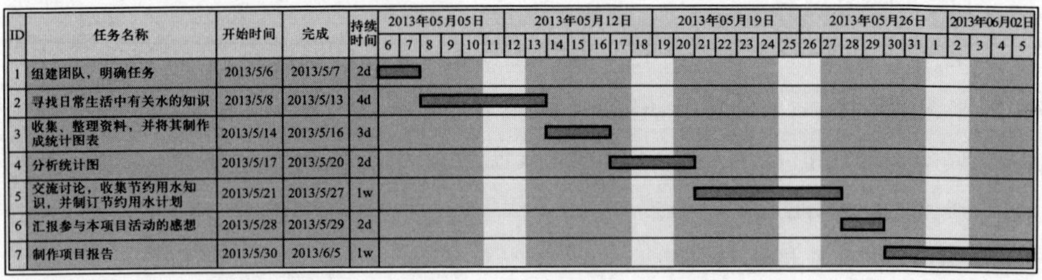

图 7.4.2 “水精灵行动”项目甘特图

二、项目学习计划书的撰写

项目计划书是项目学习活动实施的基础，它详细描述了项目学习的主题、学习过程、学习资源与工具、项目时间表、学习评价等内容。计划书的设计一般由教师来完成。关于项目学习设计具体撰写案例可以参考本书第十章的内容。

第八章

项目学习实施与管理

项目学习强调让学生通过小组合作学习,对现实生活中的真实性问题进行探究。项目学习的实施过程一般包括设计学习项目、制定项目学习计划、开展项目活动以及组织项目学习评价四个阶段。项目学习管理则贯穿于项目学习实施的整个过程,是对项目学习进行科学化、规范化管理的一种理论和方法体系,主要包括项目学习进度管理、项目学习质量管理、项目学习沟通管理以及项目学习人员管理。

第一节　项目实施过程

项目学习的开展过程与传统的课堂教学有较大区别。项目学习往往从解决真实世界中的问题、任务出发,要求学生以小组方式,积极应用信息技术作为认知探究工具,开展探究活动。项目学习活动的实施过程一般包括四个阶段:一是设计学习项目,二是制定项目学习计划书,三是开展项目活动,四是组织项目学习评价。

一、设计学习项目

设计学习项目是学生进行项目学习的关键。设计的项目应包含一系列真实的且具有一定复杂性的问题,并尽量让学生参与议定。项目的内容构成一个专题,并以"项目驱动问题"方式呈现,让学生能够明确自己将要在一个什么样的范围内进行探究和学习。

(一)确定项目驱动问题

学生的所有探究活动都是围绕项目学习的驱动问题展开,驱动问题提供了学习的方向和动机。因此,驱动问题的确定是决定整个项目学习能否成功的首要因素。在项目学习中,驱动问题应该体现课程的教学内容、教学目标。此外,为了体现学生在项目学习中的主体地位,项目内容要结合学生的兴趣,并让学生参与讨论共同筛选出学习主题。教师需要为学生提供建议、帮助和指导,例如,给学生提供一些项目范例,尤其是其他学生创作的优秀项目作品范例。

(二) 设计探究学习活动

确定好项目驱动问题后,教师需要针对项目设计一系列的任务情境,引导学生进行探究活动、完成项目作品。在对项目学习活动进行项目任务设计时,任务的难度设置要适中,应当遵循维果斯基的“最近发展区”理论,即所设计的项目任务难度应当略微超出学生的现有认知能力,这样才能调动学生学习的主动性,促进学生的知识建构与能力发展。

二、制定学习计划书

一个学习项目的学习周期往往需要数周,其学习内容也具有跨单元、跨学科的特点,因此项目学习的实施较传统的课堂教学有很大差异。为保证项目学习的顺利进行,项目学习实施前,教师需要分析学生特征,根据学生的具体情况组建项目学习小组,并由教师与学习小组成员制定详细、完整的项目学习计划书,来指导师生的项目学习活动的开展。

(一) 建立项目学习小组

项目学习通常采用小组的形式开展活动,在开展项目学习活动前要将参与者分为几个小组,确定每个小组的具体人数和人员名单。项目学习小组的组建是建立在教师对学生特征分析的基础之上,教师应当参与指导学生的分组,而不是由学生自由组合。通常情况下,建议采取异质分组①,这样有利于不同能力层次学生之间的相互促进,即能力弱的学生可以得到能力强的学生的有力支持,同时了解这些学生是如何进行学习和解决问题的;能力强的学生在帮助能力弱的学生时可以加深对该问题的理解。

项目学习小组的组织必须包含两个层面的工作,一是规定项目学习小组的规模,二是明确项目学习小组的结构②。

1. 规定项目学习小组的规模

项目学习小组的规模是指小组内成员的数量,一般 3~6 人为宜。人数过多,容易出现“搭便车”现象,即小组某些成员承担大部分甚至所有的任务,而个别成员无所事事或者只承担一部分任务。反之,人数过少,则容易产生一人独揽全局的现象。

---

① 黄荣怀.计算机支持的协作学习——理论与方法[M].北京:人民教育出版社,2003.

② 尹睿.中小学基于专题的网络协作学习活动的设计[D].华南师范大学,2005.

2. 明确项目学习小组的结构

为了保证项目学习活动的顺利推进,小组内部成员之间必须形成正规、稳定、和谐的关系,即良好的项目学习小组结构。项目学习小组的结构要素包括地位、角色和规范①。地位指学生在小组中所处的相对位置。在一个项目学习小组内,会产生组长和组员的地位等级关系。角色指按一定规范表现的特定地位的行为模式。在项目学习小组内部,每个参与项目学习活动的成员都扮演着一定的角色,承担相应的职责。为了促进小组任务的完成,角色的划分必须以每个小组成员的特征和兴趣为依据。规范指稳定的规则与规章制度,其目的在于约束项目学习小组成员的行为,使之协调一致,相互配合。

(二) 制定项目学习计划

组建好项目学习小组后,教师和小组成员共同完成项目计划的制订。项目计划一般由项目概述、学习团队、学习目标、驱动问题、学习任务、学习过程、学习工具与环境、项目时间表、学习评价九部分组成。项目学习计划书的撰写可以参照本书第七章提供的项目计划书模板。

在项目学习计划制订过程中,项目学习活动是项目学习的关键。项目学习中的学习活动(任务)要明确,实施步骤要清晰,分工要具体。以"身边的历史——湖广填四川"项目为例,其学习活动(任务)设计如下:

以6位同学为一个小组,合作完成以下任务:

任务1:分组,设计小组名称、标志,上传到交流平台,与协助学校孩子进行交流,相互认识。

任务2:小组通过对身边人物的走访调查以及查阅相关文献资料,了解湖广填四川的历史背景、入川的形式和人数,以及对四川发展的影响,并根据所了解和收集到的资料,对身边移民的来源进行假设。

任务3:了解移民的语言、生活习惯的变化,形成调查表。

任务4:理清湖广填四川的脉络,综合任务1和任务2撰写调查报告。

三、开展项目活动

开展项目活动是项目学习的主体,学生的知识建构和能力发展都是在此过程中完成的。此阶段的任务是根据项目计划书组织学生开展学习探究活动,如基础知识理解、项目资料收集及活动探究、项目作品制作等;目标是完成项目学习任务,形成项目学习的最终作品或研究报告。

---

① 王陆,杨卉.合作学习中的小组结构与活动设计研究[J].电化教育研究,2003,(08):34-38.

（一）基础知识理解

项目学习活动的开展需要学生具有相应的基础知识，学生充分的知识准备是顺利开展项目学习活动的保障。这些基础知识包括完成项目学习所必须具有的所有知识和技能，如教学目标中的相关概念、原理，收集资料的观察、调查、访谈、实验等方法，信息资源获取、加工的途径与技能等。

（二）项目资料收集及活动探究

教师组织学生按照项目计划书的要求，开展各项学习活动。学生在活动中要应用各种方法收集、整理学习资料，并进行分类处理、统计分析和详细记录，形成小组资料文件夹。围绕收集到的信息资料，项目学习小组按项目计划开展交流、研讨活动，促进学生协作知识建构，并形成阶段性的学习成果。

（三）项目作品制作

项目学习往往要求最终形成具体的作品，作品是学习活动推进的自然结果。项目作品的形式并不固定，可以是研究报告、实物模型、图片、录音、录像、电子幻灯片、网页和戏剧表演等，主要用于小组展示学习收获、促进学习评价与反思。

在项目学习活动过程中，教师需要认真组织和管理小组的学习活动，指导学生完成项目探究活动，及时了解学生开展项目学习活动的状态和表现，不断地激励学生，适时、适度地给学生提供帮助，使学生保持探究的兴趣和热情。

四、组织项目评价

（一）项目成果展示与交流

项目学习活动结束后，教师需要组织各项目学习小组展示学习成果、交流学习体会与经验、分享学习的成功和喜悦。作品的展示与交流是对学生在项目学习中的表现和活动成果的小结，也是师生之间、生生之间共同学习和交流的过程。作品与成果交流的形式多种多样，可以是口头报告的形式，也可以是幻灯片展示、发布网站、举行展览会、报告会、辩论会、小型比赛等形式。在作品展示过程中还可以邀请学生家长、其他老师、专家参与，进一步鼓励学生并激发学生的学习热情。

（二）项目学习评价

项目学习的评价主要包括对学生的评价、教师的评价及项目本身的评价。对学生的评价主要围绕学生的知识建构、协作能力、思维发展和信息素养等方面展开。对教师的评价主要围绕通过项目学习，教师专业技能发展方面的提高程度展开。对项目本身主要是评价学习项目的设计与实施效果，包括项目主题的选取是否合适、项目任务的设计是否合理、活动探究的过程是否有效、学生间的协作交流是否充分、学习项目目标是否达成等。项目学习的评价设计详见本书第七章。

（三）项目学习反思

教学反思是教师实施项目学习评价的重要内容，教师在指导和观察学生开展项目学习活动的过程中应不断反思与改进教学行为。反思的内容可以是对自己在活动组织、活动指导等方面的思考，例如，哪些方面做得比较好，哪些方面需要改进；也可以包括通过对活动中一些现象的观察而引发的思考等，例如，不同的学生倾向于选择小组内不同的研究任务，这是否可以和学生的学习风格特点联系在一起？在以后组织的研究活动中，如何根据这些学生的学习风格特点来匹配相应的研究任务？

教师还应组织学生进行学习反思：在完成任务的过程中，我学到了哪些新的知识？在解决问题的过程中我哪方面的能力得到了提高，还有哪些方面的能力需要加强？在与小组同学交流沟通方面，我做得怎么样？哪些方面做得比较好？哪些方面需要改进？我是否对小组最终作品付出了足够多的努力？如果再让我参加一次这个活动，我会做出哪些改变？等等。

第二节 项目学习管理

项目学习的组织方式、开展学习活动的时空安排，都与传统的课堂教学有着本质的差异。对项目学习进行科学有效的管理，有助于缩短项目学习的时间，提高项目学习的质量。

一、项目学习管理的内容

项目学习管理贯穿于项目学习的整个过程，主要包括项目学习进度管理、项目学习质量管理、项目学习沟通管理以及项目学习人员管理。

（一）项目学习进度管理

项目学习进度管理是指在项目学习的实施过程中，对项目学习各阶段的进展程度和项目学习最终完成的期限所进行的管理，其目的是确保项目学习活动按照预先的计划正常开展。在项目学习活动开展过程中，教师和学生都应该按照项目计划书中的时间进度开展活动。在计划执行的过程中，要经常检查实际进度是否按计划要求进行，如果出现偏差，则需要及时找出原因，并采取必要的补救措施或调整、修改原计划，直到项目学习按时完成。

（二）项目学习质量管理

项目学习质量管理是在项目学习管理中为确保项目学习目标的实现而开展的一种项目学习专项管理工作。项目学习质量管理的主要内容包括项目学习作品和项目学习实施质量的管理、项目学习质量保障以及项目学习质量监控。其中项目学习作品管理是项目学习质量管理中最为重要的一部分，它的优劣将关系到项目学习能否达成最初的目标。

（三）项目学习沟通管理

项目学习沟通管理是保证及时和恰当地提取、收集、传播、存储以及最终处置项目学习信息的过程。对于项目学习来说，要科学地组织、协调和控制项目学习的实施过程，就必须进行有效的沟通。因此，有效沟通对项目学习的顺利开展和人际关系的改善都有促进作用。项目学习沟通管理主要包括以下几方面的内容。

（1）明确沟通目的。明确沟通目的是进行项目学习沟通管理的前提和首要条件，只有目的明确了，才能高效地沟通，进而解决问题。

（2）选择沟通对象。尽管明确了沟通的目的，但并不意味着找任意一位项目成员进行沟通就能解决项目学习中遇到的问题或困惑。因此，在沟通前应该选择合适的沟通对象。

（3）确定沟通内容。尽管方方面面都需要沟通，但沟通的内容和性质有很大差异。沟通目的和沟通对象确定后，应该将沟通目的进行细化，转化为具体的沟通内容，便于项目成员间的沟通与交流。

（4）确定沟通时间。包括多久沟通一次、什么时候进行沟通、每次沟通多久。

（5）选择沟通方式。项目成员应根据实际需要选择合适的沟通方式，包括口头沟通、书面沟通、非语言沟通和网络沟通等。

（四）项目学习人员管理

项目学习人员管理是指对项目参与者进行的必要管理，以确保人员安排的合理性。项目学习人员管理中最为关键的是项目学习小组的组建及项目小组成员的分工。小组目标是否明确，成员分工是否合理，将影响到项目学习的进展。项目学习人员管理主要包括以下几方面的内容。

（1）组建项目学习小组。在确定项目学习的目标和任务后，第一步就是要组建项目学习小组。教师可以根据项目学习的具体任务情况，对学生进行合理的分组，并选派小组长对本组成员进行管理。

(2) 为项目小组成员合理分工。每个学生都有各自的特长和性格特点，合理的分工是项目学习顺利进行的先决条件。组建项目小组后，小组长需要对小组成员进行任务分工。分工时必须充分考虑小组成员的特长和性格特点，尽量做到扬长避短，使小组成员在高质、高效地完成学习任务的同时保持愉悦的心情。

(3) 妥善处理项目学习中的矛盾问题。项目学习的实施主体是学生，学生与学生之间由于生长生活环境、教育背景、个性等方面的不同，难免会出现意见的分歧，以致出现矛盾。矛盾并不可怕，出现矛盾时小组成员应及时沟通，分析矛盾出现的原因，并采取有效的措施妥善处理项目学习中的矛盾问题。

二、项目学习进度管理

项目学习的进度管理主要是监督项目进度的情况，确保项目学习活动在规定时间内顺利完成。

衡量学习进度的一种有效的方法是要求小组成员提交阶段性成果。阶段性成果的提交一方面能够收集信息，帮助教师和小组长了解目前小组学习进展的状况及存在的问题，以便及时采取对策进行解决；另一方面也是小组成员对自己目前学习的一个归纳和总结。

项目学习进度可以通过项目里程碑计划表、三维管理表格和学习日志等进行管理与控制。

(一) 项目里程碑计划表

项目里程碑计划表中明确了项目学习的阶段目标、完成标准、计划完成时间以及完成情况等。通过项目里程碑计划表，教师和学生能清晰地看到项目学习的完成情况。表 8.2.1 为“水精灵行动”项目的里程碑计划表。

(二) 三维管理表格

三维管理表格将项目学习活动、任务分配情况、项目活动完成情况等都清晰地表达出来。三维管理表格的好处是明确任务分工，责任到人。小组长更容易督促小组成员，以便出现问题时能更及时、迅速地解决，组内成员也能相互监督和进步。组内成员看到自己的名字写在三维管理表中也会有一种责任感，不会出现有些成员很忙而有些成员无所事事的现象。

表 8.2.1 “水精灵行动”项目的里程碑计划表

项目名称:水精灵行动 日期:2013 年 5 月 6 日—6 月 5 日			
里程碑(阶段目标)	完成标准	计划完成时间	是否完成
任务 1:寻找日常生活中有关水的知识	收集到的资料	2013-5-13	□
任务 2:调查用水情况,收集、整理和显示数据,将收集到的数据制作成统计图表,并分析统计图	统计图表 统计图表分析文档	2013-5-20	□
任务 3:上网、讨论,并收集节约用水知识,制订节约用水计划	节约用水计划书	2013-5-27	□
任务 4:汇报参与本项目活动的感想	口头汇报	2013-5-29	□
任务 5:根据结果和记录,制作一份项目报告	项目报告	2013-6-5	□

组内成员每完成一项任务就必须在对应的位置上作出标记,标记分为★、◆、▼三种,其中“▼”代表危险信号,说明完成任务情况出现了大的问题,例如,与主题不符,形式过于简单,有抄袭的行为等;“◆”代表任务完成情况出现了一些小的问题,例如,文字不够精简、动画不够流畅等,组内成员需进一步努力,具有警示的作用;“★”代表完成出色,继续再接再厉。对照三维管理表,结合项目计划书中的时间进度表,能够得出组内成员完成子项目的情况。同时,要求学习小组在每次项目活动结束后都要提交一份三维管理表存档,这有利于教师及小组长对项目学习的进度及完成情况进行分析和总结。表 8.2.2 为“水精灵行动”项目的三维管理表。

(三)学习日志

学习日志主要是用来记录项目学习活动的进展情况,包括目标、已完成的任务、进一步的行动计划、遇到的问题或困惑等。表 8.2.3 为“水精灵行动”项目的小组学习日志。

表 8.2.2 “水精灵行动”项目的三维管理表

小组长:××项目:水精灵行动

项目目标:提高学生的协作学习能力,让学生体会到数学知识应用于现实生活的乐趣,增强学生节约用水的环保意识。

日期:2013 年 5 月 6 日

主要任务		项目结束时间:2013 年 6 月 5 日				负责人:××
1	寻找日常生活中有关水的知识	★				A
2	调查用水情况,收集、整理和显示数据,将收集到的数据制作成统计图表,并分析统计图		◆			A
3	上网、讨论,并收集节约用水知识,制订节约用水计划			▼		B
4	汇报参与本项目活动的感想				◆	C
5	根据结果和记录,制作一份项目报告				◆	D
目标时间		1 节	2 节	3 节	……节	★绩效充分
人员部署		组长 A	成员 B	成员 C	成员 D	◆绩效需改进 ▼危险信号

表 8.2.3 小组学习日志

项目名称:水精灵行动

日期:2013 年 5 月 6 日—6 月 5 日

我们有以下目标:

1. 调查用水情况,收集、整理数据;
2. 将收集到的数据制作成统计图表;
3. 对统计图表进行分析。

续表

我们已经成功完成了哪些？ 1. 组建团队，明确了任务分工； 2. 从报纸、书籍、互联网上搜集了许多关于水的资料。
我们接下来的行动步骤是什么？ 1. 在班级和小组内开展交流讨论，得出节约用水的措施； 2. 搜集节约用水知识，制订节约用水的计划。
我们的问题/困惑是： 怎样对搜集到的资料进行整理和分析。
我们学到了什么？ 在小组协作学习中，要明确分工，遇到问题要及时沟通和交流，借助小组成员的力量共同解决问题。

在对项目学习进度进行管理时，教师没有必要把以上的所有管理工具都用上，而是应该根据实际需要进行选择。如果在项目学习活动开展过程中遇到了问题，导致项目学习活动无法在计划时间内完成，教师应及时分析问题，找出补救措施，并根据实际情况对项目学习活动的进度进行适当的调整，及时更新项目学习进度表。

三、项目学习作品管理

项目学习作品管理是项目学习质量管理中非常重要的一部分。在项目学习活动开展过程中，会产生大量的项目学习作品。教师必须引导学生根据项目学习进度，按时提交阶段性成果（如实验报告、调查报告、分析报告、解决方案、设计方案等）和项目学习的最终成果。

在项目学习过程中，教师需要对项目学习作品进行较好的规划和管理，从作品中及时发现问题，并根据需要调整项目学习的进度。同时，项目学习作品是检验项目学习是否顺利完成的重要标志。因此，项目学习作品管理显得尤为必要。

项目学习作品管理可以借助网络手段帮助完成，如学习论坛、博客、电子邮件、云存储服务、QQ 群共享、Google Docs 等。

（一）学习论坛

教师可以独立或者在信息技术教师的帮助下建立自己的 BBS 平台，然后以项目学习的主题为名称建立一个作品提交区，方便项目学习的成员提交作品。下面以“特酷”（www. tecol. org. cn，一个专门为开展和实施“中国和联合国儿童基金会远程教育项目”和“中国和联合国儿童基金会‘技术启迪智慧’项目”而架构的项目学习社区)为例,讲解学习论坛在项目学习作品管理中的应用。

教师以项目学习的主题建立一个自己的论坛,接着在该论坛中发起各种讨论、展示和评价学生作品、交流项目进展活动。比如在“设计图书室”项目中,教师在论坛中发起“讨论如何设计图书室的环境”“你梦想中的图书室是怎样的”等话题,并让学生发表自己设计的图书室作品,组织学生在线投票。图 8.2.1 展示了师生在自己的项目论坛中发表的部分主题,可以发现论坛中

文章	作者	回复	人气	最后发表
借书的限制时间(深圳市翠北小学) 精 顶	胡尹 2009-04-25	81	301	2010-08-25 18:39 by: 范伶娜
我们的图书室应该是什么颜色为主色呢?(深圳市翠北小学) 精 顶	马秋园 2009-04-15	546	1550	2010-08-25 18:36 by: 范伶娜
说说自己最喜欢的图书是什么?(深圳市翠北小学) 精 顶	高红姝 2009-04-05	88	601	2009-07-05 10:16 by: 范伶娜
设计图书室(深圳市翠北小学) 精 顶	高红姝 2009-03-05	215	777	2009-06-25 19:20 by: 于月滢
我们的QQ群!(深圳市翠北小学) 精 顶	高红姝 2009-04-19	346	990	2009-06-13 20:50 by: 邓嘉俊
翠北小学图书室 (深圳市翠北小学) 顶	高红姝 2009-04-29	68	356	2009-06-13 20:44 by: 邓嘉俊
未来图书室 精 顶	高红姝 2009-06-07	41	205	2009-06-07 21:07 by: 高红姝
请同学们谈谈活动感受 (深圳市翠北小学) 精 顶	高红姝 2009-06-07	24	89	2009-06-07 12:34 by: 高红姝
大家认为谁来当书籍的管理员好?(深圳市翠北小学) 精 顶	彭靖雯 2009-04-24	55	245	2009-06-03 21:08 by: 黎佩雯
你最喜欢的图书室是怎样的?(深圳市翠北小学) 精 顶	高红姝 2009-04-05	44	295	2009-05-26 21:19 by: 王子豪
你梦想的图书室(深圳市翠北小学) 精 顶	森源 2009-04-24	98	358	2009-05-26 21:16 by: 王子豪
我们的图书室应该是怎么样的(深圳市翠北小学) 精 顶	宫雨露 2009-04-14	68	300	2009-05-25 12:08 by: 范伶娜
图书室开放时间(深圳市翠北小学) 精 顶	黄晓雅 2009-03-28	869	1714	2009-05-25 11:59 by: 范伶娜
统计大家喜欢的书(深圳市翠北小学) 精 顶	彭靖雯 2009-03-28	97	601	2009-05-25 11:04 by: 王子豪
计算图书室面积(深圳市翠北小学) 精 顶	高红姝 2009-04-30	598	1139	2009-05-25 11:03 by: 王子豪
设计图书室!(深圳市翠北小学) 精 顶	高红姝 2009-04-30	174	560	2009-05-21 12:07 by: 林琪欣
借书不还者该怎么处罚(深圳市翠北小学) 精 顶	何淑媛 2009-04-25	157	444	2009-05-21 12:05 by: 曾耀城
请大家设计图书室的环境(深圳市翠北小学) 精 顶	桂楚昕 2009-03-28	54	212	2009-05-21 12:01 by: 邝欣芮
大家来发表下爱书标语吖!(深圳市翠北小学) 精 顶	黄昊霖 2009-03-30	279	1101	2009-05-21 12:01 by: 周泽宇
你觉得那些书对学生有好处(深圳市翠北小学) 精 顶	李嘉瑶 2009-04-25	305	548	2009-05-21 12:00 by: 周泽宇

图 8.2.1　设计图书室项目论坛(部分)

发表的帖子对学生很有吸引力，回复和人气都相当高。

（二）博客

学习者如何将学习过程中获得的隐性知识显性化并与他人分享是一个较为复杂的问题。博客的易编辑性、易管理性、多媒体性、可共享性等特点为此提供了很好的解决方案。[①] 通过博客，学生可以记录学习过程、展示知识成果、整合相关资源、进行在线反思等，如图 8.2.2 所示。在国内比较常用的有新浪博客、搜狐博客、博客动力等。网络博客具备以下作品管理功能。

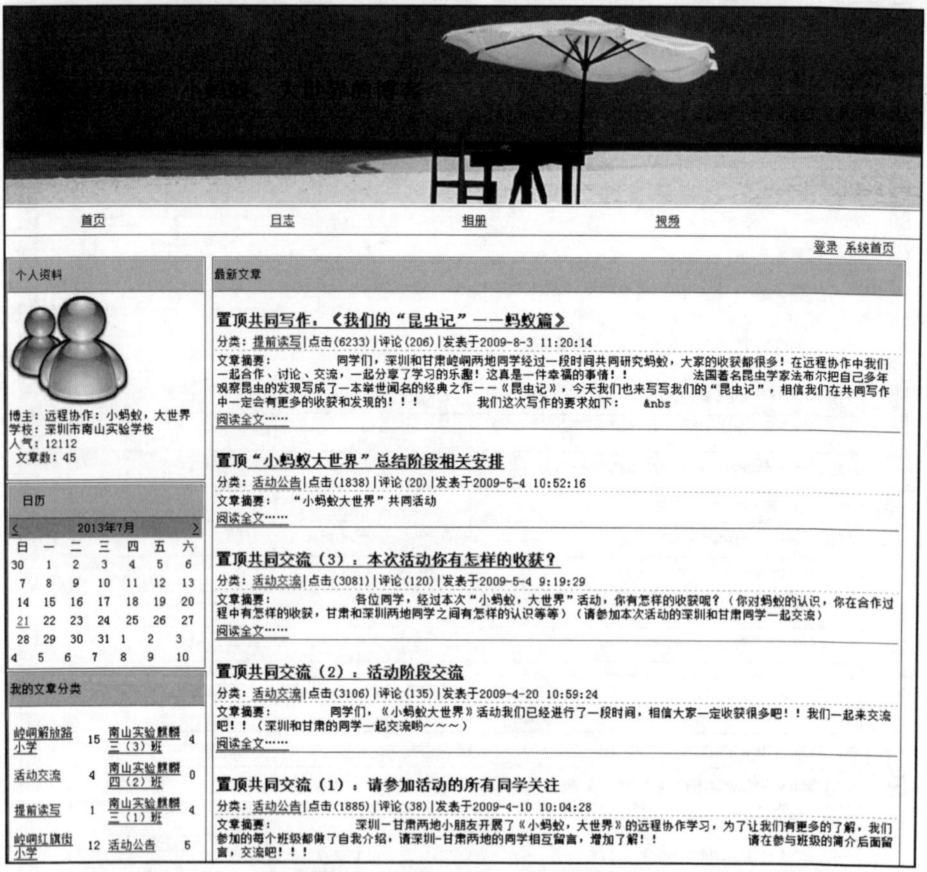

图 8.2.2　项目学习作品管理博客

（1）资料积累的功能。学生可以将项目计划书、项目进度表、项目学习日志、收集到的资料、项目学习作品等内容都记录在博客之中。这样，在项目学习活动结束后，该项目的主要资料都可以清晰地看到。

① 程姗姗.基于 BLOG 的学习策略研究[D].江西师范大学，2007.

（2）资料展示的功能。因为博客是面向所有人开放的网页，这样学生也可以从博客上看到其他小组的项目学习进展情况。

（3）互动交流的功能。每个人都可以对他人的学习发表评论，博客的主人也可以通过回复进行回应，这样可以促进同学之间的交流，有利于项目学习的开展。

（4）个别评价的功能。在项目学习中，一般以小组形式开展活动，小组中各个成员的分工有时并不明显，每名学生的贡献也不一样。而将博客作为项目学习平台，可以很清楚地从每名学生的发表文章的数目和质量上来评价他的参与情况，这是对教师日常观察的一个非常好的补充。

（5）促进学生积极思考、及时整理、主动表达，培养良好的项目学习意识，形成良好的学习和反思习惯。

把博客应用到项目学习中后，每名学生完成的课业都可以用数字方式记录下来，这就形成了一个电子档案袋。其中包括学生创作的内容、资源的链接、文档（Word，Excel 和 PowerPoint 等）等，这非常适用于项目学习作品的管理。

（三）电子邮件

电子邮件是项目学习中作品管理的一种简便方式。在资源推送上，教师利用电子邮件的群发功能可以向所有学生发送电子文档、模板、资源等，同时发布作业的提交要求。为确认所有学生都已经收到邮件，可以在发送邮件时设置已读回执。在作品收集上，由于开展项目学习的时间比较长，不方便进行作品的统一收集，教师可以要求学生把作品在规定时间前发送到指定邮箱，并规定好标题的格式，方便项目学习作品的整理。

（四）云存储服务

云存储是在云计算（Cloud Computing）概念上延伸和发展出来的一个新的概念，是指通过集群应用、网格技术或分布式文件系统等功能，将网络中大量的各种不同类型的存储设备通过应用软件集合起来协同工作，共同对外提供数据存储和业务访问功能的一个系统。目前，国内比较普遍使用的免费云存储服务有百度云盘、腾讯微云、360 云盘和金山快盘等。

云存储服务以其文件同步、文件备份和文件共享功能，为项目学习的作品管理提供了便利。下面以金山快盘为例介绍云存储服务在项目学习作品管理中的应用。

将金山快盘作为项目学习作品管理及协作学习的平台，能够为项目学习提供便利。小组成员安装快盘客户端后，可以将小组学习资料和学习作品放入指定文件夹，然后就会被同步到该用户装有快盘的 Windows 电脑、Mac 电脑、Android 手机、iPhone、iPad 甚至快盘的官网中。此外，还可以将快盘里的某些文件或文件夹设置共享给小组成员，只要文件夹中的文件有任意改动，小组成员都能立即看到最新版本。每个小组成员都可以往小组云盘中分门别类地放置学习材料、编辑项目学习作品，最终形成小组成果(见图 8.2.3)。

图 8.2.3 使用网络云存储管理项目学习作品

(五) QQ 群共享

QQ 群共享是腾讯 QQ 中一个很重要的功能，它允许上传或下载资料，从而实现资源的共享。项目学习需要学生搜集大量资料，同时在项目学习过程中会产生大量的作品，通过 QQ 群共享功能可以很方便地将项目学习作品展示和共享给其他学生。

在项目学习开展前，教师可以建立一个 QQ 群，将与项目有关的学生加入该群中。教师可以在群共享中上传与项目学习相关的资料，发布作品提交要求，确定作品的命名方式。而后，让学生按照项目学习进度表上的时间要求提交阶段性成果和项目学习的最终成果。

(六) Google Docs

Google Docs 是谷歌公司一个典型的云计算产品，类似于微软 office 的一套在线办公软件。这些工具允许在任何地点和任何时间创建、编辑文档，而且还可以多人同时合作编辑文档。这些文档被存储在互联网上，可以通过互联网在任意一台电脑上访问它。

Google Docs 的很多特色功能都可以为项目学习提供便利。将 Google Docs 作为项目学习的网络协作平台，小组成员可以把与项目学习相关的文档上传到 Google Docs，并通过文件夹的方式进行管理，这样小组成员即可以进行资源共享。小组成员还可以通过 Google Docs 的协同编辑功能共同完成项目学习的文档，并且可以通过 Google Docs 的演示文稿功能进行成员间的汇报交流。

四、项目沟通的方法

项目学习开展过程中需要学习小组成员分别扮演不同的角色并借助各种网络资源开展探究活动，学习结果也需要通过电子作品的形式进行展示和共享。小组学习任务的复杂性决定了项目学习需要不断提升学生的协作交流能力，以下为项目学习中常用的几种项目沟通方法。

（一）小组讨论法

小组讨论是指小组成员交换信息和观点，以便更好地理解或解决一个共同的问题而进行的口头交际活动。这种方法使所有的学生都有机会表达自己的思想观点，锻炼和证明自己的能力；听取组员的想法，纠正他人的错误，丰富自己的知识，从而形成新思路、新方案。

小组讨论法在项目学习中应用非常广泛，适用于组内成员的讨论。制定项目计划书、编写项目进度表、撰写调研报告和分析报告等，都需要用到小组讨论法。同时，在项目学习活动开展过程中，组内成员遇到问题或困惑时，小组长应及时组织小组成员进行讨论，共同解决问题。

（二）团队沟通调谐规程法

团队沟通调谐规程法主要适应于组间的沟通与交流，其主要步骤如下：

（1）选择两组学生，每组 4~5 名学生，这些学生必须是在做同一个项目，或者做同一个项目中相同部分的工作。

（2）小组 A 先作陈述，介绍他们理解和设计的项目愿景、项目活动、项目成果。小组 B 认真倾听，不作回应或提问。

（3）小组 B 向小组 A 提问，讲明对小组 A 刚才陈述的理解。

（4）接下来小组 B 各成员思考如何进一步反馈，可以从“冷”和“暖”两方面问题考虑，“冷问题”是指从消极的角度提问，“暖问题”是指从积极的角度提问。

（5）小组 B 成员讨论各自的“暖问题”，统一意见后给出积极的反馈，小组 A 成员记下来但并不马上回应。

(6) 小组 B 成员讨论各自的“冷问题”,统一意见后给出批判性(但不刻薄)的反馈,小组 A 成员记下来但并不马上回应。

(7) 小组 A 对小组 B 的问题作出回答,双方进行开放的交流。

这种方法也适用于三个或三个以上的小组,各组轮流陈述并得到其他组的反馈。各步骤的时间可以根据情况作出调整,但是每个步骤都很重要。

(三) 主题班会

主题班会是各小组进行项目沟通与汇报的形式之一,是教师根据项目开展的具体情况而组织开展的一种班会活动。这种方式的沟通步骤如下:

(1) 各小组准备好汇报资料。

(2) 各小组选派一名成员到讲台上进行汇报。汇报内容主要是本小组的项目开展情况,包括取得了哪些成果,遇到了哪些问题与困惑,希望获得什么样的帮助。

(3) 其他小组的成员对汇报小组进行提问或者针对他们遇到的问题给出建议。

(4) 汇报小组回答提问者的问题。

(5) 汇报小组将其他小组成员给出的建议记录下来。

小组轮流开展这种形式的汇报,每组汇报完之后,教师都应该对其汇报情况进行总结,并针对他们的问题与困惑给出相应的建议。全部小组汇报完之后,教师应对本次主题班会的情况作出总结,分析项目学习活动开展过程中遇到的问题,并根据实际情况调整项目学习进度。

(四) “鱼缸式”讨论法

“鱼缸式”讨论法是主题班会的一个变形。汇报项目学习活动的进展情况的学生坐在全班其余同学围成的大圈中间,外围同学作为听众,也可以不时地参与讨论。具体的操作步骤如下:

(1) 学生围坐成一个圆圈。

(2) 在大圆圈(外圈)的中间摆 5~7 把椅子,组成一个小圆圈(内圈)。

(3) 选几位学生坐在内圈,内圈留出一把空椅子。

(4) 内圈的学生讨论项目的进展情况,外圈的学生观察和倾听。外圈的学生如果有问题或者建议,可以坐在内圈的那把空椅子上发言,发完言后就回到外圈,其他人可以再加入。

“鱼缸式”讨论法可用于项目计划或其他需要小组讨论的场合。

第九章
项目学习评价

项目学习评价是根据教学目标,收集学生在项目学习活动过程中的客观资料、信息和数据,对学生的学习态度、学习行为和学习结果进行科学的分析,并做出价值判断的过程,它在项目学习过程中发挥着导向、监控和激励作用。其基本过程是:确定评价目标→设计评价工具→收集反映学习情况的数据与资料→分析评价→制作评价报告。评价过程中可按实际需求采用量规、概念图、电子档案袋、反思日志等评价手段,对项目学习的计划、过程以及结果进行科学的分析并做出价值性判断。

第一节　项目学习评价的基本框架

一、项目学习评价的基本过程

项目学习评价开展的基本过程包括:确定评价目标(包括明确评价对象、评价标准)、设计评价工具、收集反映学习情况的数据与资料、分析评价、制作评价报告五个环节。项目学习评价的基本过程及相关评价工具如图 9.1.1 所示。①

(一) 确定评价目标

确定评价目标是进行项目学习评价的基础,它包括明确评价的对象和评价的标准两部分内容。项目学习评价主要以项目学习的目标为依据。在项目学习中,学习评价的出发点应当是促进学生个人和小组的进步,而非单纯判断学生成绩的高低。一般需要对项目学习计划、学习过程以及学习成果进行详细且合理的评价。

由于学生所进行的学习是开放性的、具有高度挑战性的,没有统一的客观标准可供参照,因此需要学生对自己和他人学习中的进步与最终结果进行不

① 柯清超.混合学习的评价方法——以中小学教师教育技术能力培训课程为例[J].电化教育研究,2008(8):16-19.

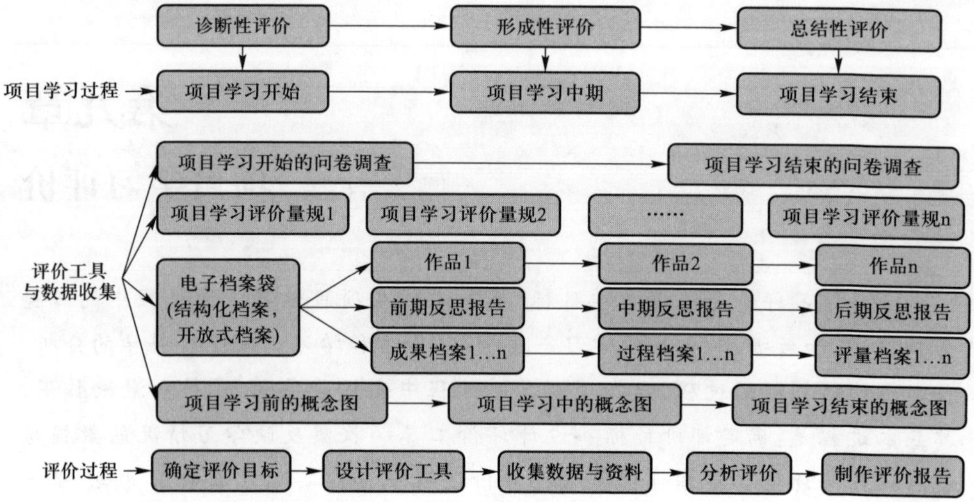

图 9.1.1　项目学习评价的过程与工具

断地反思与评价,从中获取反馈信息,以利于进一步的监控和调整,从而实现最终的目标。

(二)设计评价工具

为了对项目学习进行全面的评价,需要设计相应的评价工具,常用的评价工具有:调查问卷、评价量规、电子档案袋、观察表、学习日志、概念图等。在开展项目学习过程中要根据评价的内容与维度选择合适的评价工具进行评价。

(三)收集数据与资料

数据和资料是学生在项目学习活动过程中产生的行为表现的描述性材料。它是描述和判断学生发展的依据,具有较强的针对性和反思性,是学生寻找自己成长足迹和改进学习,教师改进教学的第一手资料。项目学习的数据与资料包括量化资料和质性资料。通过调查问卷、量表等量化的评价方法收集的资料属于量化资料。而通过电子档案袋、学习日志等评价方法收集的学生在项目学习活动中的表现性数据,则是属于质性资料的范畴。这些质性资料在内容和形式上能反映学生在项目学习中某一活动或某一阶段的特征,能够记录学生在项目学习活动中各方面的参与情况,充分展示学生的情感、态度和价值观。

(四)分析评价

为了解项目学习活动的开展情况,教师要将活动中收集的数据与资料进行分析。对于收集到的量化资料,可以先根据需要进行统计处理,制作成图表,然后对资料做进一步的分析,考察各种现象之间的相互关系。对于收集到的质性资料，则可以先根据实际情况采用质性的评价方法进行分析，然后将各项评价资料进行综合分析，以反思、改进项目学习过程。

（五）制作评价报告

评价报告可以是正式的，也可以是非正式的；可以是描述性的，也可以是数据分析性的。在制作评价报告时，评价者所要做的不仅仅是形成最终报告和表明结果，还应该展示他们是如何收集资料，如何从分析中得出结论，以及他们对问题解决的建议。评价报告的内容一般包括：设计成果的名称和宗旨、评价的要求和过程、评价的结果及结果分析、修改的建议和措施、评价的时间等，评价报告以简明扼要为宜。

二、项目学习计划评价

项目学习的计划评价，也就是项目学习方案的可行性评价。项目学习计划指的是在项目学习开展之前，为项目学习制订的合理计划，包括学习任务分解、学习活动设计、学习资源设计、学习评价设计以及学习时间安排等的详细规划。因此，项目学习计划评价也主要从项目学习任务设计、项目学习活动设计、项目学习资源设计、项目学习评价设计以及项目时间安排这五个方面进行。

（一）项目学习任务设计

项目学习任务不是活动的目标，而是为达到既定的项目学习目标需要完成的探究内容。学习任务既是对学习内容的描述，也是对学习过程和成果的描述。项目学习任务设计的评价主要看是否符合以下要求：应在新的知识技能与学生生活经验、实践领域以及学生的兴趣点之间建立联系，应能促进学生高级思维能力的培养，应切合项目学习的目标，难度应适中，应具有连贯性且可操作性强。

（二）项目学习活动设计

学习活动是联系学习内容和学习成果的桥梁，可以用直观、形象的活动流程图来呈现。项目学习活动的规划是项目学习计划的重点内容，活动的组织形式、呈现方式等会影响学生的学习兴趣。项目学习活动设计的评价可从以下几方面进行：是否明确各个活动阶段的实施顺序；是否清楚描述每个阶段所要实施的活动内容；是否便于教师和学生充分掌握活动的具体实施步骤，确保活动的有效实施。

（三）项目学习资源设计

项目学习资源既包括多媒体教室、电脑室等硬件资源，也包括教师提供给学生的与项目主题相关的信息、学习工具等软件资源。项目学习资源设计的评价主要考量是否对支持项目学习活动开展的学习资源进行一定的规划与预设。

（四）项目学习评价设计

评价是项目学习活动的重要组成部分，在项目活动开始之前就应设计好作品评价、过程评价等内容。项目学习评价的设计主要从以下几方面进行：学习评价的对象是否明确，评价内容是否具体，评价方式是否恰当，针对评价方式制订的相应评价工具是否合理，能否让学生对自己要达到的目标有明确的认识。

（五）项目时间安排

项目学习的开展周期应结合主题实际情况（例如种植类的研究主题，需要根据所种植物的实际生长周期来确定研究活动开展时间长短）决定，一般的开展周期为 1~4 周。项目时间安排的评价可从以下几方面进行：各活动阶段的时间周期是否清晰；每一阶段中涉及的教师活动与学生活动是否具体；是否清楚表达了各活动阶段要达到的目标。

项目学习计划评价本质上是诊断性评价，是对达到目标所需的条件、资源等方面的可行性和效用性进行评价，也即根据各方面的条件对项目计划的可行性和合理性进行评价。计划评价适用的评价方法有基于量规的评价、专家评价等。

三、项目学习过程评价

项目学习过程评价的主要目的是为了及时反馈与调节学生的项目学习活动，以更好促进学生的发展。项目学习过程评价以质性评价为主，主要围绕项目学习的各项要素，从活动参与情况、交流反思情况、资源利用情况和阶段性任务完成情况这几个维度展开。

（一）活动参与情况

项目学习过程中，教师、学生、资源之间都存在交互。可以通过了解学生与教师、同伴和资源的交互情况，如师生交流频次、学生发言记录、学生完成的作品、电子档案袋，或者让学生填写“小组活动学生参与情况评价量规”等，对学生学习活动的参与情况及其有效性进行判断。

（二）交流反思情况

项目学习强调小组协作，学习共同体是项目学习的一个关键要素，在这个团体中的成员通过共享、交流与有效地协作相互影响，最终促进学生个人和团体的共同提高。可通过课堂观察，分析学习日志、师生交流频次、团队合作交流的发言记录，或者让学生填写“小组交流反思情况评价量规”等方法对学生的交流反思情况进行评价。

（三）资源利用情况

项目学习的资源有不同类型：预设学习资源、相关学习资源和泛在学习资源，具体如表 9.1.1 所示。可以从学生点击浏览资源时长、下载资源次数等方面评价资源利用情况。

表 9.1.1　项目学习资源的类型

类型	含义	表现形式
预设学习资源	根据项目学习要求，由教师（或教师与学生）预先制作或设定的资源，具有良好的组织性和针对性，为帮助学生解决问题而提供	网络资源表现形式为预先制订的专题网站；常规资源的表现形式为围绕项目主题预先收集的文本、图片、视频剪辑和多媒体课件等资料
相关学习资源	围绕项目主体，有确定搜索范围的相关资源。这些资源可以由教师推荐，或发动学生相互推荐	网络表现形式为相关资源网站，如科学探索网、科普学习网等；常规资源的表现形式为图书馆、科技馆、书籍、报刊、杂志、电视节目等相关内容
泛在学习资源	广泛存在的各种资源	整个互联网所拥有的信息资源。学生要对这些信息资源进行分析、综合等处理后才有可能成为对解决问题有用的信息

（四）阶段性任务完成情况

项目学习过程评价注重形成性评价，其实施应与项目学习的任务实施相结合。评价当前任务的完成情况，一方面可以判定学生当前学习任务的完成情况，思考任务是否能提高学生的思维水平和问题解决的能力，是否适合学生身心发展水平，以及是否顺应多种学习方式和风格；另一方面还可以对下一阶段的项目活动提供前期诊断和有效建议。具体可通过评价学生提交的阶段性作品、查看电子档案袋等方式进行。

四、项目学习成果评价

项目学习成果评价，主要是对项目学习所达到的目标或取得的成果进行衡量和解释。成果评价是对项目学习的终结性评价,评价方式主要包括教师评价、学生自评与学生互评。教师评价是指教师对学生学习成果的整体评价,目的是了解学生的学习效果;学生自评是指学生对自己的学习成果进行的评价,目的是了解自身的学习状况,并对自己的学习过程进行反思,据此调整自己的学习方式,为未来更有效的学习打下基础。

美国当代心理学家加涅(Gagne)将学习结果分为以下五类:言语信息、智力技能、认知策略、动作技能和态度。根据该分类,并结合项目学习的特点,确定项目学习成果评价的主要内容包括:学习态度、任务完成情况以及研究成果。

(一) 学习态度

从获取知识的角度来看,学生的学习态度是一种内在的活跃,态度的形成和转变是后天学习的结果。项目学习态度的评价包括以下几方面:学生能否主动、积极地参与学习活动;在学习活动过程中能否全身心投入;能否积极主动思考,为达到目标而反复合作;能否认真接受老师的指导。

(二) 任务完成情况

对学生学习任务完成情况的评价主要包括学习任务的完成程度和完成效率等方面。在项目学习过程中,学生讨论问题、收集与问题相关的材料、找到问题解决的方法、与他人交流对问题的看法或分享成果、共同制作作品等,都是任务完成情况的表现。

(三) 研究成果

研究成果的评价,包括阶段性学习作品评价和项目学习最终成果的评价。阶段性作品的评价可从是否按时提交阶段性作品、是否按质按量完成阶段性作品、是否符合阶段性学习目标、形式是否多样化等方面进行;项目学习最终成果则可从是否丰富且形式独特、是否符合项目学习目标、是否回答了项目学习中的关键问题、是否合理和具有创造性等方面进行评价。

综上所述,针对不同的评价类型或出发视角,具体的评价目标及方法有不同的要求,具体见表 9.1.2。

表 9.1.2 项目学习评价

类型	计划评价	过程评价	成果评价
评价目标	说明学生整体的学习条件	评价学生项目学习状况	评价学生项目学习成果

续表

类型	计划评价	过程评价	成果评价
评价方法	专家评价、量规	收集学生的项目学习行为数据，生成项目学习报告，反馈学习情况	收集学生的项目学习成果性资料，生成项目学习成果报告，反馈学习情况
评价指标	1. 学习任务设计 2. 学习活动设计 3. 学习资源设计 4. 学习评价设计 5. 项目时间安排	1. 学生活动参与情况 2. 学生交流反思情况 3. 资源利用情况 4. 阶段性任务完成情况	1. 学习态度 2. 任务完成情况 3. 研究成果
反馈与决策的关系	决定是否需要改善学习条件，增加对学生学习方法、策略的指导	决定是否调节项目活动进度以及对学生的指导建议	决定对学生的指导建议，评定学生的学习成果

第二节　项目学习的评价工具

除了测验、调查、观察等传统的学习评价手段外，还有其他评价方法支持项目学习评价的开展，例如量规、电子档案袋评价工具、概念图工具、反思性档案工具（如博客、论坛）等。项目学习的评价应根据学习目标的要求，全面反映学生的真实水平和能力，综合运用多样化的评价方法和评价手段对学习过程和学习效果进行评价。

一、基于量规的评价

量规（Rubrics）是一种结构化的定量评价工具，一般包括评价指标、测量等级、评价标准三部分，常用的评价量规模板如表 9.2.1 所示。量规的作用一般体现于两类使用者——教师与学生。对教师来说，量规是一种强大的评价工具，减少了教师评价学生作品所需的时间；此外，量规还明确了教师对学生的要求，以及对优秀作品和表现的期望。对学生来说，量规可以帮助他们了解教师对自己作品以及表现的期望；量规使学生获得对自己作品以及表现的信息反馈;量规使得学生成为自我评价者;量规支持学生学习技能、理解技能、优秀思维方式的发展;此外,量规是一种强大的动机促进工具,使得学生关注如何能取得更好的成绩。

表 9.2.1　评价量规模板

	指标权重(%)	优秀(反映任务完成最好时的行为特征)	良好(反映任务完成较好时的行为特征)	一般(反映任务完成一般时的行为特征)	需努力(反映任务完成较差时的行为特征)	自评	互评	师评	加分
评价指标 1									
评价指标 2									
评价指标 3									

(一) 量规在项目学习中的应用

评价量规能有效评价学生动手实践能力、与他人协作的能力、问题解决能力以及情感态度等方面的变化过程,其实用性与可操作性得到了国内外的普遍认可。使用量规进行项目学习评价时,应注意以下几点:

(1) 在项目学习开展之前就向学生提供评价量规,以发挥量规对帮助学生明确学习预期目的和学习过程的指导作用。

(2) 评价过程本身就是一种重要的学习体验,在这种体验中还可以提高学生的评价能力。因此,要充分利用评价量规促进学生自评和互评。

(3) 学习的过程中,教师要不断提醒学生注意量规的要求,对有问题的地方及时提供反馈,强调要随时进行评价。

(4) 建议与其他评价工具配合使用,如范例、概念图等。

(5) 教师可以将"师评"与"学生自评""同伴互评"相结合,同时还可以让家长使用量规帮助孩子进行学习评价,降低评价的主观随意性。此外,还可根据学生的自评、互评是否符合客观实际情况给予一定的加减分,以激励学生对自己和他人进行客观、公正地评价。

(二) 量规的设计方法

一个有效的项目学习评价量规的主要评价指标应该与项目学习目标紧密结合,把和学习目标相关的各项指标都包含到量规中,指标之间不要有交叉。要尽可能用简短的词语进行描述,并包含所评价绩效的所有重要元素。评价等级应当是明显的、全面的和描述性的，且运用具体的、可操作性的描述语言清晰地说明量规的每一部分。由于量规的设计没有一个严格统一的程序，本书认为可采用以下步骤帮助把握量规设计的要点。

（1）明确评价目标与内容。项目学习目标不仅是项目活动的指南，而且是项目学习评价的依据。项目学习目标不仅体现在知识建构层次，还强调学生高阶思维、协作能力和信息素养等综合素质的培养。项目学习目标是否得以实现，不仅仅体现在最终学习成果上，还体现在共同体内部的交互、学习资源的利用、学习态度的形成、学习策略的运用等方面。

（2）确定主要评价指标。在设计量规时，应根据项目学习的目标、内容和学生水平来确定评价量规的各项评价指标。项目学习中常见的一级指标分类法可以按任务划分指标分类、按学习活动划分指标分类或按作品划分指标分类，如表 9.2.2 所示。

表 9.2.2　项目学习中常见的一级指标分类法

分类方式	特点	举例
以任务划分指标分类	思路清晰、操作性强，层层划分，一目了然，但不容易突出评价的重点	根据项目学习的具体任务划分一级指标，如任务 1、任务 2 等，再将各个任务中的学习活动、学习作品等作为二级指标
以学习活动划分指标分类	能够突出项目学习中重要的学习活动，有利于学生把握项目学习中的关键部分，使学生对学习活动的目标更加明确，对于学习的指导性较强，但对学生的学习过程考虑相对较少	在一个以“BT 下载”为主题的项目中，将评价指标划分为：合作学习、资料搜索、质疑及讨论、简报内容、简报设计、汇报表现等几个方面
以作品划分指标分类	仅侧重对学生作品进行评价，局限性较大，在对学生学习的过程性评价方面有失偏颇	针对一个“植物浇水器”为主题的项目学习作品进行评价，将评价指标划分为：科学性、实用性、效益性等几个方面

（3）设计评价指标权重（也可不用）。根据选出的评价指标在项目学习目标和结果中的重要性，确定各指标的权重（分数）。

（4）为每一个指标划分等级，等级一般分为三个等级（如：好、中、差）或者四个等级（如：A、B、C、D，或者起点水平、有进步、掌握水平、成为典范）。各个等级的名称不定,关键在各个等级的评价标准要能够体现出等级之间的层次。一般来说,三等级和四等级的量规比较常见,五等级或以上的量规相对较少使用。

(5) 确定每个评价指标各等级的评价标准,应尽可能用具体、清晰、可操作性的语言来描述,量规各等级必须尽可能接近等距离,例如水平 1 和 2 之间的距离应当和水平 2 和 3 间的距离相等。

(6) 设计一个表格,包括评价指标和评价标准两个维度。

(7) 在初期尽量与学生、同事、家长、专家等共享所设计的评价量规,根据各方反馈意见来调整、修订量规。

(8) 使用评价量规,并根据使用情况和反馈在实践中不断修订评价量规。

(三) 项目学习评价的基本量规

在项目学习评价中,量规是一种具有很强实用性与操作性的评价工具。评价量规多用于评价学生的表现,也可用于评价项目学习的选题和整个项目的开展情况。根据量规的评价目的和评价对象的不同,下面设计了针对项目学习目标评价、项目学习计划评价、项目学习过程评价和项目学习成果评价的基本量规。

1. 目标评价的基本量规

项目学习的目标评价量规用于给项目目标的制订提供参照,一方面使教师明确项目学习目标的基本要求,另一方面能够让教师初步制定目标后进行自我评价。项目学习目标评价量规设计如表 9.2.3 所示。

表 9.2.3 项目学习的目标评价量规

评价内容	4	3	2	1
课程和标准	支持适合于学习对象的跨学科内容,并且与课程标准(教学大纲)的要求一致	较为清楚地说明了目标与标准(教学大纲)之间的关系	很少说明目标与标准(教学大纲)之间的关系	没有说明该目标所依据的课程标准(教学大纲)
以学生为中心	有吸引力,并能够促使学生更有创造性;支持学生的自主选择,通过将至少一个目标设计成开放性质的,来鼓励学生对自己的学习负责	有吸引力,并且教学灵活,支持学生的自主选择,能够抓住学生的兴趣点	有吸引力,但学生的自主选择和学习弹性是受限制的	缺乏吸引力,学生不能弹性地选择或自定步骤和最终产品

续表

评价内容	4	3	2	1
表述详细与清晰	清楚地描述了学习目标，可以方便学生了解自己通过项目学习能够达到什么状态	大部分学习目标描述清晰，只有个别例外	只有少部分学习目标描述清晰	表述过于简洁，缺乏详细的描述，学生不了解成功的状态
总分				

2. 计划评价的基本量规

一份指导性强和可操作性强的项目学习计划是项目活动顺利开展的基础。项目学习计划的合理性直接影响整个活动的实施。为了更好地设计和评价项目计划，根据项目学习设计的原则，可以设计项目学习计划的评价量规，从学习任务、学习活动、学习资源、时间安排、学习评价等方面检验项目计划，如表 9.2.4 所示。

表 9.2.4　项目学习的计划评价量规

评价内容	编号	标准描述	好	中	差
学习任务	1	选择了反映真实或接近真实生活的内容			
	2	综合性强，与项目学习目标紧密联系，涵盖项目涉及的所有知识点			
	3	任务呈现方式有效表达任务情境，增加对任务理解的帮助			
	4	难度适中，遵循维果斯基的最近发展区理论，即所设计的项目任务难度略微超出学生的现有认知能力或接近学生的已有知识经验，能调动学生学习的积极主动性			
	5	任务之间具有连贯性，需要学生去协作才能完成			
	6	解决方案没有绝对正误之分，不唯一			
学习活动	1	设计很多不同的活动			
	2	各个活动的实施顺序合理			
	3	对每个阶段所要实施的活动内容描述清楚，增加对活动步骤理解的帮助			

续表

评价内容	编号	标准描述	好	中	差
学习资源	1	具有可上网的计算机等硬件资源			
	2	提供学生网上交流平台或工具和一些必要软件			
时间计划	1	项目周期符合项目主题和任务需求			
	2	时间阶段划分合理,符合项目活动开展需求			
学习评价	1	对学生的学习成果有明确、清晰的评价标准			
	2	项目学习目标和学习成果评估标准之间有明确的关系			
	3	包括一些评价工具,可以进行务实的评价和评估			
结论					

3. 过程评价的基本量规

项目学习的过程评价注重评价的发展性功能,强调通过评价及时发现学生在学习中存在的问题或困难,不断改进学生的项目学习,以更好地促进学生发展。过程评价强调学生的参与,主要形式为教师评价、学生自评和互评。如前文所述,过程评价主要从活动参与情况、交流反思情况和阶段性任务完成情况等方面开展。其中,每个方面的评价都可以独立开展,为了方便使用,可以分别设计量规进行单独评价,如表 9.2.5、表 9.2.6 和表 9.2.7 所示。

表 9.2.5 小组活动学生参与情况评价量规

评价内容	自评	互评	师评
1. 能按时到位,不迟到,不早退			
2. 乐于合作,能和同学交流,尊重他人			
3. 在活动中遇到困难不退缩,并且自己想办法解决问题			
4. 能独立思考、自主学习、主动发现问题、提出问题、寻求解决问题的方法			
5. 能用多种途径获取信息			
6. 善于提问,乐于探究			
7. 能认真听老师指导意见、积极回答老师提出的问题			

续表

评价内容	自评	互评	师评
8. 能善于倾听同学的发言，并能给出正确的评价			

我的收获：

我还需要努力的是：

A 等：涂满五颗☆ B 等：涂满四颗☆ C 等：涂满 3 颗☆ D 等：涂满二颗☆以下

表 9.2.6 小组交流反思情况评价量规

评价内容	标准描述	优秀 9~10	良好 7~8	一般 5~6	差 0~4	师评
人际交流技能	口头或利用网络明确表达自己的想法					
	口头或利用网络与其他同学针对某一问题进行深入讨论					
	积极听取他人给自己提出的意见					
	小组成员关系融洽，能够通过讨论共享他人的观点和想法					
	认真看同伴在讨论区的发言，积极进行交互					
	小组与小组的交流与合作很好					
合作完成任务技能	能及时、认真地完成组织分配的任务					
	能利用网络搜集和处理各种有用的学习资源					
	所有的小组成员都能经常积极参与项目活动					
	小组能够有效地利用各个成员的优势					

续表

评价内容	标准描述	优秀 9~10	良好 7~8	一般 5~6	差 0~4	师评
评价技能	认真地对小组伙伴的表现作出评价					
	对自己的作品或小组作品进行评价					
	对其他小组上传的作品发表自己的看法,并提出相应的修改意见					
总分						

表 9.2.7 阶段性任务完成情况

评价内容	编号	评价项目	获得的分数(0~5分)	
			个人	教师
个人时间管理	1	估算时间符合实际情况		
	2	为顺利完成工作制定进度表		
	3	有策略地为任务分配时间		
	4	按照进度表工作		
	5	按时完成任务		
个人任务管理	1	设定合适且现实的目标		
	2	在最低限度的监督下,能够自觉独立完成任务		
	3	坚持但不盲目固执		
	4	态度认真勤勉		
	5	征求并利用他人的反馈		
小组探究活动	1	探究手段多种多样,如访谈、实地调查等		
	2	有效地收集信息、选择信息、处理信息		
	3	活动经常采用信息技术		
	4	探究活动按计划有条不紊地进行		
	5	有详细的活动记录		

续表

评价内容	编号	评价项目	获得的分数(0~5分)	
			个人	教师
总分				
说明	优秀:75~65分;良好:65~50分;一般:50~35分;较差:35~0分			

4. 成果评价的基本量规

进行终结性评价,一方面通过确定本次项目中学生学到的知识与技能提高,判断是否达到学习目标,并为学生的个性化发展提供建议;另一方面,总结优势与不足,为下一阶段或下次项目的开展做好准备。根据项目学习成果评价的内涵和特点,下面提供如表9.2.8所示的终结性评价量规以供参考。

表9.2.8　项目学习终结性评价量规

评价内容	典范(10~8分)	表现不错(8~5分)	一般水准(5~0分)	得分
学习态度	学习兴趣浓厚,整个项目过程中能够主动、积极地参与项目活动	有学习兴趣,大多数时候能够主动、积极地参与项目活动	偶尔能够主动、积极地参与项目活动或者从不主动参与	
	能够按时完成承担的任务,并且在学习活动中积极主动思考	能够按时完成承担的任务	有时不能按时完成任务	
任务完成	小组按照计划成功完成全部任务	至少对任务中所涉及的一个方面缺少关注	没有完成任务,也没能做什么努力去完成任务	
	活动开展规范,有详细的活动记录,效率高	活动开展较规范,多数有活动记录	多数活动效率不高,没有活动记录	
	所有学生都积极参与小组活动,分工明确,共同承担任务	多数成员积极参与活动,任务主要由小组的几个成员承担	小组任务仅由小组中的一个人承担	

续表

评价内容	典范(10~8分)	表现不错(8~5分)	一般水准(5~0分)	得分
任务完成	每个小组成员都有明确的角色,并能有效完成自己角色的任务	小组成员角色基本明确,但成员没有很好执行自己角色的任务	小组成员之间并没有进行角色分配	
	可以看出最后的成果是小组共同努力的结果	大家在一起工作得很好,但是没能将每个人的技术发挥好	大家在一起工作中出现了一些问题,或者最后的成果不是小组合作完成的	
研究成果	研究成果丰富,形式独特,达到研究的目的,体现了小组合作研究的过程和各成员的贡献	成果基本达到研究的目的,基本能够体现研究过程,能体现多个成员的贡献	没有达到研究的目的,仅体现小组个别成员的贡献,不能充分体现研究的过程	
	回答了探究活动中的关键问题,并且清晰地阐明了内容的合理性	回答了探究活动中的关键问题,但不是所有内容的合理性都得到清晰的阐明	没能回答问题,并且对内容的合理性阐述得也不清晰	
	任务和成果本身体现了很高的创造性	任务和成果本身具有一定的创造性	任务和成果本身没有创造性	

项目评价过程中,选用这些量规时还应注意灵活处理,例如应判断量规是否包含了不需要的评价内容或者有些评价内容量规中并没有体现,如果有则需要适当修改量规后再使用。此外,还可以自由组合不同的量规,以取得更好的评价效果。

二、基于概念图的评价

基于概念图的项目学习评价,是指通过对学生概念图及其创作过程的评价,来实现对学生项目学习效果进行评判的一种方法。概念图评价有利于对学生陈述性知识组织的评价,能够引导学生从系统化、结构化、整体性的高度来关注新旧知识点及其相互联系,促进有意义学习的发生。此外,概念图为创造性思维能力和自我反思能力等高级思维的发展搭建了一个“脚手架”，有利于促进学生高级思维的发展。

（一）概念图在项目学习中的应用

学生可沿着时间或空间的维度创作概念图，以此识别、澄清和标识概念间的相互关系。在实际应用中，教师可以让学生就某一主题创建一个概念图，或在头脑风暴基础上共同创作。例如，教师通过对项目学习开始之前、项目学习过程中和项目学习结束时学生所绘制的概念图进行比较，可以很容易地发现学生在概念理解方面以及认知方面的变化，能够很清晰地显示：学生通过项目学习取得了哪些进步？他们的知识体系中存在着哪些缺陷？他们在哪些方面存在着误解？

概念图也是学生在项目学习中开展自我反思、自我评价的工具。例如，有的学生自认为对某些概念已经理解了，但是当绘制概念图，要把那些概念用线连接起来时，会感到困难或者出现连线错误，这说明学生对这些概念的关系和层次结构还没有掌握，并没有形成完整、清晰的认知结构。学生一旦发现了自己认知上的缺陷便可以及时学习以弥补不足，从而达到以评价促进发展的目的。

（二）概念图的评价方法

诺瓦克、鲁伊斯、莎沃森等人都对概念图在教育评价中的应用做了深入研究，并就“如何评价概念图”提出自己的一套评价方法。就目前的研究来看，对概念图的评价方法归纳起来有以下两种。

1. 利用评价指标体系评价概念图（见表 9.2.9 和表 9.2.10）

表 9.2.9 诺瓦克的概念图评价方法

成分	说明	评分
命题	两个概念之间的意义联系是否被学生用连线和连接语标明了？关系是否真实？	每个有意义的、真实的连线得 1 分
层次	概念图是否体现了层次结构？在所反映的知识中，下一层的概念是否比上一层更具体？	层次结构中，每个有效的层次得 5 分
横向联系	概念图是否说明了不同部分概念之间的意义联系？	每指出一个真实的、重要的横向联系得 10 分，每指出一个真实的、但不能表明概念或命题间的综合横向联系得 2 分
实例	指出作为概念的实例的事物	每举 1 例得 1 分

表 9.2.10　概念图评价表举例

评价内容	优秀(10分)	良好(8分)	一般(5分)	得分
综合性				
组织性				
正确性				

2. 利用比较法评价概念图

利用比较法评价概念图,即提供标准概念图并与学生制作的概念图作比较。使用这种评价方法时,首先应提供标准的概念图,它可以由学科专家或教师甚至是学生绘制,然后将所要评价的学生的概念图与标准概念图作比较。比较的内容包括概念、连接词、交叉连接、实例等方面,如果是等级概念图的话还可以比较等级水平。比较法虽然在应用上较为理想,然而其前提是必须承认"标准"概念图的存在。事实上,标准概念图只是一种理想状态,不同背景的人在不同状态下绘制出的概念图也是不同的。

三、基于电子档案袋的评价

电子档案袋评价是通过收集项目学习过程中产出的一系列作品(如日志、PPT、调查报告、实验报告、倡议书、宣传视频等),以学生的现实表现与成果作为判断学习者学习效果依据的一种评价方法,近年来受各国教育界普遍重视。档案袋评价的关键是建立学生的档案记录,实事求是地汇集学生学习开展过程中的一系列成果。电子档案袋通常包括多种数字化形式的学习材料,如下所示。

(1) 学生基本信息,如姓名、学号、年级等。

(2) 主题任务描述和学习计划安排,如学习计划表、探究计划或思路、研究活动的相关描述文档等。

(3) 项目学习过程中的相关资料,如观察日志、讨论过程、访谈记录、实验记录等。

(4) 制作的作品及选择的理由,如作业、调查报告、演示文档等。在档案袋里除了包含学生所制作的作品之外,还应该明确标注学生作品的创建时间、对作品的反思记录、作品制作理由的陈述等。

(5) 评价和反思,采取如教师评价、学生互评、自我评价与反思等方式。

(一) 电子档案袋在项目学习中的应用

电子档案袋材料的收集是与评价目标紧密联系在一起的。教师应根据评价目标确定好电子档案的主题、所要收集的材料等问题。材料的收集要服务于评价目的和目标，用于激励和促进学生的发展。电子档案袋在项目学习中的主要功能可以概括为以下方面：

（1）作品展示：在项目学习过程中，学生可以按自己的意愿把某个阶段自己最好的、最能反映自己进步的作品或对此做出的反思装入展示档案袋中，其内容是非标准化的。

（2）记录学生成长轨迹：包括学生不同时期的作品、教师平时观察或测试、家长评价、学生自我反思和自评、小组评价和互评等一切描述学生成长过程的资料，其内容通常涵盖一项任务或多项任务从起始阶段到完成阶段的整个过程，能较为准确地反映学生在一定时间段内的进步。

（3）水平评估：用于评估学生学习与发展水平的档案袋，其内容通常是标准化的。这种档案袋既可以作为衡量学习是否达标的依据，也可以用于衡量学生学习进度的阶段性总结。

（二）档案袋材料的分析方法

在学生完成一定阶段的学习后，可以对电子档案袋的使用状况和学生的学习情况进行评估和反思。学生档案袋的评价注重学生的个体差异，关注个人纵向的比较，让学生看到自己的进步，淡化横向的比较，避免学生产生自卑的心理。

电子档案袋可用于总结性评价，这时电子档案袋的评分方式有等级制和百分制。等级制有利于模糊个体之间的差异，百分制有利于提高评价的信度。评价电子档案袋可从两个方面进行：一是给电子档案袋中各项目打分，重在评价学生在某项目上取得的成果或所达到的高度；二是对电子档案袋进行总体综合评分，重在评价电子档案袋制作的总体质量水平。这一阶段的主要目的更倾向于发现项目学习中存在的问题和不足。

电子档案袋也可用于形成性评价。教师可以随时对学生某一段时间内的学习情况进行评价，把学生“学习档案袋”中这一时间内的内容一件件取出，与该学生共同讨论他的成长和变化情况。这样的评价相对于以分数作为结果的评价来说，更真实，更加贴近学生的实际生活，也更能让学生接受。

四、基于反思日志的评价

反思日志评价就是学生利用日记的形式将自己进行反思的结果记录下来，并据此进行发展水平和发展潜能判断的一种评价方法。根据布鲁巴克的“种类区分说”，可将反思分为对实践反思、在实践中反思、为实践反思三类。

反思起源于问题情境,学生在学习过程中遇到的困惑或新的发现便是反思的起点。在反思的基础上,学生积极地进行体验和思考,并从中学习和积累一定的实践经验,领悟自身发展过程的意义。学生的反思行为能够激发学生更高层次的反思和思维活动。学生通过及时的、阶段性的自我反思日志评价,让学生的主体性得到最大限度的发挥。

在项目学习中,反思日志的运用不仅可以起到评价作用,也可以促进学生多方面技能的提高,概括其优势有以下三个方面:

(1) 反思日志可以记录学生项目学习的经历及对此进行的反思,详细反映学生的进步过程;

(2) 反思日志可以增强学生对学习需求的意识,促使他们思考在项目学习中出现的问题,从而更加熟练地把握学习过程;

(3) 反思日志可以使教师知道学生心里的想法以及对项目活动的反馈意见,从而及时调整项目学习活动以便更贴近学生的需求。

反思日志的书写没有固定的格式,学生可随意进行。由于单纯的文字记录比较麻烦,学生每天书写工作量大,因此可以对反思日记的形式进行适当创新,例如让学生通过填写表格的形式完成反思日志的收集与评价工作。

第三节 项目学习的评价实施

开展项目学习的目的在于促进学生的有意义学习,帮助学生实现知识的主动建构,提升学生 21 世纪技能,促进学生的全面发展。因而,项目学习评价的实施应着眼于评价学生在项目学习中对 21 世纪技能的掌握情况。下面以知识建构、协作能力、思维发展和信息素养这四个方面的评价为例,讨论项目学习的评价实施。

一、知识建构的评价

对项目学习中学生知识建构的评价,需要回归项目所依托的课程目标本身,从课程目标出发,评价分析学生对应掌握知识的建构情况。项目学习强调学生通过项目活动主动建构知识,而非由教师一味灌输知识。因而,评价知识建构一般可以从以下两个方面进行:(1) 跟踪学生的活动开展过程,观察评价学生是否主动参与项目活动;(2) 通过分析学生在项目过程中形成的作品,评价学生是否能在项目活动中建构起新的知识。

下面介绍“植物攀爬的秘密”学习项目中对学生知识建构评价的实施。

“植物攀爬的秘密”是由长春和榆树两地的学生共同协作开展的一个学习项目。两地学生通过观察、调查、动手实践等方法对身边不同爬蔓植物向上攀爬的方式及方向等进行探究，在共同的探讨中发现问题，并围绕问题进行协作研究，进一步探讨植物攀爬的奥秘。

在实施评价时，教师根据项目目标，制作了一个如表 9.3.1 所示的学生知识建构检查表，并在此基础上，通过分析学生的作品，对学生知识建构情况进行评价。

表 9.3.1　学生知识建构检查表

知识目标	作品反映的知识建构情况
了解爬蔓植物的特点	优□　良□　中□　差□
了解爬蔓植物的攀爬方向	优□　良□　中□　差□
了解攀爬植物的规律及原因	优□　良□　中□　差□

（注：“优”表示学生通过项目活动主动完成知识建构，达到项目目标要求；“良”表示学生通过项目活动主动完成知识建构，基本达到项目目标要求；“中”表示学生被动接受知识，但仍能基本掌握知识；“差”表示学生未能掌握相应知识。）

在项目开展的第一阶段，学生寻找了吊瓜、苦瓜、葡萄蔓、黄瓜等身边常见的爬蔓植物，并仔细观察、记录这些爬蔓植物的特点，将观察结果制作成 PPT 作品。在这个过程中，学生表现出了较大的积极性，主动地参与观察爬蔓植物的活动，并对这些爬蔓植物共同存在的特点进行思考、分析与讨论。同时，通过分析学生制作的 PPT 作品，可以得知学生在经历了实地观察、思考、分析与讨论这一过程后，得出了爬蔓植物的特点，从而完成了“爬蔓植物的特点”这一知识的建构。在这个过程中，并非由教师将知识灌输给学生，而是由学生主动参与项目活动，并从中建构了新的知识。因而，学生对“爬蔓植物的特点”这一知识的建构情况为“优”。

> 它们（吊瓜、苦瓜、葡萄蔓、黄瓜等爬蔓植物）共同的特点是都有蔓，爬行时有的靠蔓抓住攀援物来固定植物。奇怪的是蔓也是逆时针缠绕的，这也是与地球的自传有关。聪明的植物总是与给它提供生存之地的地球保持一致，这样会长得更好，所以，我们不要随意破坏它的缠绕方向。
>
> ——摘自学生作品

同样，教师还对另外两个知识目标的建构情况进行评价分析，最终形成了如表 9.3.2 所示的评价结果。

表 9.3.2 学生知识建构检查表

知识目标	作品反映的知识建构情况
了解爬蔓植物的特点	优■ 良□ 中□ 差□
了解爬蔓植物的攀爬方向	优■ 良□ 中□ 差□
了解攀爬植物的规律及原因	优□ 良■ 中□ 差□

从表 9.3.2 中可以得出,在本项目活动过程中,学生的知识建构完成情况良好,对爬蔓植物的特点及攀爬方向有了较好的认识。但学生对“植物向上攀援规律的原因”这方面知识的建构还有待提高。

二、协作能力的评价

较高层次的协作要求学生共同承担工作职责,共同讨论话题、解决问题、制作产品,并在此过程中学会达成共识,分配任务,倾听他人意见以及统一大家的想法。学生可以和本班同学合作,也可以和本班以外的人(比如其他班级或其他学校的学生,甚至社区人员、领域专家)合作;可以面对面一起合作,也可以运用信息技术手段(如 BBS、博客、在线社区等)来分享思想或资源。

对于学生的协作能力,利用传统的评价方式(如考试)很难进行有效、真实的评价考察。在实施协作能力评价时,可以结合观察表单和评价量规这两种方式。前者主要是由教师借助观察表单来观察学生是否积极地参与到小组活动中,如表 9.3.3 便是一份简单的用于小组讨论活动中评价学生协作能力的观察表单;后者则是由学生和(或)教师利用评价量规(如“设计图书室”协作能力评价案例中使用的表 9.3.4)开展自评、互评、师评等多种方式,评价学生对小组活动的合作意识、参与态度,对小组任务完成的贡献程度,以及与其他成员的沟通技巧等。

表 9.3.3 讨论活动中学生协作能力的观察表单

观察项目	成员 1	成员 2	成员 3
对小组讨论活动做出贡献	√	√	√
主动提出问题	√		√
聆听并鼓励他人的发言	√	√	√

下面介绍“设计图书室”学习项目中对学生协作能力评价的实施。

“设计图书室”是由深圳市翠北小学和兰州市七里河王家堡小学的学生共

同协作开展的一个学习项目。该项目基于“两所合作的学校都打算要进行图书室装修”这一实际,组织学生利用已掌握的长方形、正方形面积计算方法和初步的统计知识进行图书室设计。该项目由分布在不同地区的两所学校的学习小组通过 QQ、“特酷学习平台”(http://www.tecol.org.cn)等远程通讯工具,形成学习共同体,围绕“设计图书室”这一主题,以远程协作的方式完成设计任务。

在这个项目开展过程中,存在面对面的协作与网络协作这两种不同的协作方式。因此,教师在实施协作能力评价时,也同时考虑了学生面对面协作能力与网络协作能力这两个方面。教师主要结合学生在项目开展过程中的表现和活动感言进行评价,并利用如表 9.3.4 所示的评价量表围绕面对面协作和网络协作能力开展师评、自评和同伴互评。

表 9.3.4 学生协作能力评价量表

	评价标准	等级	评价结果
参与情况	勇于承担重任,积极配合分工,认真完成任务,取得好的效果	优秀	
	服从工作分配,自觉完成任务,有一定效果	良好	
	在组员的督促提醒下能完成任务	一般	
	不肯参加小组活动,拒绝接受任务	较差	
探究态度	认真钻研问题,主动提出问题并寻求解决办法,有自己独特的思考和见解	优秀	
	能在组员的影响下协助完成任务	良好	
	被动听从别人提出的问题,自己不做思考判断	一般	
	不认真对待所研究的问题,影响他人学习	较差	
合作意识	尊重他人的意见,协调分工	优秀	
	能完成自己的任务,回应他人提出的合作要求	良好	
	被动完成分配的任务,再也不愿意多做	一般	
	不服从小组工作分配,或不肯参加小组活动	较差	
网络交流	按时在 QQ 群文明交流,积极参与特酷论坛讨论	优秀	
	能按时在 QQ 群文明交流和参与特酷论坛讨论	良好	
	要提醒参加 QQ 群文明交流和特酷论坛讨论	一般	
	没在 QQ 群文明交流和特酷论坛讨论	较差	

以下是开展评价后对学生协作能力的分析。

1. 面对面协作能力

活动的主题切合学生实际,且较为有趣,从整个活动过程来看,学生参与的积极性较高,大部分学生都积极地参与小组活动,为小组完成任务贡献自己的力量。同时,学生在参与活动时,学会了将小组任务进行明确分工,由不同学生负责完成某一工作,从而合作完成任务。例如,在进行测量图书室的活动时,小组成员中有的负责测量,有的负责记录,都能很好地参与到测量活动中;又如,在进行喜爱书籍类型统计时,也进行了明确的分工,将小组成员分为制作人、调查员、记录员和统计员。从学生的活动实践过程和作品成果来看,学生在学习过程中能够明确自己在协作团队中所扮演的角色和承担的任务,并与其他团队成员保持良好的沟通交流和团结互助关系。整体而言,经过了较为长期的小组活动,学生的面对面协作能力得到了较好的提升。

2. 网络协作能力

在这次活动过程中,学生积极地利用"特酷学习平台"的论坛功能进行交流、讨论,如图 9.3.1 为部分讨论的截图。此外,每周六晚上 7 点到 8 点两地同学定时进行 QQ 群讨论,共同总结本周活动,商量下周活动方案。在 QQ 群中讨论的主题非常丰富,包括"谈论自己喜欢的图书室""认识因特网""学习使用'特酷学习平台'"等。从一系列的活动看下来,学生逐渐熟悉了网络协作交流的方式,能够利用网络通讯技术进行讨论、交流,将自己的学习成果和观点与其他学习伙伴,尤其是与不同学校的同学进行分享,使协作超越了时空的限制。

综合上面的分析可以看出,学生在项目开展过程中能与他人进行交流、讨论、合作完成任务,他们的面对面协作能力和网络协作能力都得到了一定程度的提升。而在活动感言中,许多学生提到"通过这次活动不仅增长了知识,还懂得了合作的重要性,懂得如何与他人交流合作"也印证了这一点。

三、思维发展的评价

与传统教学中学生只需坐在教室里被动地接受教师知识的传授相比,项目学习常常要求学生判断和评价事物、现象、信息,并陈述判断和评价的理由,发现问题、提出问题、分析问题和解决问题,创造性地思考、提出创新的解决方案。其中,把对事物和现象做判断、评价,并陈述判断和评价的理由的思维方式称之为批评性思维,把发现问题、提出问题、分析问题和解决问题的能力称之为问题解决能力,创造性地思考、提出创新的解决方案则是创造力的体现。

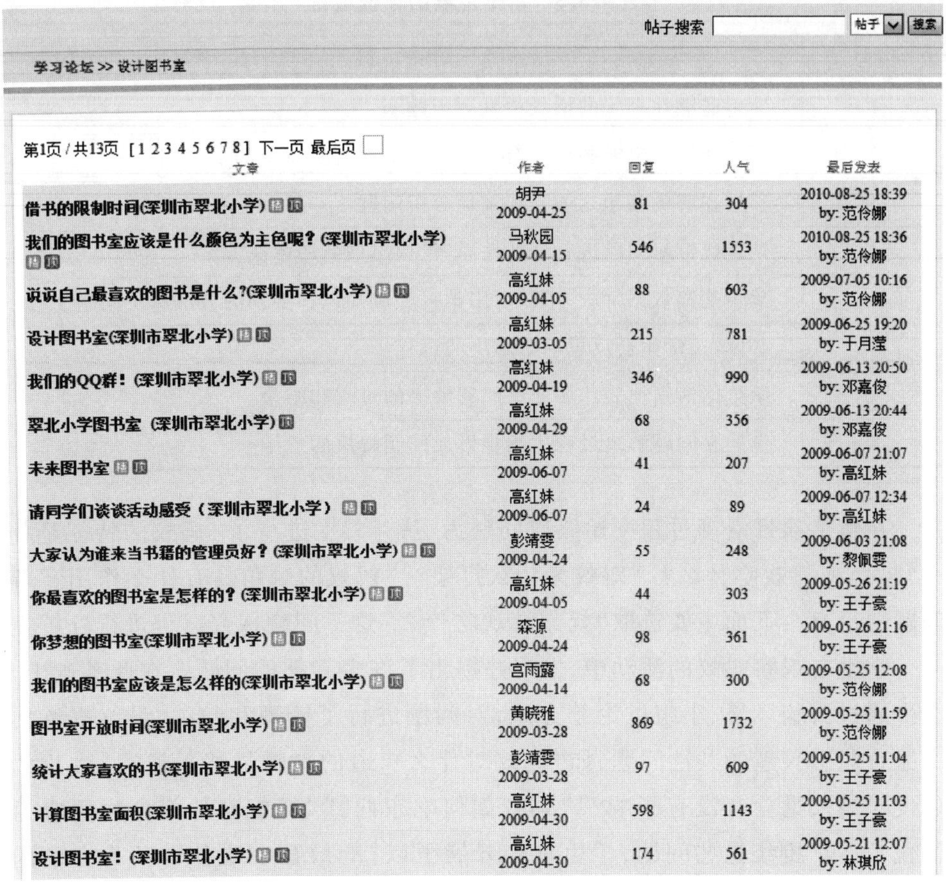

帖子搜索 帖子 搜索

学习论坛 >> 设计图书室

第1页/共13页 [1 2 3 4 5 6 7 8] 下一页 最后页

文章	作者	回复	人气	最后发表
借书的限制时间(深圳市翠北小学)	胡尹 2009-04-25	81	304	2010-08-25 18:39 by: 范伶娜
我们的图书室应该是什么颜色为主色呢？(深圳市翠北小学)	马秋园 2009-04-15	546	1553	2010-08-25 18:36 by: 范伶娜
说说自己最喜欢的图书是什么?(深圳市翠北小学)	高红妹 2009-04-05	88	603	2009-07-05 10:16 by: 范伶娜
设计图书室(深圳市翠北小学)	高红妹 2009-03-05	215	781	2009-06-25 19:20 by: 于月莹
我们的QQ群！(深圳市翠北小学)	高红妹 2009-04-19	346	990	2009-06-13 20:50 by: 邓嘉俊
翠北小学图书室 (深圳市翠北小学)	高红妹 2009-04-29	68	356	2009-06-13 20:44 by: 邓嘉俊
未来图书室	高红妹 2009-06-07	41	207	2009-06-07 21:07 by: 高红妹
请同学们谈谈活动感受（深圳市翠北小学）	高红妹 2009-06-07	24	89	2009-06-07 12:34 by: 高红妹
大家认为谁来当书籍的管理员好？(深圳市翠北小学)	彭靖雯 2009-04-24	55	248	2009-06-03 21:08 by: 黎佩雯
你最喜欢的图书室是怎样的？(深圳市翠北小学)	高红妹 2009-04-05	44	303	2009-05-26 21:19 by: 王子豪
你梦想的图书室(深圳市翠北小学)	森源 2009-04-24	98	361	2009-05-26 21:16 by: 王子豪
我们的图书室应该是怎么样的(深圳市翠北小学)	宫雨露 2009-04-14	68	300	2009-05-25 12:08 by: 范伶娜
图书室开放时间(深圳市翠北小学)	黄晓雅 2009-03-28	869	1732	2009-05-25 11:59 by: 范伶娜
统计大家喜欢的书(深圳市翠北小学)	彭靖雯 2009-03-28	97	609	2009-05-25 11:04 by: 王子豪
计算图书室面积(深圳市翠北小学)	高红妹 2009-04-30	598	1143	2009-05-25 11:03 by: 王子豪
设计图书室！(深圳市翠北小学)	高红妹 2009-04-30	174	561	2009-05-21 12:07 by: 林琪欣

图 9.3.1　“特酷学习平台”中“设计图书室”项目名称讨论情况

批判性思维、问题解决能力、创造力合称为高阶思维。依据新版布鲁姆教学目标分类学，高阶思维表现为应用、分析、评价和创造。

对于项目学习中思维发展的评价主要聚焦于高阶思维发展方面。下面介绍“蚂蚁行为探究”学习项目中对学生思维发展评价的实施。

“蚂蚁行为探究”项目面向的主要对象是小学三年级至六年级的学生。在该项目中，深圳和甘肃两地学生通过观察、实验探究等方法对蚂蚁活动、觅食、交流等行为进行探究，并通过网络及时分享探究过程和探究发现。在整个活动过程中始终以问题为纽带，让两地学生在共同探究中不断发现问题，并围绕问题进行协作研究，进一步探索蚂蚁行为的特点。

该项目中对学生思维发展的评价，主要围绕如表 9.3.5 所示的几个方面进行。

表 9.3.5　思维发展的评价项目

编号	评价项目
1	学生能够在真实的情景中发现问题
2	学生能够决定哪些信息对于问题解决而言是重要的
3	学生在解决问题之前先仔细地分析问题
4	学生能够对问题进行创造性思考,提出创新的解决方案
5	学生能够依据解决方案,运用学科领域知识和学到的方法解决问题
6	必要时,学生会反思问题解决的过程
7	学生能清晰地表达并交流问题解决的过程和结果
8	学生在问题解决过程中逐步形成问题解决的思维

在整个项目活动过程中始终以问题为纽带,学生进行了“蚂蚁的特征是什么?”“蚂蚁喜欢吃什么?”“蚂蚁为什么打架?”“蚂蚁的触角具有什么作用?”等问题的探究。下面主要选取“蚂蚁喜欢吃什么”这一问题探究过程进行分析。

学生在观察蚂蚁的活动中,发现并提出了许多有趣的问题。在此基础上,学生通过头脑风暴、小组讨论等方式,对问题进行了梳理和归纳,最终提炼出大家普遍感兴趣的共性问题,如“蚂蚁对什么味道的食物最感兴趣?”“食物的软硬对蚂蚁觅食有没有影响?”“蚂蚁如何吃东西?”“蚂蚁吃什么食物更容易消化?”等。围绕这些问题,学生首先开展了以“蚂蚁喜欢吃什么?”为主题的探究实验。在实验过程中用不同味道的食物去喂养蚂蚁,通过观察蚂蚁面对不同食物的反应,解决“蚂蚁喜欢吃什么?”这个问题,如图 9.3.2 所示。同时,在这个探究实验的开展过程中,学生还发现了一个现象:“在蚂蚁搬运食物的过程中,有的蚂蚁很团结,有的蚂蚁则会相互争抢食物并打架。”针对该现象学生提出了新的问题——“蚂蚁为什么会打架?”围绕这个问题又进行了新一轮问题解决的活动。

在“蚂蚁喜欢吃什么?”这一问题的解决过程中,学生经历了“发现问题—提出问题—解决问题—发现新问题”的过程,从探究过程和学生作品中可以看出,学生能够在真实的情景中发现问题,并能综合运用学科知识和学到的策略进行问题解决。因此,第 1、第 5 项评价项目的结果为“优”。

同时,学生的反思日志、博客文章反映了学生对问题解决过程的反思。从学生作品也可以看出学生能够将问题解决的过程及结果清晰地用 PPT 进行呈现。此外,学生经过多次“发现问题—提出问题—分析问题—解决问题—总结

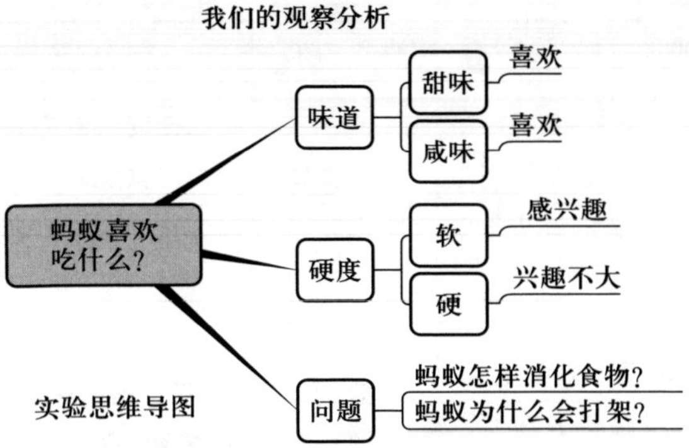

我们的发现：蚂蚁喜欢吃甜食和腐烂食物，对比较软的食物感兴趣。
我们的解释：甜食的主要成分是碳水化合物，这种物质容易被蚂蚁消化吸收，比较软的食物蚂蚁才容易嚼碎。
我们的问题：蚂蚁在吃东西过程中如果有其他蚂蚁来吃，有时它们会打起来。为什么它们之间会打架呢?

图 9.3.2　解决问题与提出新问题

与反思—发现新问题”的问题解决过程，逐步形成了问题解决的思维。因而，第 5、第 6、第 7、第 8 项评价项目的结果也为“优”。

然而，不足的是，在分析问题与提出问题解决方案时，由于知识水平有限，学生往往难以决定哪些信息对于问题解决而言是重要的，并需要在教师的指导下才能完成问题解决方案的设计。同时，学生在解决问题之前对问题分析的力度还有所缺乏。因此，第 2、第 3、第 4 项评价项目的结果分别为“中”“良”“良”。

因而，学生思维发展的评价结果如表 9.3.6 所示。

表 9.3.6　学生问题解决思维发展的评价结果

编号	评价项目	评价结果	评价结果的支持证据
1	学生能够在真实的情景中发现问题	优■良□ 中□差□	项目中各个实践任务中的问题都是由学生自己提出的
2	学生能够决定哪些信息对于问题解决而言是重要的	优□良□ 中■差□	学生考虑如何解决提出的问题时，往往需要依靠教师的指导，而难以自己决策
3	学生在解决问题之前先仔细地分析问题	优□良■ 中□差□	学生在解决问题之前对问题分析的力度还稍显不足

续表

编号	评价项目	评价结果	评价结果的支持证据
4	学生能够对问题进行创造性思考，提出创新的解决方案	优□良■ 中□差□	在探究蚂蚁靠什么辨别方向和气味时做出猜测：蚂蚁是靠触角辨别方向和气味的，并围绕该设想，在教师组织下，设计并实施了探究实验
5	学生能够依据解决方案，运用学科领域知识和学到的方法解决问题	优■良□ 中□差□	例如，探究蚂蚁喜欢吃什么时，通过实验，得出结论，如图 9.3.2 所示
6	必要时，学生会反思问题解决的过程	优■良□ 中□差□	反思日志、博客文章展示了学生对问题解决过程的反思
7	学生能清晰地表达并交流问题解决的过程和结果	优■良□ 中□差□	学生作品中清晰地呈现了各个问题解决过程及结论
8	学生在问题解决过程中逐步形成问题解决的思维	优■良□ 中□差□	综合整个项目过程，学生经过多次问题解决过程，已逐渐形成了发现问题、提出问题、分析问题和解决问题的思维方式

四、信息素养的评价

信息素养是指个体能够认识到何时需要信息，能够检索、评估和有效地利用信息的综合能力。项目学习强调活动的实践性，学生通过在实践中体验、学习，以提高获取信息、加工信息和处理信息的能力，培养良好的信息素养。对学生信息素养的评价可以采用过程与结果相结合、定量和定性相结合的方式，综合学生使用的信息工具、网络记录（活动日志、观察日记、交流记录等）、学生感言、学生作品等，围绕信息的获取、选择、处理等方面进行评价。

下面介绍“黄豆宝宝喜欢喝什么”学习项目中对学生信息素养评价的实施。“黄豆宝宝喜欢喝什么”学习项目主要对象是四年级学生。项目活动流程图如图 9.3.3 所示。

在该项目中，主要是根据表 9.3.7 从信息工具应用、信息搜索与选择、信息归纳处理、作品制作四个方面对学生的信息素养进行评价。

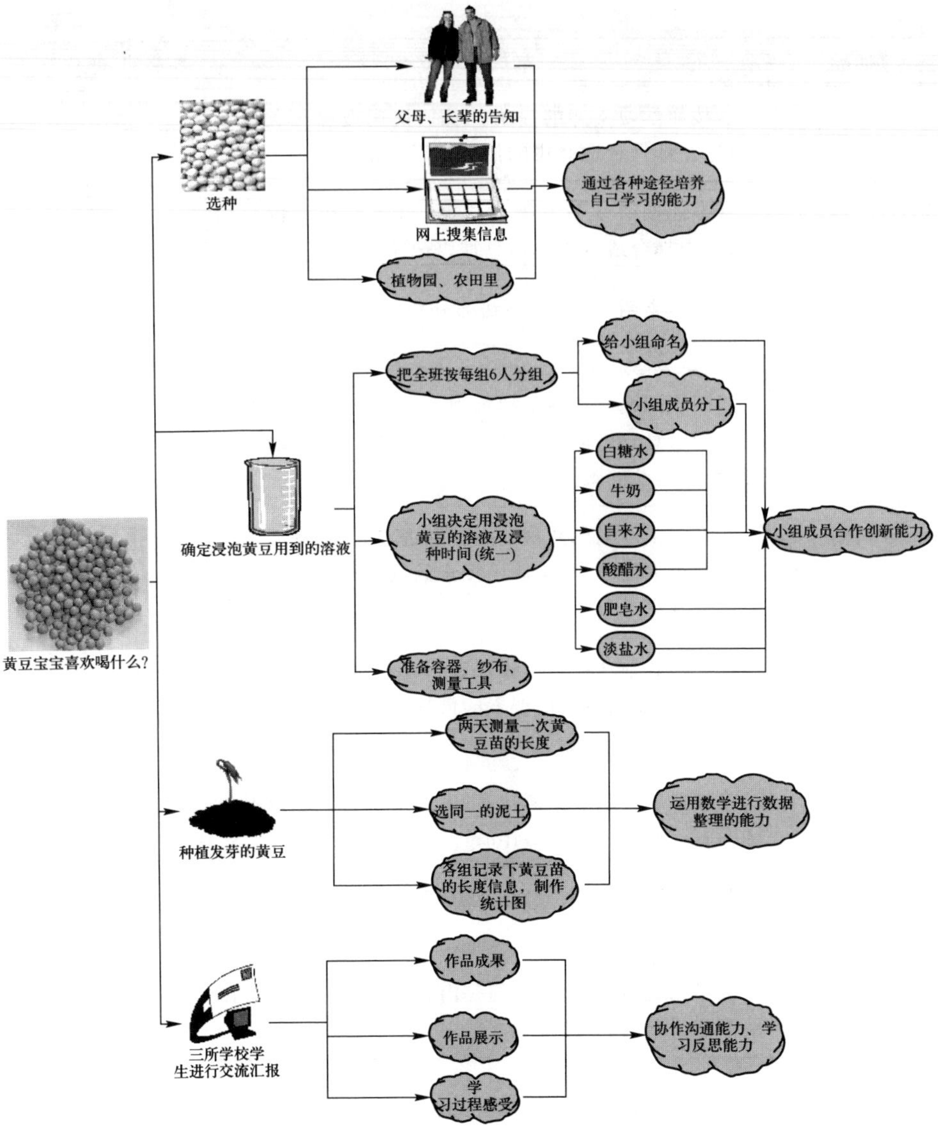

图 9.3.3　“黄豆宝宝喜欢喝什么”项目活动流程图

表 9.3.7　学生信息素养评价表

标准	掌握程度	等级	评价结果
信息工具应用	能熟练并恰当地利用各种信息工具支持项目活动的开展	优	
	基本能熟练利用各种信息工具辅助项目活动的开展,且信息工具的选择较为恰当	中	
	较难利用各种信息工具辅助项目活动的开展	差	

续表

标准	掌握程度	等级	评价结果
信息搜索与选择	能按照学习支架的提示，全面、快速搜寻相关内容信息，并选择合适有用的信息加以记录	优	
	基本能按照学习支架的提示，搜寻到相关内容信息，并选择合适有用的信息加以记录	中	
	信息搜索困难，只搜寻到部分相关内容信息，且难以对信息加以筛选	差	
信息归纳处理	能围绕问题从材料中提炼观点，全面清晰地归纳出讨论的信息，并运用已搜索的信息资料进行逻辑思考，形成自己的观点	优	
	基本能围绕问题从材料中提炼观点，一定程度上归纳出讨论的信息，并运用已搜索的信息资料初步形成自己的观点	中	
	不能很好地从材料中提炼观点，不能较好地归纳讨论的信息，无法运用已搜索的信息资料进行形成自己的观点	差	
作品制作	能够熟练运用多媒体技术，借助信息资料制作观点鲜明、条理清晰、美观的作品	优	
	能够运用多媒体，借助信息资料制作有一定内容支撑、有观点的作品	中	
	能够完成多媒体作品，但是内容单薄、观点不鲜明、缺乏逻辑条理、不够美观	差	

以下是开展评价后对学生信息素养的分析。

（一）信息工具应用

从学生的学习过程、作品和学生感言看出：学生不但能利用计算机上网搜索资料，还能运用“特酷学习平台”进行学习交流，并能使用概念图工具 Inspiration 辅助学习（见图 9.3.4），甚至还综合运用 Word、PPT 进行数据统计分析及作品的制作。在这个过程中，充分发挥了“信息技术作为认知工具”的特点，学生能恰当地选择各种信息工具（如搜索引擎、“特酷学习平台”、Inspiration、Word、PPT 等）辅助项目活动的开展，学生运用信息工具支持问题解决的能力得到了较好的提升。

图 9.3.4　利用概念图辅助理解

电脑创造奇迹

黄美雯　坛洛中心小学

以前，我对电脑一窍不通，一想到要上电脑课，我就害怕。这个学期，我学到了许多新的电脑技术。

这个学期，我参加了远程协作班，认识了许多同学，那些同学个个电脑技术那么好，我真羡慕呀！每次上电脑，都要请教老师，我感到很失望。

有一次，老师教我们打开特酷学习网站，同学们打开得很快，而我却是慢慢地打开。打开特酷学习网站后，选登录，然后再打开我的项目、黄豆宝宝喜欢喝什么？点击活动日志旁的创建日志，最后把学习远程协作的内容记录发送到网上，让大家一起欣赏。

通过远程协作班的学习，我对电脑简直就是熟能生巧，我终于学会了有趣的电脑！

（二）信息搜索与选择

学生不但能使用计算机搜索信息，还能按照项目学习支架的提示，从植物园、农田，更直接、全面地收集信息。除了使用笔记本记录信息外，还能利用文档、网络日志记录获取到的信息（见图 9.3.5、图 9.3.6、图 9.3.7、图 9.3.8）。学生在这个过程中逐渐学会了怎么进行信息的搜索、选择和记录。

（三）信息归纳处理

在整个学习活动过程中，学生能利用各种图表工具对信息进行处理、统计和分析，并利用“特酷学习平台”对资料进行管理（见图 9.3.9、图 9.3.10、图 9.3.11、图 9.3.12）。经历了该项目活动，学生处理信息的能力得到了锻炼和提升。

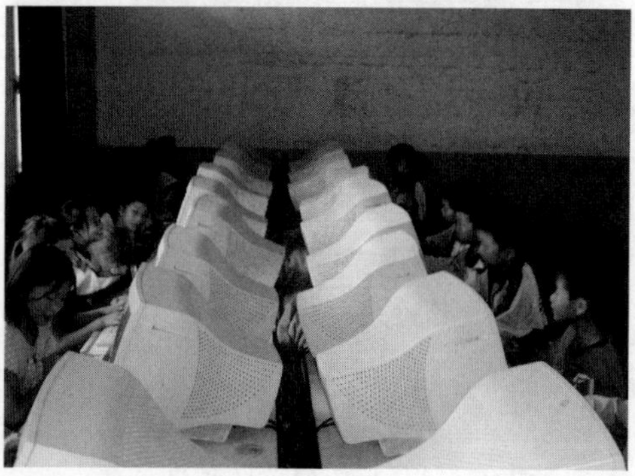

图 9.3.5 利用计算机上网搜索资料

图 9.3.6 观察并记录黄豆生长情况

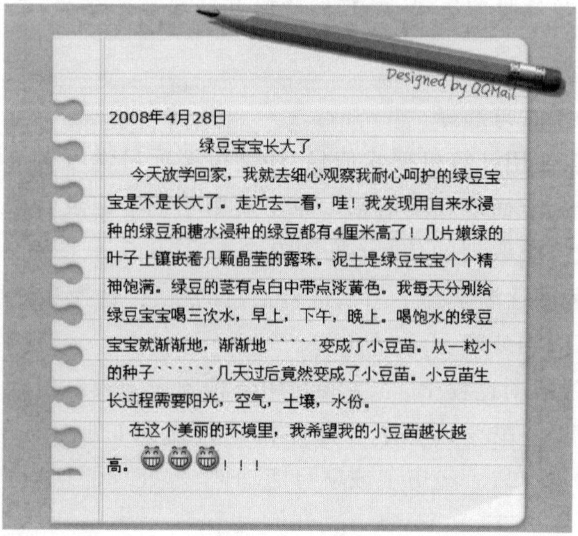

图 9.3.7 使用网络日志撰写观察日记

梦幻小组 肥皂水豆苗

记录表

日期	生长	日期	备注
4月29日	选种、浸泡	无	
4月30日	种植豆苗	无	
5月4日	芽1~3厘米	无	
5月5日	芽5~10厘米	无	
5月7日	芽13~20厘米	无	
5月11日	芽19~24厘米	无	
5月12日	芽25~30厘米	无	
5月13日	芽26~32厘米	无	
5月14日	芽27~36厘米	无	

图 9.3.8　用表格记录豆苗生长情况

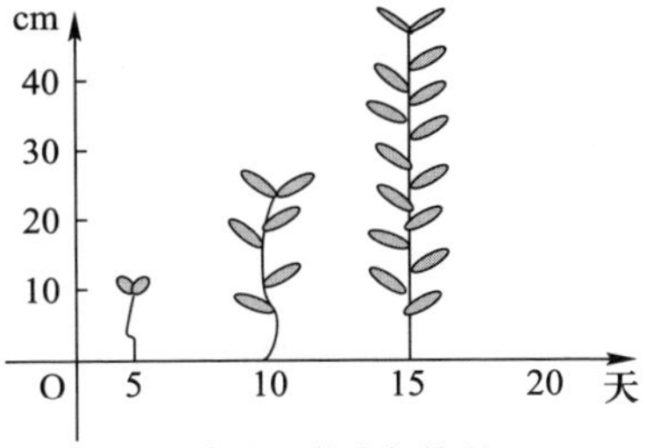

肥皂水豆苗生长情况

图 9.3.9　通过记录制作统计图

我们的测量记录和统计图

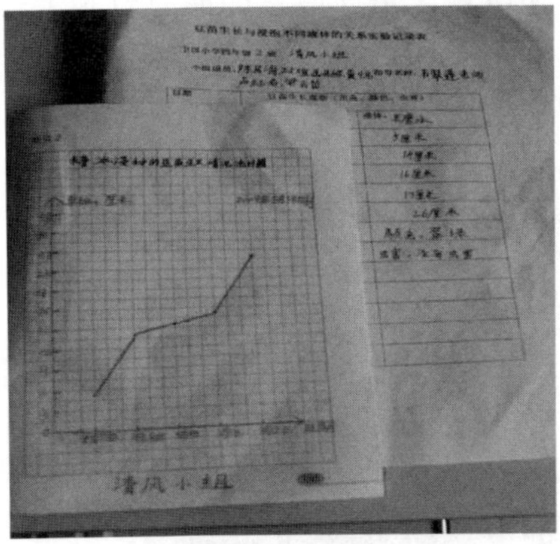

喝糖水的黄豆宝宝长得好

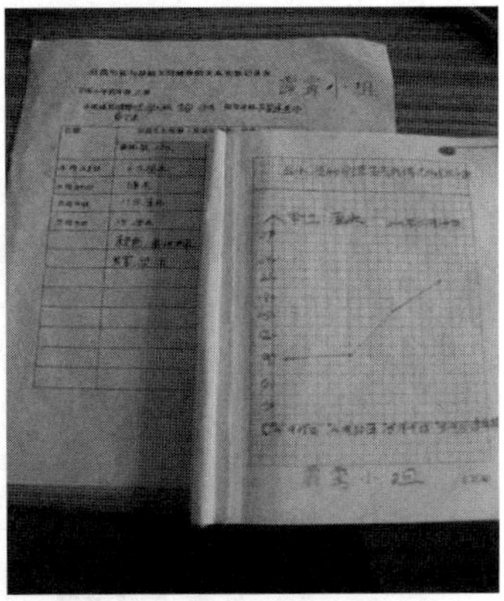

喝盐水的黄豆宝宝长得差些

图 9.3.10　分析测量记录并制作统计图

活动日志

“黄豆宝宝喜欢喝什么”实验感受

杨丰毓(杨丰毓)

2009-05-14 15:57

我们在特酷学习网做了一个试验，“黄豆宝宝喜欢喝什么”的试验，老师叫我们种植黄豆，我们从来不种植植物，没什么经验，所以只能硬着头皮做这个试验。一开始，盐水的黄豆生长的很快，但后来我们发现，盐水的黄豆长得开始不好了，糖水种植的黄豆反而长的很好，是优良的选种药水，其实盐水的也不赖，只不过长的不够糖水的粗。而且叶子发黄，是不怎么好的选种药水。我们发现了这个，还发现了黄豆还喜欢喝牛奶，牛奶的黄豆宝宝也长得很高，只不过叶子小，不够粗。黄豆宝宝不喜欢喝醋，一直都没发芽，可能已经死了。
我们经过了很多天的试验，不怕苦不怕累，让黄豆宝宝发芽大了，当然收获不小了，试验发现黄豆宝宝喜欢喝糖水，不喜欢喝醋。经过试验，我们会种植植物了，还发现大部分植物喜欢喝糖水。

图 9.3.11　使用网络平台发表观点和感受

资料记录：

序号	标题	来源类型	来源	详细资料
1	认真选种	实验	卫坛雁小组	下载
2	第15天 豆苗	实验	卫坛雁小组	下载
3	坛洛的实验豆园	实验	卫坛雁小组	下载
4	坛洛 飞龙小组豆苗	实验	卫坛雁小组	下载
5	坛洛科学实验小组豆苗	实验	卫坛雁小组	下载
6	坛洛 梦幻小组豆苗	实验	卫坛雁小组	下载
7	第13天 酸醋豆苗	实验	卫坛雁小组	下载
8	第13天 白糖水豆苗	实验	卫坛雁小组	下载
9	第13天 盐水豆苗	实验	卫坛雁小组	下载
10	第13天 牛奶豆苗	实验	卫坛雁小组	下载

第1页 / 共4页 [1 2 3 4] 下一页 最后页

图 9.3.12　使用网络平台整理资料信息

（四）作品制作

在各个学习阶段的末期，学生对该阶段中收集、处理信息的过程及结果进行整理，并利用 PPT 将这些内容制作为多媒体作品（见图 9.3.13、图 9.3.14、图 9.3.15 和图 9.3.16），学生利用多媒体软件整理信息的能力得到了提升。

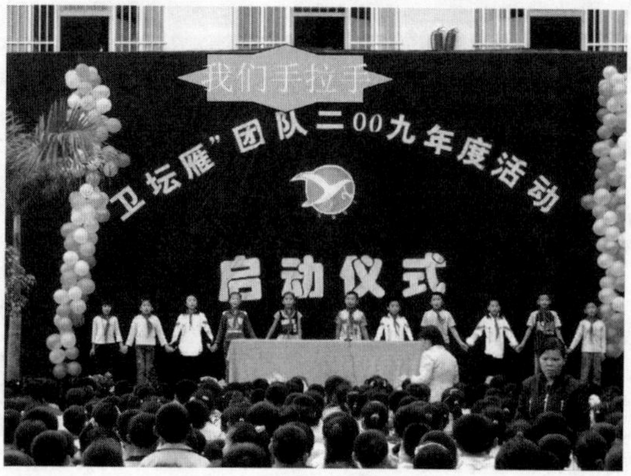

图 9.3.13　学生作品 1

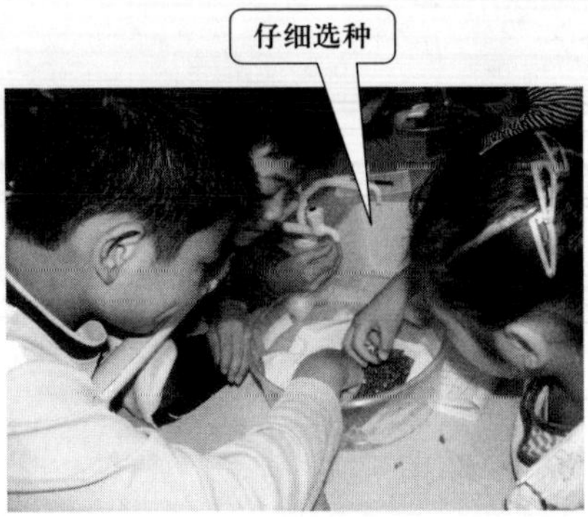

图 9.3.14　学生作品 2

图 9.3.15　学生作品 3

图 9.3.16　学生作品 4

结合上面的分析可以看出,在整个项目活动中,学生基于真实问题情景,在实践中选择恰当的信息工具辅助问题的解决,并熟练地进行信息的搜索、选择、处理,并将结果制作为可视化作品,从而完成了项目任务。在整个过程中,学生的信息能力得到了锻炼,信息素养得到了较大的提升。

第十章

项目学习案例

近年来,国际上信息化教育研究领域开展了大量信息技术环境下的项目学习研究,他们积极探索应用项目学习理念开展教育教学活动的创新实践。如美国工程与科学教育改革与发展研究中心(CIESE)的"基于在线项目的科学教育"项目、美国甲骨文教育基金的ThinkQuest项目、中国和联合国儿童基金会远程教育项目、中国和联合国儿童基金会"技术启迪智慧"项目、教育部-微软"携手助学"项目、中国教育发展基金会-戴尔"互联创未来"项目等。这些项目在国内外开展了大规模的教学改革实践,形成了大量富有创意的教学案例。本章介绍的前四个案例来自作者本人指导的项目学校,最后一个案例来自美国工程与科学教育改革与发展研究中心。

第一节 "蚂蚁行为探究"项目

一、项目简介

"蚂蚁行为探究"项目面向的主要对象是小学三年级至六年级的学生。项目中深圳和甘肃两地学生通过观察、实验探究等方法对蚂蚁活动、觅食、交流等行为进行探究,并通过网络及时分享探究过程和探究发现。在整个活动过程中始终以问题为纽带,让两地学生在共同探究中不断发现问题,并围绕问题进行协作研究,进一步探索发现蚂蚁的行为特点。最后,两地学生共同撰写《我们的"昆虫记"——蚂蚁篇》一文,分享自己在蚂蚁行为探究过程的发现和思考。

学生通过该项目的开展,了解了蚂蚁的行为特点与生活规律,培养了初步的实验设计、控制操作、观察分析的能力。在网络环境建构的协作共建空间中,两地学生积极探究、主动思考、共同写作,极大地提高了自己的协作沟通能力和归纳总结能力。

二、项目设计

(一)确定主题,明确任务

在本项目中,经过老师和学生的共同讨论、提炼和梳理,最终确定学生围绕“蚂蚁喜欢吃什么?”“蚂蚁为什么会打架?”“蚂蚁的触角具有什么作用?”三个主题进行小组协作研究,探索发现蚂蚁的行为特点。每个小组需合作完成以下任务。

(1)任务1:了解蚂蚁。通过网络、书籍等渠道,了解蚂蚁的生活特点及相关知识。

(2)任务2:观察蚂蚁,发现问题。走进校园、社区、野外观察蚂蚁的外形、活动规律等,并将自己的发现与问题记录下来。

(3)任务3:实验探究。针对前期活动中学生提出的共性问题开展实验探究,在实验的基础之上,不断发现新问题,提炼学生普遍感兴趣的、有价值的问题(如蚂蚁为什么打架?蚂蚁的触角有什么作用?等)并进一步开展实验研究,不断探究蚂蚁行为。

(4)任务4:共同写作。深圳和甘肃两地学生共同记录探究过程、探究发现,完成实验报告和研究小论文,并以《我们的“昆虫记”——蚂蚁篇》为题编撰电子图书。

(5)任务5:活动总结。根据研究过程的发现和收获,共同完成相关的研究作品。

针对上面设计的任务,制定项目活动时间表,如表10.1.1所示。

表10.1.1 项目活动时间表

阶段	时间	教师活动	学生活动	目标
第一阶段	第1周	准备学习方案、学生分组,发布方案	建立学生团队,在教师指导下认识对方,开始交流,明确学习任务、学习方式	熟悉学习内容和学习伙伴
第二阶段	第2周	指导学生收集蚂蚁资料	学生通过网络、书籍等媒体收集资料	了解蚂蚁的相关知识
第三阶段	第3周	制作调查表,组织学生观察身边的蚂蚁	学生走进校园、社区、野外了解身边的蚂蚁	了解真实世界中的蚂蚁,提出问题

续表

阶段	时间	教师活动	学生活动	目标
第四阶段	第 4~5 周	组织学生开展实验探究活动，和学生共同制定实验计划和任务	根据实验程序开展实验探究，并在探究中提出问题	通过实验来验证蚂蚁的行为特点
第五阶段	第 6~7 周	指导学生进行写作活动	在专题博客上进行写作并相互修改	提高学生写作水平
第六阶段	第 8~9 周	组织学生撰写项目报告、制作作品并组织交流汇报	分小组制作项目报告，制作活动作品并进行汇报交流	培养合作交流能力

（二）根据任务，设计过程

根据项目任务和计划，制定本项目的实施过程。如图 10.1.1 所示。

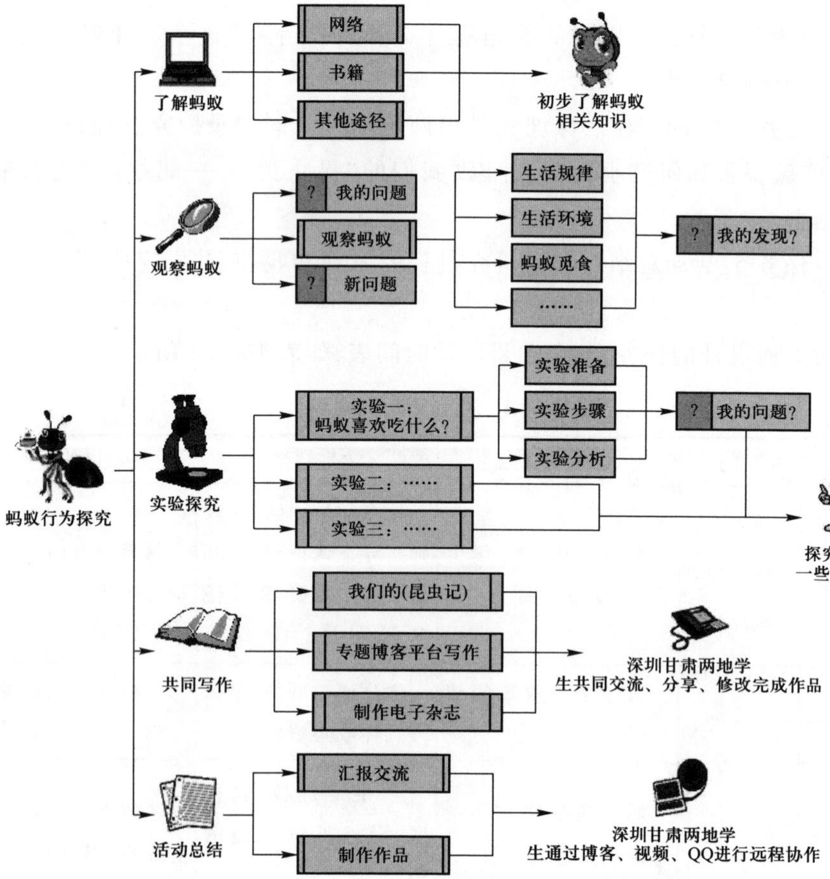

图 10.1.1　“蚂蚁行为探究”项目过程设计图

(三)小组合作学习评价设计

为对每个小组在项目开展过程中的合作情况进行评价，设计了如表10.1.2所示的小组合作学习评价表，供每个小组在项目结束后填写。

表 10.1.2 小组合作学习评价表

小组名称			
组长		组员	
活动起止时间			
小组合作评价			
组长所做组织工作	很好	一般	差
小组合作情况	很好	一般	差
小组活动中遇到什么困难，如何克服：			
小组活动中谁在哪些方面表现最突出，其突出之处是什么：			
小组活动中存在哪些不足，对于以后有什么启发：			
简要分析小组成绩和不足：			
组长签名： 组员签名：			

三、项目实施

根据以上的项目过程设计图，本项目的具体实施分为以下五个阶段：

(一)第1阶段——了解蚂蚁

1. 收集资料

学生在教师的指导下，带着问题(如蚂蚁的外形特征如何？蚂蚁具有哪些行为特点？蚂蚁如何觅食？蚂蚁的活动规律有哪些？蚂蚁的触角有什么作用？)分别通过报纸、杂志、书籍、互联网等途径广泛地查找有关蚂蚁的资料，并把资料进行整理汇编，整理时需注明资料的来源。

2. 提炼有效信息

学生阅读收集的资料，提炼有关蚂蚁的有效信息，并记录下来。

在以上活动中，学生主动通过书籍、网络等途径获取与筛选信息，提高了自身判断与运用信息的能力与素养。通过以上活动，学生应初步了解蚂蚁具有什么特征，蚂蚁的生活规律等。并找出自己最感兴趣的问题。

（二）第 2 阶段——观察蚂蚁，发现问题

1. 提出问题

在观察蚂蚁前，学生首先思考自己有什么问题，并在博客中与其他学习伙伴进行交流。如：有的学生对蚂蚁的外形特征很感兴趣，有的学生则对蚂蚁的觅食方式感到非常好奇，等等。

2. 观察蚂蚁

学生走出课堂，带着问题开展以下观察活动：

（1）观察蚂蚁的外形特征（利用放大镜观察）。

（2）观察蚂蚁的生活习性：蚂蚁如何觅食？蚂蚁喜欢在什么样的环境中生活？

（3）观察蚂蚁的活动规律：蚂蚁在劳动中如何分工？

（4）观察下雨前和下雨后的蚂蚁活动，发现差异。

3. 记录发现

通过观察，有的学生发现蚂蚁的身体分为头部、胸部、腹部三节；有的学生发现阴雨天气蚂蚁喜欢搬家；有的学生观察到蚂蚁发现食物后会通知同伴过来搬食，蚂蚁喜欢群居生活；等等。在观察的过程中，学生填写“观察记录表”，将自己的发现记录下来，并提出新的问题。

（三）第 3 阶段——实验探究

在前期的观察过程中，两地学生发现并提出了大量的问题，通过头脑风暴、小组讨论，对问题进行梳理与归纳，最终提炼出大家普遍感兴趣的共性问题：

（1）蚂蚁对什么味道的食物最感兴趣？

（2）食物的软硬对蚂蚁觅食有没有影响？

（3）蚂蚁如何吃东西？

（4）蚂蚁吃什么食物更容易消化？

围绕以上问题，学生首先开展了以“蚂蚁喜欢吃什么？”为主题的探究实验。

1. 实验主题：蚂蚁喜欢吃什么？

实验材料：

(1) 各种味道(酸、甜、苦、辣)的食物

(2) 软硬不同的食物

实验步骤：

(1) 分别用准备好的食物喂养蚂蚁；

(2) 仔细观察蚂蚁面对不同味道食物的反应，回答问题“蚂蚁喜欢吃什么”；

(3) 共同讨论，提出新问题。

实验过程与发现：

两地学生以小组为单位，准备实验材料并开展实验探究，通过反复实验并对现象进行分析，得出发现。在此基础之上，通过头脑风暴、小组讨论、网络资源的有效利用，为自己的发现提供一个合理的解释并提出实验过程中发现的新问题。

甘肃崆峒红旗街小学“阳光雨露队”与深圳南山实验学校麒麟部“蚁工特工队”的实验记录如表 10.1.3 所示。

表 10.1.3 “蚂蚁喜欢吃什么?”实验记录

实验过程		实验结果分析
阳光雨露队	① 在蚂蚁洞口放面包渣。 观察结果：蚂蚁搬运面包渣。 ② 在水果糖和果肉面前，蚂蚁选择什么？撒上面包渣后呢？ 观察结果：蚂蚁选择果肉。一旦发现面包渣，马上将目标转移到面包渣上。 ③ 把新鲜与不新鲜的肉骨头放到蚂蚁洞口。 观察结果：蚂蚁更爱吃不新鲜的肉骨头。 ……	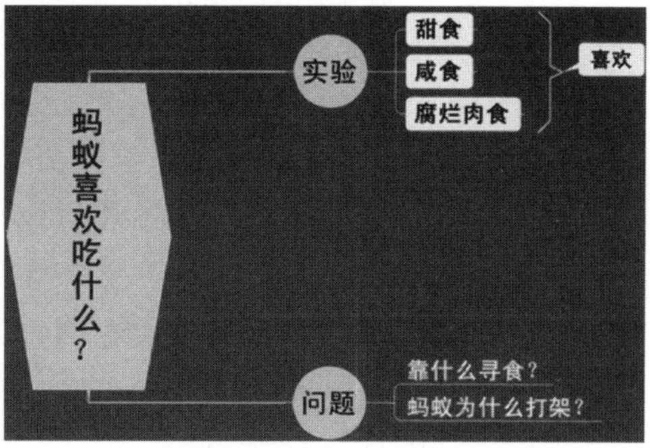 我们的发现：蚂蚁喜欢吃甜食；对不新鲜食物更感兴趣。 我们的解释：不新鲜食物会散发出特别的气味吸引蚂蚁。 我们的问题：蚂蚁靠什么找到食物？ 为什么有的蚂蚁会打架？

续表

实验过程		实验结果分析
蚁工特工队	① 把甜的食物放在没有蚂蚁的地方。 观察结果：很快就把蚂蚁吸引过来。 ② 把咸的食物放在有蚂蚁的地方。 观察结果：蚂蚁也吃咸食。 ……	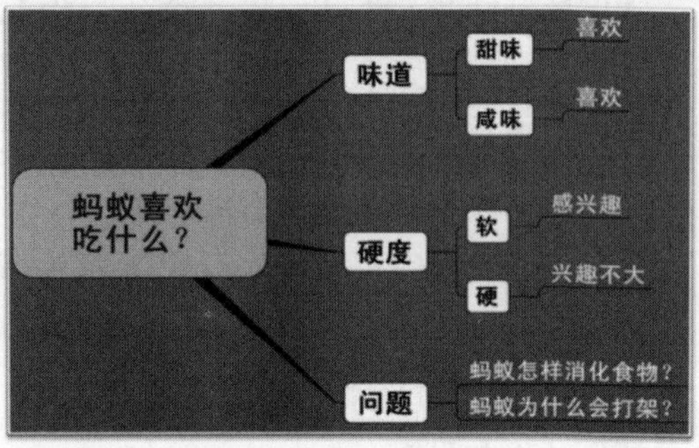 我们的发现：蚂蚁喜欢吃甜食和腐烂食物；对较软的食物更感兴趣。 我们的解释：甜食主要成分是碳水化合物，更容易被蚂蚁吸收，而软食物更容易嚼烂。 我们的问题：蚂蚁吃食时如果有其他蚂蚁来吃，为什么有时它们会打架？

在进行“蚂蚁喜欢吃什么？”实验的过程中，两地学生共同发现了一个现象：在蚂蚁搬运食物的过程中，有的蚂蚁很团结，有的蚂蚁则会相互争抢食物并打架。那么，蚂蚁为什么会打架呢？两地学生决定一起通过进一步的实验探究，来揭开其中的奥秘。

2. 实验主题：蚂蚁为什么会打架？

实验材料：

(1) 透明杯

(2) 同窝蚂蚁与不同窝蚂蚁各几只（分别放入透明杯子中）

实验步骤：

(1) 将同窝蚂蚁放在一起观察它们是否打架；

(2) 将不同窝蚂蚁放在一起观察它们是否打架；

(3) 共同讨论，提出新问题。

实验过程与发现：

两地学生以小组为单位，分别开展实验，通过观察、记录得出以下结果：

(1) 同窝蚂蚁在一起，能和平相处；

(2) 不同窝的蚂蚁在一起，很快就打起架来。

用思维导图的形式形象表示以上结果，如图 10.1.2 所示。

通过科学的实验手段，学生准确地得出了“同窝的蚂蚁不打架，不同窝的

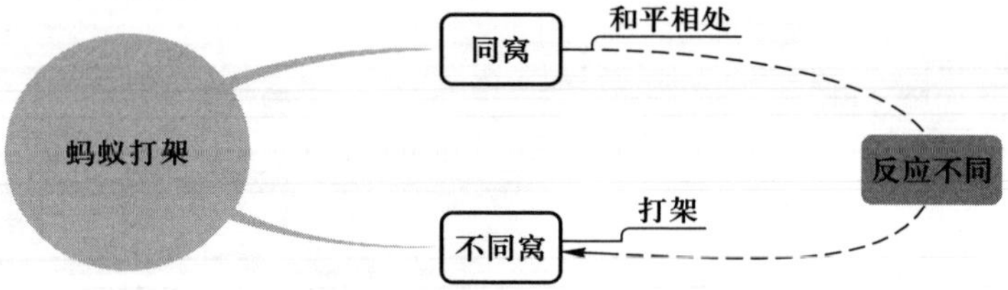

图 10.1.2 蚂蚁打架现象记录

蚂蚁会打架”的结论。这是什么原因呢？在教师的指导下，学生重新准备实验材料，设计并实施了以下实验，探索蚂蚁打架的真正原因。

实验材料：

(1) 透明杯子 3 个

(2) 同窝蚂蚁与不同窝蚂蚁各几只

(3) 香水(或其他带气味的无毒液体)

实验步骤：

(1) 将正在打架的蚂蚁分别捉出，然后用同样的香水(或其他带气味的无毒液体)喷洒，重新放在一起观察是否继续打架；

(2) 在同窝蚂蚁中捉出其中几只，喷洒香水(或其他带气味的无毒液体)，再与原窝蚂蚁放在一起，观察是否打架；

(3) 共同讨论分析，提出新问题。

实验过程与发现：

甘肃崆峒红旗街小学“绿色旋律队”与深圳南山实验学校麒麟部“蚂蚁侦探队”的实验过程与结果如表 10.1.4 所示。

表 10.1.4 “蚂蚁为什么会打架？”实验记录

<table>
<tr><th colspan="2">实验过程</th><th>实验结果分析</th></tr>
<tr><td>绿色旋律队</td><td>① 不同窝蚂蚁分别用香水喷洒后放在一起。
观察结果：蚂蚁和平相处。
② 从一窝蚂蚁捉出一只，喷洒香水，再与原窝蚂蚁放在一起。
观察结果：蚂蚁很快就开始打架。
……</td><td>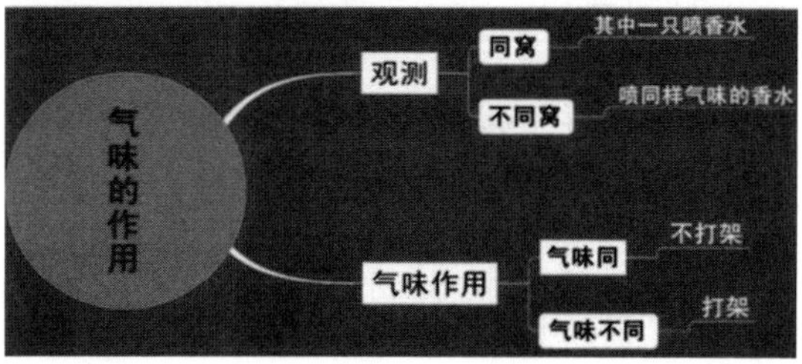

我们的发现：蚂蚁靠身上的气味来辨别敌友。
我们的解释：同窝蚂蚁气味相同，不会打架；不同窝蚂蚁气味不同，就会打架。
我们的问题：蚂蚁靠什么辨别气味？是鼻子吗？</td></tr>
</table>

续表

实验过程		实验结果分析
蚂蚁侦探队	从一窝蚂蚁捉出一只，喷洒香水，再与原窝蚂蚁放在一起。 观察结果：其他蚂蚁共同欺负这只喷了香水的蚂蚁。 ……	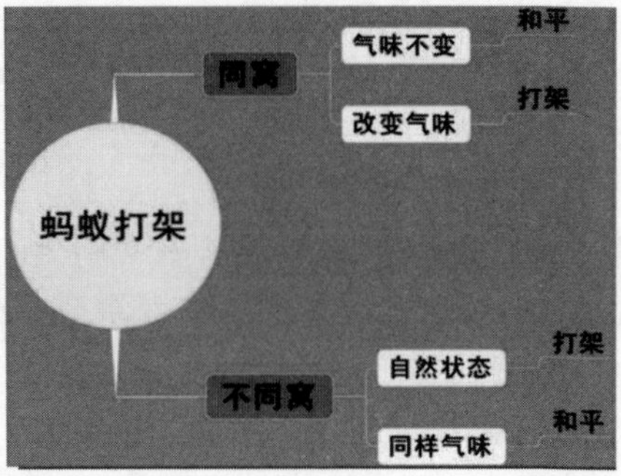 我们的发现：蚂蚁之间气味不同就会打架，蚂蚁是靠气味来辨别敌友的。 我们的解释：不同窝蚂蚁由于生活环境不一样，所以气味不同，喷上同样气味的香水后，气味就一样，就会以为是“一家人”。 我们的问题：蚂蚁靠什么来辨别气味？

通过以上的实验，学生初步解决了“蚂蚁为什么会打架？”的问题。在开展“蚂蚁喜欢吃什么？”“蚂蚁为什么会打架？”实验的过程中，学生观察到蚂蚁无论是在搬运食物还是打架，蚂蚁的触角都在不停地舞动。因此，学生作出大胆的猜测：蚂蚁是不是靠触角来辨别方向和气味？围绕该设想，两地学生在教师的组织之下，设计并实施了“蚂蚁的触角具有什么作用？”的主题实验。

3. 实验主题：蚂蚁的触角具有什么作用？

实验材料：

（1）透明杯

（2）白纸 1 张、剪刀 1 把、樟脑球 1 袋

（3）大小不同的蚂蚁各几只

实验步骤：

（1）捉一只大蚂蚁并剪掉触角，观察蚂蚁的行动；

（2）用樟脑球在白纸上画一个圆圈，分别把大小不同的蚂蚁放进圈内，观察蚂蚁的表现；

（3）把剪掉触角的蚂蚁放进用樟脑球画成的圆圈内，观察蚂蚁的表现；

（4）共同讨论，得出实验结论。

实验过程与发现：

甘肃崆峒红旗街小学“快乐蚂蚁队”与深圳南山实验学校麒麟部“蚂蚁特别行动队”的实验过程与结果如表 10.1.5 所示。

表 10.1.5 “蚂蚁的触角具有什么作用?”实验记录

	实验过程	实验结果分析
快乐蚂蚁队	① 剪掉蚂蚁的触角后。 观察结果：蚂蚁没了方向感，到处乱窜。 ② 将两只大小不同的蚂蚁放进用樟脑球（或其他食用作料）画成的圆圈中。 观察结果：蚂蚁到处乱窜，小蚂蚁怎么也跑不出圈外，大蚂蚁尝试多次，终于能跑出去了。 ③ 把一只大蚂蚁的触角剪掉，放到樟脑球（或其他食用作料）画成的圆圈中。 观察结果：大蚂蚁直接跑出去了。 ……	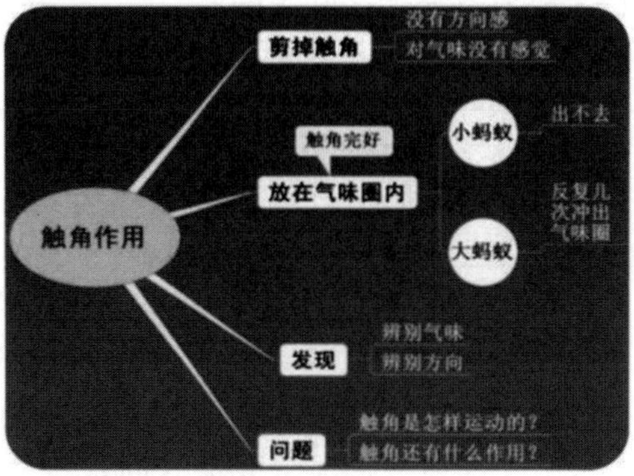 我们的发现：蚂蚁的触角是用来辨别气味和方向的。 我们的解释：触角是蚂蚁的感觉器官，触角上有许多特殊细胞，这些细胞对气味很敏感。 我们的问题：蚂蚁的触角还有什么作用？ 蚂蚁的其他器官具有什么特殊作用？
蚂蚁特别行动队	将蚂蚁放进用樟脑球画成的圆圈中。 观察结果：蚂蚁到处乱窜，到处“碰壁”后，还是跑出去了。 ……	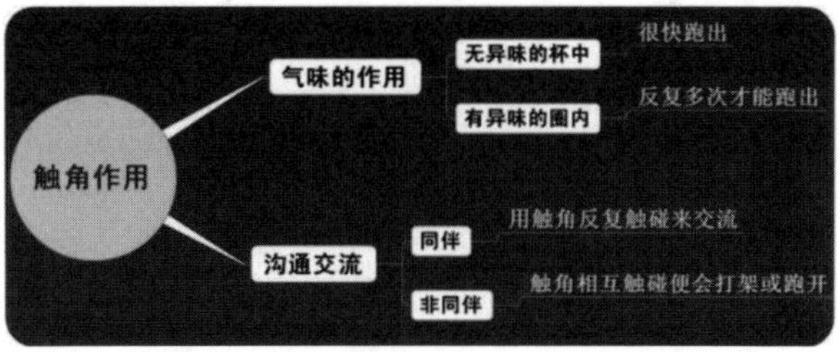 我们的发现：蚂蚁通过触角辨别方向、气味，并与同伴沟通。 我们的解释：蚂蚁的触角能起到眼睛、嘴巴、鼻子的作用。 我们的问题：蚂蚁的触角为什么会具有这么多功能呢？

在实验探究的过程中，学生认真观察、积极思考，在解决原有问题的同时提出新的问题，再通过设计、实施新的探究活动，循环往复地发展与建构新

知识。

在这个过程中，学生通过观察、实验、思考、讨论、梳理，还提炼出一系列大家普遍感兴趣的问题供以后进行进一步的研究，如：

(1) 蚂蚁的洞穴有什么特点？

(2) 蚂蚁会游泳吗？

(3) 蚂蚁的群居生活是怎样的？

(4) 蚂蚁是靠什么呼吸的？

(5) 蚂蚁具有什么价值？

……

(四) 第 4 阶段——共同写作

通过以上一系列的观察、实验探究活动，学生发现了蚂蚁王国的许多奥秘。两地的学生以《我们的"昆虫记"——蚂蚁篇》为题，开展共同写作活动，将观察过程与自己的发现记录下来并发布到主题博客平台上，通过交流、分享、讨论，共同修改完善作品。最后，挑选出较有代表性的作品，制作成电子杂志，如图 10.1.3 所示。通过开展共同写作活动，不但提高了学生的归纳总结能力与写作水平，也培养了学生利用网络开展协作交流的自信心与能力。

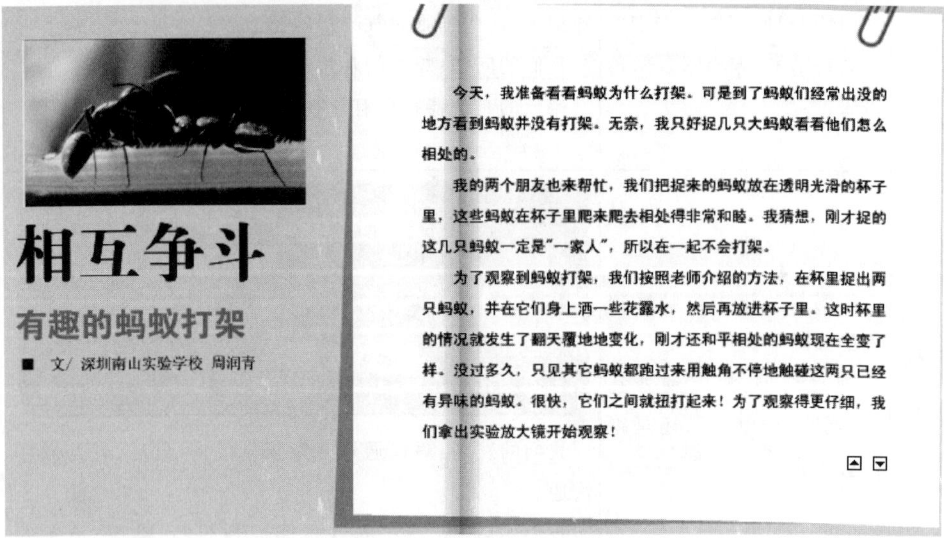
相互争斗

有趣的蚂蚁打架

■ 文/ 深圳南山实验学校 周润青

今天，我准备看看蚂蚁为什么打架。可是到了蚂蚁们经常出没的地方看到蚂蚁并没有打架。无奈，我只好捉几只大蚂蚁看看他们怎么相处的。

我的两个朋友也来帮忙，我们把捉来的蚂蚁放在透明光滑的杯子里，这些蚂蚁在杯子里爬来爬去相处得非常和睦。我猜想，刚才捉的这几只蚂蚁一定是"一家人"，所以在一起不会打架。

为了观察到蚂蚁打架，我们按照老师介绍的方法，在杯里捉出两只蚂蚁，并在它们身上洒一些花露水，然后再放进杯子里。这时杯里的情况就发生了翻天覆地地变化，刚才还和平相处的蚂蚁现在全变了样。没过多久，只见其它蚂蚁都跑过来用触角不停地触碰这两只已经有异味的蚂蚁。很快，它们之间就扭打起来！为了观察得更仔细，我们拿出实验放大镜开始观察！

图 10.1.3　学生观察日记

(五) 第 5 阶段——活动总结

1. 学生以小组为单位，根据探究活动的实际开展情况，协作完成一份完整的项目报告。项目报告包括研究内容、研究过程、研究结论、研究感受等图片或文字性信息。

2. 两地学生通过 QQ、博客等方式,互相展示作品,交流活动体会,分享自己的心得,共同进步。

四、项目成果与评价

在本项目中,以“蚂蚁行为探究”为主线,设置了一系列的学习活动,把知识的学习置于真实、复杂的情境中,与一定的真实任务情境进行挂钩,促使学习者主动探索、提出并解决问题,实现知识的更广泛迁移与自主建构。

(一) 项目学习成果

在本项目中,深圳、崆峒两地的学生通过阅读、观察、实验、交流等方法,解决了“蚂蚁喜欢吃什么?”“蚂蚁为什么打架?”“蚂蚁的触角具有什么作用?”等问题,获得了新的知识经验,并将新建构的抽象知识进行具体化,形成了观察日记、手抄报、绘画、实验报告、读后感、电子杂志等作品。值得一提的是,在撰写实验报告的过程中,学生巧妙地以思维导图的形式,简洁而形象地将实验结果描述出来,使人一目了然。部分学习成果展示如图 10.1.4、图 10.1.5、图 10.1.6、图 10.1.7 所示。

图 10.1.4 手绘蚂蚁

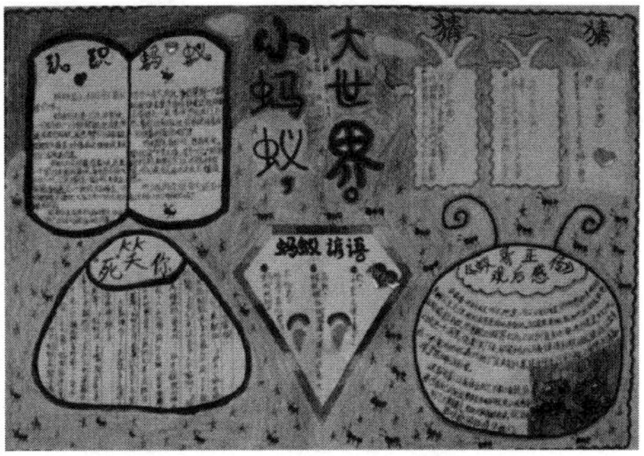

图 10.1.5 手抄报

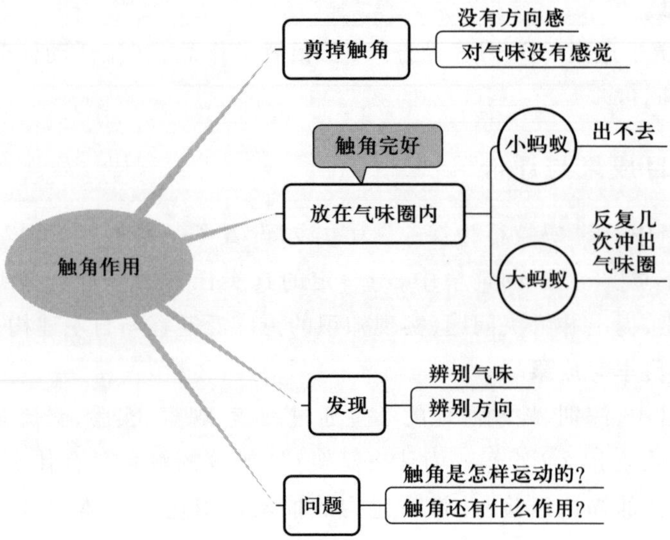

图 10.1.6　蚂蚁触角的作用概念图

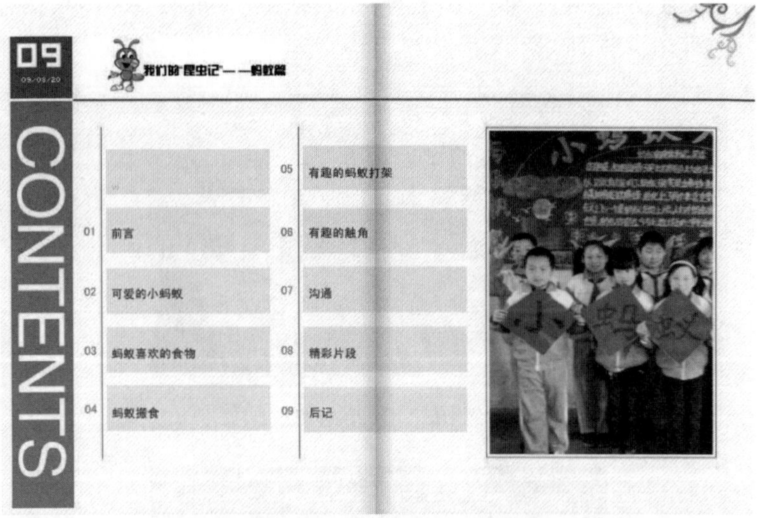

图 10.1.7　《我们的“昆虫记”——蚂蚁篇》电子杂志

（二）小组合作学习评价

表 10.1.6 为甘肃平凉崆峒红旗街小学四(2)班第 1 小组“小蚂蚁侦探队”的合作学习评价表，从表中我们可以看出该小组在组长的带领下，及时发现并解决了问题，顺利完成了任务。同时也能总结出活动的成绩与不足，达到了合作探究的目的。

表 10.1.6 “小蚂蚁侦探队”合作学习评价表

组别:第1小组

<table>
<tr><td>小组名称</td><td colspan="3">小蚂蚁侦探队</td></tr>
<tr><td>组长</td><td>朱婧婧</td><td>组员</td><td>张涛、张心卉、赵浩翔、孙斌洋</td></tr>
<tr><td>活动起止时间</td><td colspan="3">2009 年 4 月 1 日—2009 年 5 月 10 日</td></tr>
<tr><td colspan="4">小组合作评价:</td></tr>
<tr><td>组长所做组织工作</td><td>很好</td><td></td><td></td></tr>
<tr><td>小组合作情况</td><td>很好</td><td></td><td></td></tr>
<tr><td colspan="4">小组活动中遇到什么困难,如何克服:
我们组捉了几只蚂蚁准备做实验,结果蚂蚁总是爱乱跑,没办法进行实验,最后孙斌洋想了一个好办法:换了较高一点的玻璃杯,蚂蚁就不容易爬出来了。最后实验进行得很顺利。</td></tr>
<tr><td colspan="4">小组活动中谁在哪些方面表现最突出,其突出之处是什么:
我们觉得在“画蚂蚁”这项活动中,表现得最为突出:在组长朱婧婧的提议下,我们小组准备画有关蚂蚁的漫画,我们画出来的蚂蚁个个很精神,得到了老师和同学们的夸奖。</td></tr>
<tr><td colspan="4">小组活动中存在哪些不足,对于以后有什么启发?
不足:在观察蚂蚁这个环节中,我们组的组员都顾着高兴了没能很好地把观察过程记录下来。
启发:在观察的同时应该随时进行记录,这样才好,下次一定注意。</td></tr>
<tr><td colspan="4">简要分析小组成绩和不足:
成绩:小组成员都反映最近只要看到蚂蚁都会仔细的去观察它,老师说我们有一点观察的耐力了,我们很高兴。
不足:小组成员的合作还需要加强,不然会影响我们学习效果。</td></tr>
<tr><td colspan="4">组长签名:朱婧婧
组员签名:张涛、张心卉、赵浩翔、孙斌洋</td></tr>
</table>

案例点评:本项目在结合学科教学需要,分析学生特征的基础之上,组织学生针对蚂蚁开展了调查、观察、实验探究等系列实践活动。项目中体现了多学科融合、学生参与体验、小组协作、从做中学等特点。项目中各阶段的驱动问题根据学生的兴趣点与项目进展动态生成;项目为学生分析问题、解决问题提供了良好的思维框架。信息技术作为学习资源获取、情境探究、协作学习与交流讨论、知识建构与作品创作的工具,贯穿于整个项目活动的流程中。项目

通过网络让深圳、崆峒两地的学生开展远程协作，有效地培养了学生的语文写作能力与协作交流能力。

项目的开展大大提升了学生的科学探究能力、信息素养、批判性思维与问题解决能力。项目获得了2009年微软在巴西萨尔瓦多举办的“全球创新教师论坛”创新教学项目大赛第3名，项目主持教师参与了“全球创新教师论坛”现场交流、展示。

第二节 “我种豆芽”项目

一、项目简介

“我种豆芽”是一个整合了语文、数学、科学、信息技术等多学科知识的综合教学实践案例。项目中成都、苍溪两地的学生通过远程通信技术结成学习共同体，在教师的指导下，以小组配对的形式开展动手实践。学生通过培养豆芽、观察变化、记录数据、分析数据、总结发现等环节，探究肥料、光照、温度等外界因素对豆芽生长变化的影响。

本项目的实施培养了学生的动手操作能力、数学统计能力、语言表达能力，提高了学生的信息素养，激发了学生学习的兴趣与探索科学奥秘的动力，增进了城乡两地师生之间的友谊。

二、项目设计

（一）确定主题，明确任务

在“我种豆芽”项目中，学生为探究肥料、光照、温度等外界因素对豆芽生长变化的影响，围绕“豆芽生长变化与肥料的关系”“豆芽生长变化与光照的关系”“豆芽生长变化与温度的关系”的主题进行探究，每个小组需要完成以下学习任务。

1. 任务1：学生分组，准备实验材料，做好培育豆芽的准备工作。

2. 任务2：开展实验，学生以小组为单位，在不同的条件下培育豆芽，认真观察豆芽的生长变化并做好详细记录。

3. 任务3：比较不同环境下豆芽的生长情况，讨论分析不同条件（如肥料、光照、温度）对豆芽生长的影响。

4. 任务4：总结豆子发芽的条件，撰写活动感受，共同制作完整的项目报告。

针对上面设计的任务，制定项目活动时间如表10.2.1所示。

表 10.2.1 项目活动时间表

阶段	时间	教师活动	学生活动	任务
第一阶段	3~5 天	项目的准备工作,初步选出要参加活动的学生	初步入选的学生进行准备工作	准备材料
第二阶段	5~7 天	正式确立学生并对他们进行分组;组织学生开始实验,并对学生进行精心的指导	学生做实验;并做好自己小组观察的记录;学生每天写出感受	做出实验,收取资料
第三阶段	5~7 天	对学生收集到的资料进行总结,并得出结果	和老师一起总结	做出成果

(二) 根据任务,设计过程

根据明确的任务,制定本项目的实施过程,如图 10.2.1 所示。

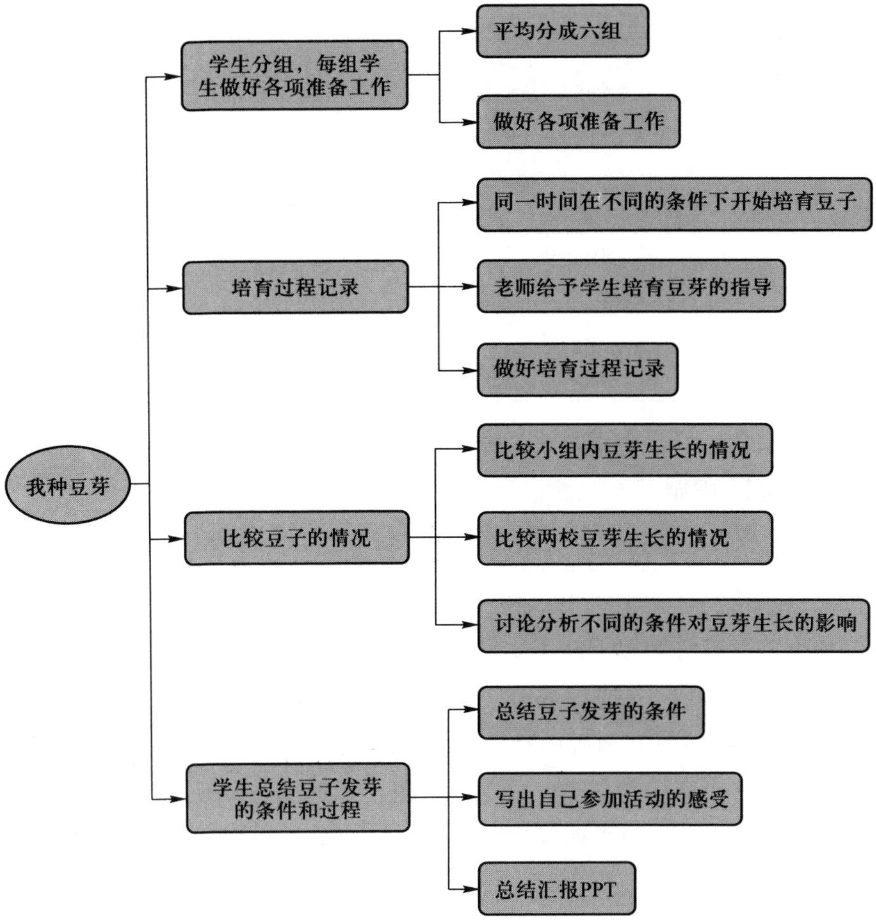

图 10.2.1 “我种豆芽”项目过程设计图

（三）项目评价设计

为对每个小组的项目开展情况进行评价，设计了如表 10.2.2 所示的项目评价量表。

表 10.2.2　项目评价量表

任务	活动	起点水平 1	有进步 2	掌握水平 3	成为范例 4	得分
任务一 20%	准备工作					
	表格					
任务一 30%	实验					
	记录					
	表格					
任务一 30%	讨论					
	表格					
任务一 10%	总结					
	交流感受					
	总结汇报 PPT					
小组整体表现 10%	合作					
	分工					
总分 100%						

三、项目实施

根据以上的项目过程设计图，成都、苍溪两地的学生在教师的指导之下进行分组，以小组协作的形式展开探究，依次完成任务 1、任务 2、任务 3 与任务 4。具体实施过程分为以下 4 个阶段。

（一）第 1 阶段——学生分组，进行准备工作

1. 两地学生分别在教师的指导下进行分组。

2. 两地的实验小组进行一一配对，创建新的学习团队（如“地广人稀小组”“美丽心情小组”等）并明确实验组与对照组的角色（两地学生一方为实验组，另一方为对照组）。

3. 确定探究主题，如有的小组探究“豆芽生长变化与肥料的关系”，有的

小组探究“豆芽生长变化与光照的关系”,有的小组探究“豆芽生长变化与温度的关系”。

4. 根据选定的探究主题,准备相应的实验材料。

(二) 第二阶段——开展实验,做好实验记录

各小组首先进行明确的内部分工,确定实验组与对照组中的观察员、记录员、测量员角色,围绕已选定的探究主题开展实验探究。

1. 探究主题:豆芽生长变化与肥料的关系

实验材料:绿豆、湿毛巾、塑料篮、肥料、餐巾纸、盘子

实验周期:10 天

实验组:在有肥料的环境下培育豆芽

对照组:在无肥料的环境下培育豆芽

在实验的过程中,实验组与对照组认真观察豆芽每天的发育情况,测量并记录豆芽的苗高、茎的粗细与根的发育情况,并利用 Excel 绘制成柱状图。

如图 10. 2. 2 所示为“地广人稀小组”的记录结果。

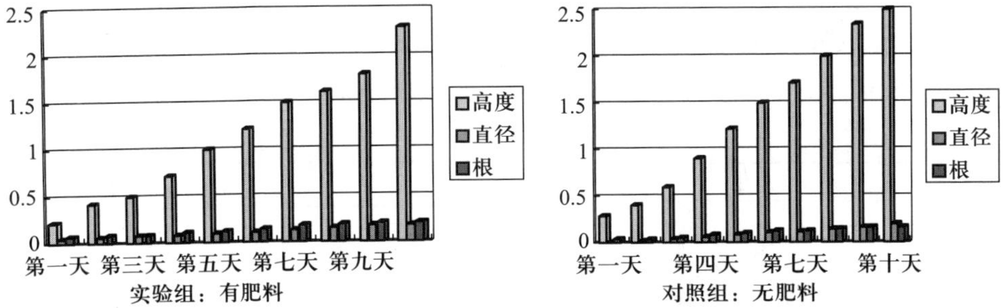

图 10. 2. 2 “豆芽生长变化与肥料的关系”实验记录

2. 探究主题:豆芽生长变化与光照的关系

实验材料:绿豆、湿毛巾、塑料篮、黑色胶袋、餐巾纸、盘子

实验周期:10 天

实验组:在有光照的环境下培育豆芽

对照组:在无光照的环境下培育豆芽

在实验的过程中,实验组与对照组认真观察豆芽每天的发育情况,同样测量并记录豆芽的苗高、茎的粗细与根的发育情况,并利用 Excel 绘制成柱状图。

如图 10. 2. 3 所示为“美丽心情小组”的记录结果。

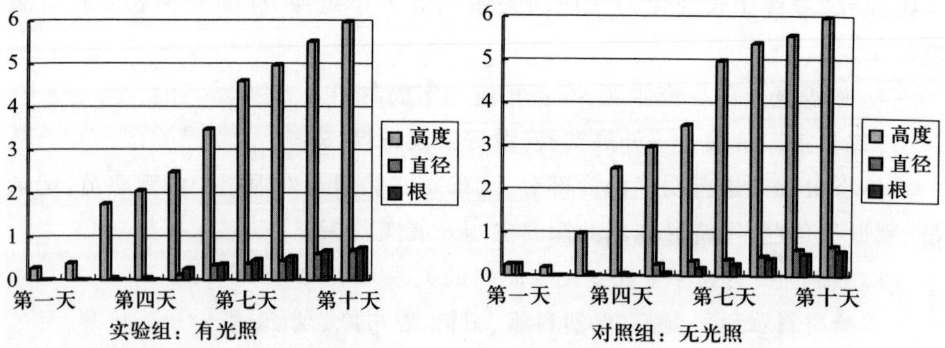

图 10.2.3 “豆芽生长变化与光照的关系”实验记录

3. 探究主题：豆芽生长变化与温度的关系

实验材料：绿豆、湿毛巾、塑料篮、餐巾纸、盘子、冰箱

实验周期：10 天

实验组：在常温环境下培育豆芽

对照组：在低温环境下培育豆芽

在实验的过程中，实验组与对照组认真观察豆芽每天的发育情况，同样测量并记录豆芽的苗高、茎的粗细与根的发育情况，并利用 Excel 绘制成柱状图。

如图 10.2.4 所示为“依山傍水小组”的记录结果。

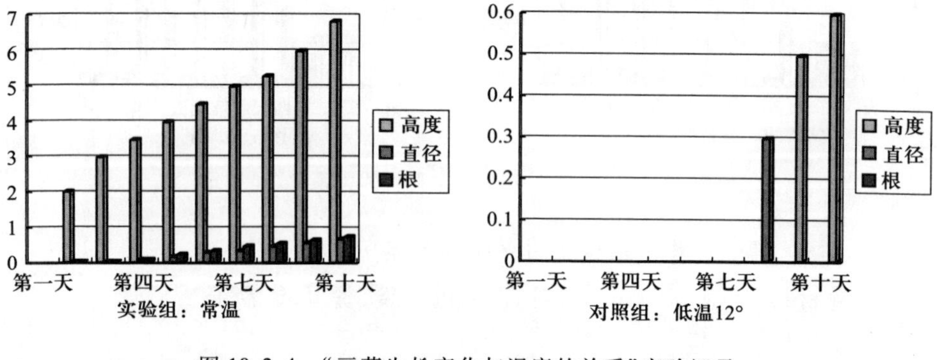

图 10.2.4 “豆芽生长变化与温度的关系”实验记录

（三）第 3 阶段——比较豆子的生长情况

各小组的学生比较不同实验条件下的实验组、对照组豆芽的生长情况，总结不同培育条件对豆芽生长的影响。

如“豆芽生长变化与肥料的关系”实验中，“地广人稀小组”对观察结果的描述如下(见图10.2.5)。

我们小组进行的是“豆芽生长变化与肥料的关系”实验。我们为实验设计了两组不同的肥料环境,实验组是有肥料的,对照组是没有肥料的。

实验第一天,根据观察结果,我们发现豆芽有一些裂开了。

实验第二天,根据观察结果,我们发现豆芽全部都裂开了。

实验第三天,根据观察结果,我们发现实验组豆芽长0.5厘米,对照组豆芽长0.6厘米,实验组的豆芽比对照组的粗。

实验第四天,根据观察结果,我们发现实验组豆芽长0.7厘米,对照组豆芽长0.9厘米,实验组的豆芽比对照组的粗。

实验第十天,根据观察结果,我们发现实验组豆芽长2.3厘米,对照组豆芽长2.5厘米,实验组的豆芽比对照组的粗。

经过十天的实验观察,我们发现实验组的豆芽在有肥料的情况下长得短而肥,对照组的豆芽在无肥料的情况下长得长而细。

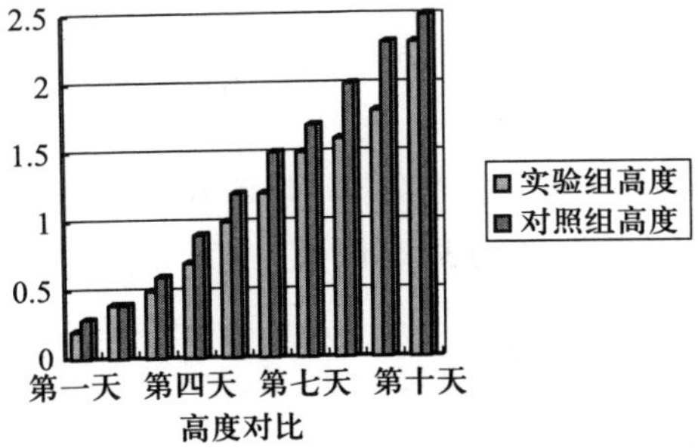

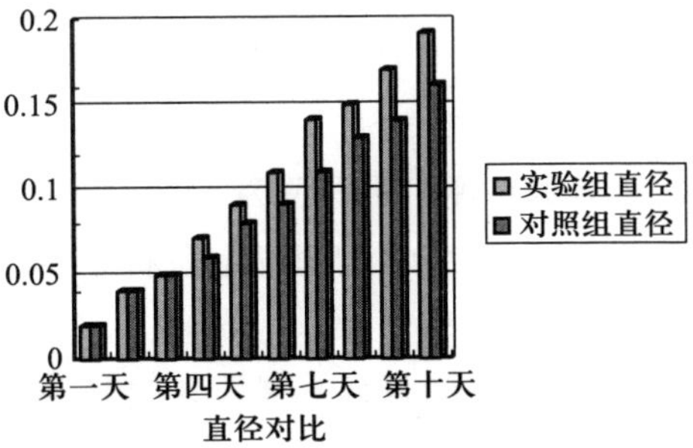

图10.2.5 实验组与对照组豆芽生长情况对比

(四)第4阶段——总结发现,制作报告

1. 各小组根据实验观察记录,对实验数据进行分析,总结不同外界条件对豆芽发育的影响并给出建议。如探究“豆芽生长变化与肥料的关系”的小组建议培育豆芽时最好施加肥料,探究“豆芽生长变化与光照的关系”的小组建议最好在无光的环境下培育豆芽,探究“豆芽生长变化与温度的关系”的小组建议在常温下培育豆芽。

2. 每位学生撰写学习心得,将活动过程中的感受与收获记录下来。

3. 各小组进行讨论、分析、归纳、总结,合作完成一份完整的项目作品(可采用PPT形式),并与其他小组的同学进行分享交流。

四、项目成果与评价

（一）项目学习成果

在本项目的实施过程中，两地学生撰写观察日记，制作实验报告，用文字与图表等形式，完整地记录了学习的过程与收获。将实验组与对照组豆芽生长的情况（高度、直径）以柱状图的直观可视化方式呈现，是本项目的一大特色。

（二）项目学习评价

在本项目中，来自成都、苍溪两地的实验组、对照组通过远程通信技术，形成学习共同体，围绕“影响豆芽生长的因素”主题，共同完成实验探究、问题解决、作品创作等任务。通过以实验组与对照组结对的形式开展主题实验探究，两地学生协作解决了“豆芽生长变化与肥料的关系”“豆芽生长变化与光照的关系”“豆芽生长变化与温度的关系”等问题，并通过分析实验结果，为培育豆芽提出了自己的建议。通过亲身参与，学生的实验能力、数据统计能力、归纳总结能力、协作交流能力得到了一定的提高，对知识的理解更为深刻，对知识的迁移应用也更为广泛和灵活。

案例点评：“我种豆芽”教学创意来源于真实的生活情境，目的在于通过科学小实验，帮助学生理解生命科学、数据收集处理的基本概念，丰富学生的学习体验，提高学生的学习兴趣，增进师生、生生之间的感情，培养学生热爱大自然、热爱生命的良好品质。项目教学目标明确，活动设计清晰，分工合理，并能让学生积极、主动地参与到主题实验中去，制作出形式多样的作品，充分体现了学生的主体地位。此外，项目中成都、苍溪的小朋友通过网络形成良好的合作伙伴关系，通过动手探究、协作交流、共建共享等活动，快乐学习、共同成长，有效地培养了他们的协作探究能力。

第三节　“校园植物知多少”项目

一、项目简介

“校园植物知多少”项目面向的主要对象是小学三至六年级的学生。深圳、甘肃两地共 4 所学校的学生在教师的指导下，围绕“校园植物知多少”主题，开展了校园植物识别、校园植物测量、校园生态观察、校园植物摄影、植物标本制作、校园植物差异调查等一系列活动，形成了实验报告、摄影集、手抄报等作品。

“校园植物知多少”项目综合运用了语文、数学、科学、生物、美术、信息技术等学科知识，通过形式多样的主题活动，不仅丰富了学生的植物知识，培养了学生协作探究的能力、解决问题的能力与数据统计能力，还提高了学生获取、甄别、使用信息的能力与素养。

二、项目设计

（一）确定主题，明确任务

植物是生态系统中的重要组成部分，对人类的贡献很多。对植物的探究是小学课堂内容的延伸和拓展，不但可以启迪学生思维，还可以给学生提供一个综合运用各学科知识、提高实践能力的机会。

开展校园植物探究，研究身边的科学，有利于提高师生对校园绿化的认识和重视，提高学生对学校的关注和热爱，增强绿色学校的氛围和环境保护的意识。

该项目的研究主题经过学生的观察、归纳与讨论，由最初的“校园的树木调查”改为“校园植物知多少”。究其原因，一是植物的分类并没有“树木”一说；二是只调查校园乔木或木本植物，不能有效地反映校园植物的总体情况，而且乔木与灌木、草本植物与木本植物实际区分较难；三是改为调查校园所有植物，对于树木数量太少的伙伴学校而言，可以增加研究样本，让学生活动更加丰富，研究结论更有说服力。

该项目主要由深圳、甘肃两地的学生通过统计校园植物种类、测量树木高度、调查树龄、调查校园植物的发芽、开花结果等活动，获得植物生长的相关知识，提高信息的收集处理能力和数学知识的迁移应用能力等。具体的项目任务如下。

（1）任务1：问卷调查。来自不同学校的学生分别成立“问卷调查小组”，在教师的指导下设计调查问卷（前测问卷、后测问卷），通过调查，了解本校师生“对校园植物知识的了解程度”。

（2）任务2：校园植物的识别。来自不同学校的学生分别成立“植物识别组”，对本校园植物的种类、棵数进行统计并记录，加深对植物的习性、别名、科属、用途、产地的认识。

（3）任务3：校园植物的综合观察。来自不同学校的学生分别成立“植物测量组”“生态观察组”“植物摄影组”“标本制作组”“工艺制作组”“植物绘画组”，围绕着相应的主题在校园中展开观察研究。

（4）任务4:差异调查。调查、对比两地校园植物数量、生长发育、叶片形态、常绿与落叶等方面的差异,分析原因。

（5）任务5:归纳活动成果,协作完成报告并进行分享交流。

针对上面设计的任务,制定项目活动时间如表10.3.1所示。

表10.3.1　项目活动时间表

阶段	时间	教师活动	学生活动	目标
第一阶段	第1周	准备学习方案、学生分组,发布方案	建立学生团队,在教师指导下认识对方,开始交流,明确学习任务、学习方式	熟悉学习内容和学习伙伴
第二阶段	第2周	指导学生设计、发放、回收、分析问卷	学生设计问卷、测试问卷、分析问卷	了解当前学生对校园植物知识的认知水平
第三阶段	第3~4周	制作调查表,组织学生观察校园植物	学生请教花工师傅、老师、家长,利用网络搜索,了解校园植物	了解校园植物的种类、数量、名称,提高学生通过网络获取信息的素养
第四阶段	第5~6周	组织学生开展校园植物综合观察活动,和学生共同制定观察计划和任务	根据活动步骤开展观察探究,并在探究中提出问题,解决问题	通过对相应主题的观察探究,进一步提高师生对校园植物的认识和动手实践的能力
第五阶段	第7~8周	制定调查表,组织学生展开两地植物的差异调查研究	对比两地校园植物的数据,分析导致两地校园植物生长差异的原因	了解两地校园植物生长差异的原因
第六阶段	第9~10周	组织学生撰写项目报告、制作作品并交流汇报	分小组制作项目报告,制作活动作品并进行汇报交流	培养合作交流能力

（二）根据任务,设计过程

根据明确的任务和项目计划,制订该项目的实施过程如图10.3.1所示。

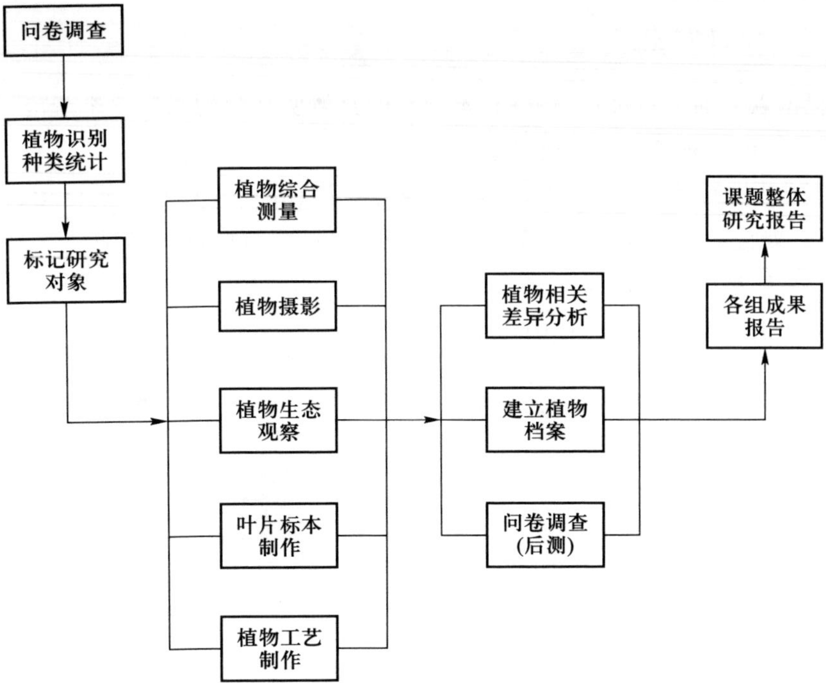

图 10.3.1 “校园植物知多少”项目过程设计图

(三) 学生活动综合评价设计

为对整个探究活动进行综合评价,教师为学生设计了如表 10.3.2 所示的学生活动综合评价表。该评价表包括自我评价、小组长、辅导教师、家长的评价,供每个小组在项目结束后填写。

表 10.3.2 学生活动综合评价表

评价项目	观察调查操作	查阅展示资料	表格记录整理	制作、日记、表格
参与态度积极性				
方法掌握				
勇气胆量				
与伙伴合作				
完成任务				
总体自我评价	我能行(　　)	我还行(　　)有待继续努力		
组长评价				
家长评价				
教师评价				

三、项目实施

根据以上的项目过程设计图,本项目的具体实施分为以下5个阶段:

(一)第1阶段——问卷调查(1周)

4所学校的学生分别成立问卷调查小组,设计问卷,对参与本校项目的学生进行“对校园植物知识的了解程度”前测(项目结束后进行后测),了解当前学生对校园植物知识的认知水平。学生通过问卷发放、问卷回收、问卷统计与分析来获取重要信息(见图10.3.2)。

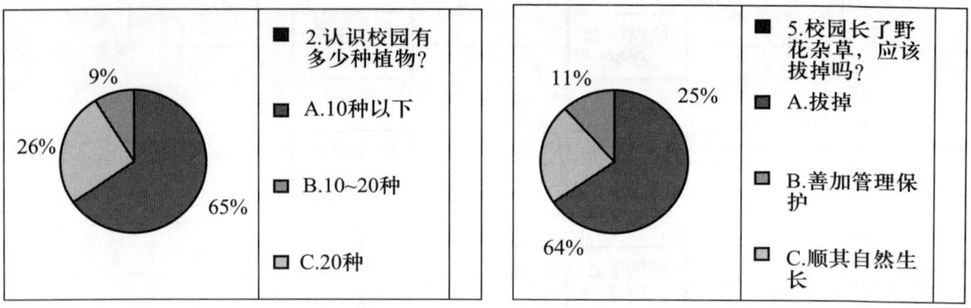

图10.3.2 问卷统计结果

在调查中,我们的发现与感受如下:

(1)我觉得我们对校园植物的关心还不够,我们平时应该多留心校园里的植物。

(2)我想对大家说:自然之道,自有它的规律,不要改变它,那样反而会适得其反,甚至会更加糟糕,千万不要“好心办坏事”!

(3)调查过程中我们发现大家对植物的了解还是比较贫乏,对环保的概念不是很明白。但是大家对研究植物的兴趣还是比较高的。

(4)我们小组体会到了调查研究的快乐,并且觉得大家应该对植物增加一些了解,也同时对环境保护增加一些理解。

(二)第2阶段——校园植物的识别(2周)

(1)植物认名:找树牌、请教花工师傅、教师、家长,走访绿化部门、苗圃工作人员,查阅学校绿化资料,利用网络搜索,获得各种校园植物的名称、科属等信息。

(2)植物种类与数量统计:统计校园植物的种类和数量并进行记录(见表10.3.3)。

表 10.3.3 校园植物调查表

学校名称	植物类型			
	草本	灌木	乔木	藤本

对难以辨识的植物，要由专门的小组负责，认真观察，详细记录有关数据，标明位置。对整株植物及其叶、花、果、种子等部位进行拍摄，最好能制作标本，然后通过查找资料、走访相关技术人员、到园林苗圃比对等方法进行植物名称的确认（见图 10.3.3 和图 10.3.4）。

图 10.3.3 学生在观察植物

图 10.3.4 教师指导

（三）第 3 阶段——校园植物的综合观察

1. 植物测量（2 周）

（1）来自 4 所学校的“植物测量组”分别进行明确的内部分工；

（2）分别准备卷尺、等腰直角三角板、纸、笔、相机等材料；

（3）开始实践，测量树木的高度、胸径，调查树龄等。

在活动的过程中，学生针对植物的生长环境与生长情况，采用不同的测量方式开展实践，探索最科学、合理的测量方法。例如，在测量树高时，学生尝试了直接测量法、树影法、比例法、参照物法、等腰直角法等不同方法，并将测量过程与结果记录下来。

例如，学生运用等腰直角法测量树高的活动记录如下：

我们的大操场旁有一颗假槟榔。

首先,我们尝试用影子法测量它的高度,但是由于围墙挡住了影子,所以我们只能放弃这个方法。接下来,我们想到了参照物的方法,但是由于周围没有足够高的参照物,所以这个方法也不够好。最后,我们决定采用等腰直角三角形的方法来测量树高。我们先制作了一个等腰直角三角形的木板,然后把木板放到乒乓球桌上,沿 45°角往上看,调整了三次后,我们终于在一张乒乓球台上找到了合适的观察点。我们把木板放在乒乓球台上,沿斜边望去,树木的顶端正好与三角形的延长线重叠。接着我们测量了乒乓球台的高度(0.8 米)与木板到树木的距离长短(6.55 米),通过数学方法计算出树木的高度(7.35 米)(见图 10.3.5)。

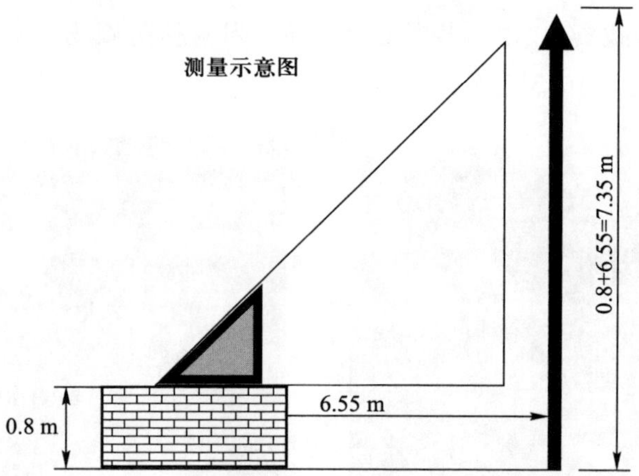

图 10.3.5　等腰直角三角形的测量方法

2. 生态观察(2 周)

学生利用放大镜、显微镜等工具,开展"初探花粉'真面目'"的活动。活动步骤如下:

(1) 观察花朵,辨认花蕊;

(2) 采集花粉,在显微镜或放大镜下观察;

(3) 记录结果(文字描述、绘画、拍照等);

(4) 整理资料,分析结果;

(5) 撰写活动报告。

表 10.3.4 为学生的实验记录与活动心得(节选)。

表 10.3.4 “生态观察组”实验记录

序号	花名	倍数	花粉形状/大小	花粉颜色
1	扶桑花	200	圆形,直径大约 3 厘米,上面有些像触角的东西	褐色中带有浅黄色和绿色。触角呈透明
2	天冬花	200	圆形,直径大约 1 厘米,无触角	外围线条呈深褐色,中间呈浅褐色
3	美人蕉	200	圆形,直径大约 1.3 厘米或 1 厘米,有圆点,外围是刺状	透明,外围呈浅灰色
4	日日樱	200	圆形,直径大约 1.3 厘米,有圆点	黄色,花粉外围和圆点外围呈褐色
5	黄脉爵床	200	圆形,直径大约 2 厘米,外围线条不规律	全褐色

我们一共采集了 11 种花朵,做了 23 块载玻片,画出花粉形状的有 6 种(从显微镜中比较肯定观察到的是花粉的)。

通过观察可以看出,这些花粉形状有以下特点:

(1) 花粉大多是圆球状;

(2) 花粉非常细小,在 200 放大倍数的显微镜下,直径最大的是扶桑花花粉,约 3 厘米,最小的 0.5 厘米;

(3) 花粉大多有刺状突起。

我们认为,花粉之所以呈现上述形状,是为了便于黏附在为它传播的昆虫、鸟类身上和雌蕊上。

3. 植物摄影(1 周)

学生利用数码照相机,将植物的整株形态、叶片、果实、花朵等拍摄下来,为以后制作校园植物图鉴做准备。具体活动步骤如下:

(1) 学生根据兴趣自行分组;

(2) 划分活动区域,每一个小组负责校园中一个指定的领域;

(3) 每一个小组到指定区域进行摄影;

(4) 各小组上传照片,与其他学校的学生进行分享;

(5) 针对“我的体会”“我掌握的植物知识”“我在活动中的发现”“我的建议”“我从伙伴学校的作品中发现了……”等问题展开网上讨论交流,进行活动总结。

以下为学生的研究结果描述：

通过实践和讨论，我们的收获如下：

(1) 在强阳光正顺光下拍摄的相片分辨率不高，相片显得有点“模糊”，效果并不好。

(2) 为了让别人能够对某一种植物有一个完整的印象，最好提供两至三张相片，一张整株相片，一张局部相片，一张花、果实或叶片的特写。

(3) 拍摄高大树木果实、花或叶片时，可能的情况下，最好借助登高器材。

(4) 通过对校园植物的摄影、上网查阅与讨论，丰富了我们的植物和环境知识。

(5) 我们发现不同学校校园植物有很大区别：福民小学校园植物丰富多彩，绝大部分是常绿植物，东大街小学全部是乔木，新民路小学以草本植物为主，等等。

4. 标本制作(1 周)

学生根据树叶标本的制作流程，开展一系列活动，制作出丰富多彩的树叶标本，并通过分享、讨论、反思，分析制作标本时应注意的问题(见图 10. 3. 6)。

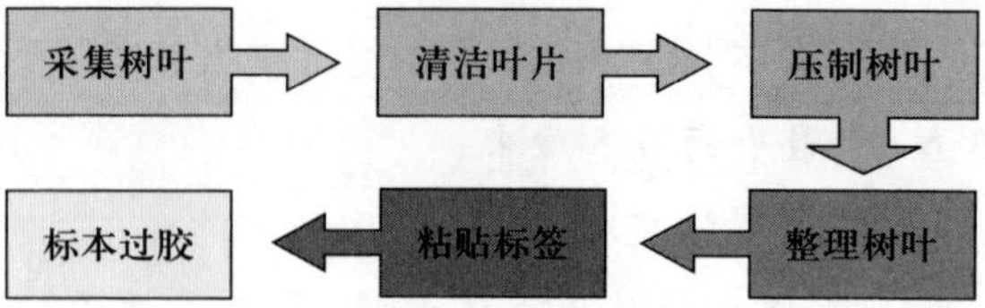

图 10. 3. 6　标本制作流程

5. 工艺制作(1 周)

学生采集植物的叶子与花朵，运用纸、彩笔、水粉等工具，充分发挥自己的想象力，制作出各种工艺制品(见图 10. 3. 7 和图 10. 3. 8)。

6. 植物绘画(2 周)

学生仔细观察校园中的植物，进行写生实践，从中增长了植物知识，提高了绘画与审美水平。

(四) 第 4 阶段——差异调查(2 周)

学生以“两地校园植物生长差异调查与分析”为研究主题，对比两地校园植物的数据(包括植物数量、生长发育、叶片形态、常绿与落叶等)，分析导致两地校园植物生长差异的原因。

图 10.3.7 新民路小学四一班的学生在展示自己的作品

图 10.3.8 植物工艺品

(1) 学生通过对比 4 所学校的调查数据,找出两地常见植物种类的差异,并通过韦恩图的形式呈现出来,如图 10.3.9 所示。

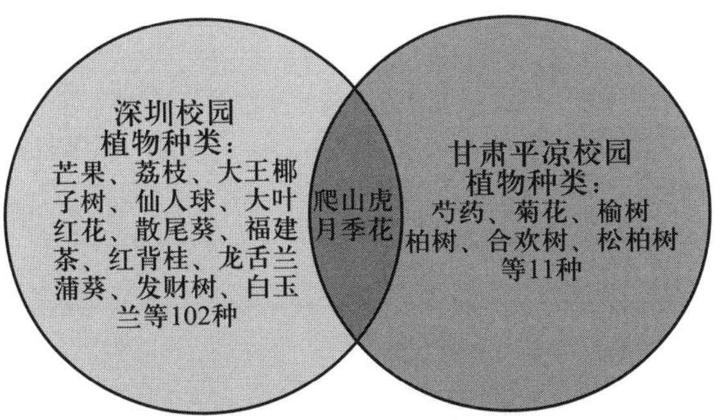

图 10.3.9 深圳、甘肃两地植物种类差异

(2) 学生通过网络,结合实践调查,获取两地的气候差异、地域差异、树种特点等数据,从中分析导致两地校园植物生长差异的原因。

例如,学生在调查两地气候差异时,首先通过网络获取以下信息(见表 10.3.5)。

表 10.3.5 通过网络获取相关信息

对比项＼对比方	深圳	甘肃平凉
气候类型	热带海洋性季风气候	半干旱、半湿润的大陆性气候
年平均气温	24.0℃	8.5℃
年降水量	1 933.3 毫米	450~700 毫米
年日照量	2 120.5 小时	2 424.8 小时
自然灾害	台风、洪水	干旱、霜冻
无霜期	355 天	192 天

通过分析以上数据,学生得出如下结论:深圳平均气温高出甘肃 16 摄氏度(℃)左右,降水量更是甘肃地区的 4 倍左右,常年湿润多雨,有利于植物的生长。而甘肃平凉少雨,气候干燥寒冷,不利于植物的生长。

在调查两地树种差异时,深圳、甘肃的学生分别以荔枝、国槐为例进行了比较(见表 10.3.6)。

表 10.3.6 代表树木比较

对比项＼对比方	深圳(以荔枝为例)	甘肃(以国槐为例)
树高	2~3 米	15~25 米
树叶	常绿、叶片小	落叶,卵状长圆形,长 2.5~7.5 厘米,宽 1.5~5 厘米
树干	细小、光滑	粗大、粗糙、纹理明显
树冠	稠密	茂密
耐寒性	不耐寒	耐寒
耐旱性	不耐旱	抗旱

通过分析,学生发现:由于甘肃气候干燥,降水少,冬天冷,有霜冻天气,所以适宜国槐这种落叶性植物的生长;而深圳天气湿润,降水多,台风频繁,所以植物相对矮小,树叶常绿。

(3) 了解了两地校园植物生长差异的表现与原因后,学生通过交流讨论,给出了校园绿化的建议和设想。

甘肃校园绿化少,建议青少年义务采集草籽和灌木、乔木树种,自己动手绿化、美化校园。

甘肃校园能否通过改造土壤的属性来增加些南方树种呢?

有些甘肃的植物也可以尝试在深圳生长,如国槐不仅可以生长于干旱地区,也可以生长于多雨地区。

甘肃校园应多种一些防风沙,固地表的植物,而深圳校园应多种植一些防辐射的植物。

(五) 第5阶段——总结交流

4所学校的学生通过网络通信工具进行交流讨论,协作完成活动报告,撰写活动心得,并与其他小组的学生进行分享。

四、项目成果与评价

在该项目中,学生在教师的组织与指导下,以小组协作的方式对校园植物进行了调查探究。学生探究的主题来源于自身的兴趣,因而促使学生迸发出强大的研究热情。通过植物测量、标本制作、工艺制作、差异分析等一系列活动,提高了学生数学、生物等学科知识的迁移应用能力、动手实践能力、数据统计处理能力、分析归纳能力。两地学生通过网络进行远程协作,共同探究、分享、交流自己活动的发现与感受,培养了学生的协作交流能力与互助精神。

(一) 项目学习成果

在本项目的实施过程中,两地学生完成了实验报告、摄影集、绘画、植物工艺品等作品,完整地记录了学习的过程与收获。

部分学习成果展示如图10.3.10、图10.3.11、图10.3.12、图10.3.13所示。

(二) 学生活动综合评价

图10.3.14为深圳市福民小学活动过后填写的学生活动综合评价表,从表中我们可以看出无论家长还是老师,都对这次活动给予肯定的评价,认为其增加了学生对植物的认识,有助于培养学生的合作能力、信息搜集能力。学生也认为在此次活动中,认识到了自己的收获与不足,达到了合作探究的目的。

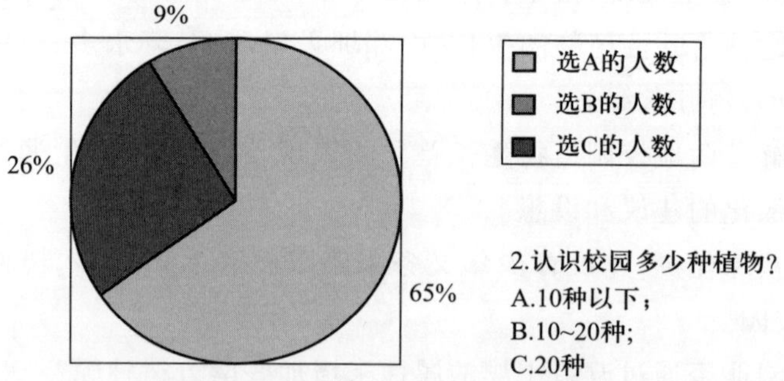

图 10.3.10　学生调查结果

图 10.3.11　学生摄影作品

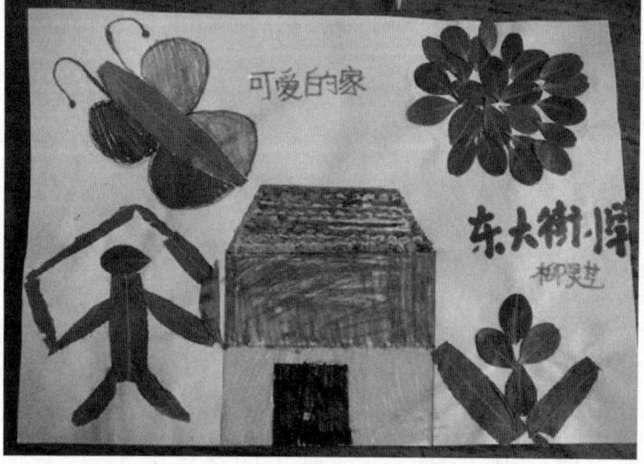

图 10.3.12　学生制作的植物标本

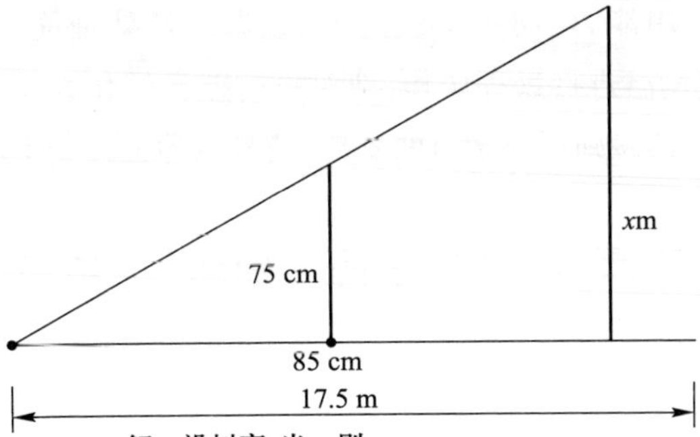

解：设树高x米，则

$$\frac{75^{15}}{85_{17}}=\frac{x}{17.5}$$

$$\frac{15}{17}=\frac{x}{17.5}$$

$$17x=264$$

$$x\approx 15.5$$

答：树高约15.5米

图 10.3.13　“比例法”测量树高

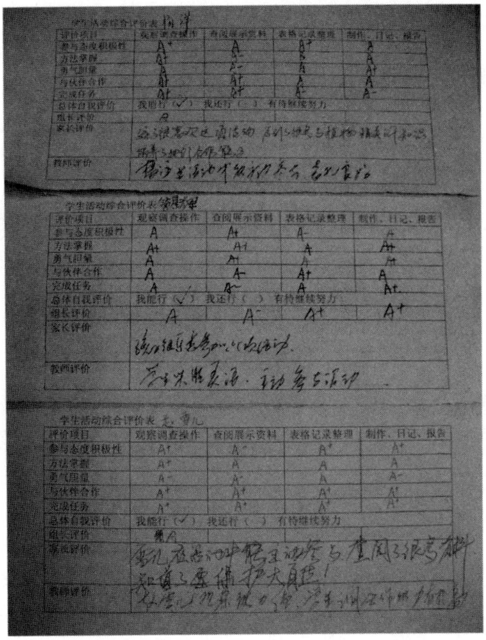

学生活动综合评价表

评价项目	观察调查操作	查阅展示资料	表格记录整理	制作、日记、报告
参与态度积极性	A+	A	A+	A
方法掌握	A+	A-	A	A
勇气胆量	A	A-	A	A+
与伙伴合作	A+	A+	A	A
完成任务	A+	A+	A-	A-
总体自我评价	我能行（√） 我还行（ ） 有待继续努力			
组长评价	A			
家长评价				
教师评价				

学生活动综合评价表

评价项目	观察调查操作	查阅展示资料	表格记录整理	制作、日记、报告
参与态度积极性	A	A+	A-	A
方法掌握	A+	A+	A	A+
勇气胆量	A	A+	A	A+
与伙伴合作	A	A-	A+	A
完成任务	A	A-	A	A+
总体自我评价	我能行（√） 我还行（ ） 有待继续努力			
组长评价	A	A-	A+	A+
家长评价				
教师评价				

学生活动综合评价表

评价项目	观察调查操作	查阅展示资料	表格记录整理	制作、日记、报告
参与态度积极性	A+	A-	A+	A+
方法掌握	A+	A	A	A
勇气胆量	A-	A-	A	A-
与伙伴合作	A+	A+	A+	A+
完成任务	A+	A+	A+	A+
总体自我评价	我能行（√） 我还行（ ） 有待继续努力			
组长评价	A			
家长评价				
教师评价				

图 10.3.14　“校园植物知多少”学生活动综合评价表

案例点评：“校园植物知多少”是一个多学科知识综合教学的主题，项目综合运用了语文、数学、科学、生物、美术、信息技术等学科。项目共有来自甘肃、深圳两地 4 所学校约 600 名师生共同参与，活动形式多样，学习作品丰富，学生在活动中迸发出强大的研究热情。项目通过植物测量、标本制作、工艺制作、差异分析等一系列活动，大大提高了学生数学、生物等学科知识的迁移应用能力、动手实践能力、数据统计处理能力、分析归纳能力。

两地学生通过网络进行远程协作,把对方的差异转化为学习的资源。通过项目实施,让学生充分体验到项目学习的乐趣,同时教师也转变了教学观念。

第四节 “海芋的‘翅膀’”项目

一、项目简介

“海芋的‘翅膀’”针对的是小学五年级学生。教师让学生围绕着“校园如此多的海芋到底是从哪里来？它们怎么长到这里来的?”开展系列的探究活动,寻找问题的答案。通过问题的解决提高学生的科学素养,发展学生的逻辑推理能力。

二、项目设计

(一) 确定主题,明确任务

参与项目的同学在校园里发现了有趣又奇怪的现象:苗圃里、角落里总会长出一些外来的植物,如海芋。它们是从哪里来？它们怎么长到这里来的?经过老师和学生的共同讨论、提炼和梳理,大家认为小鸟传播海芋的可能性很大。于是将该项目的主题确定为“海芋的‘翅膀’—小鸟传播海芋可能性的研究”。基于该主题学生需要合作完成以下任务。

(1) 任务1:校园海芋数量调查。学生成立海芋数量探究小组,通过采访老师,实地观察,了解海芋最初数量和现在的数量,根据前后数量的对比,提出问题。

(2) 任务2:海芋果实毒性实验。学生成立海芋果实毒性实验小组,设计实验方案,准备海芋、福寿螺、量杯、钳子、剪刀等实验材料,通过此实验验证海芋的果实是否有毒,以及哪部分器官有毒。

(3) 任务3:雀鸟取食海芋的拍摄。学生成立雀鸟取食海芋的拍摄小组,制订实验方案,准备高清望远镜和数码相机、塑料袋、伪装网等实验材料,通过耐心观察,找出雀鸟是否会吃海芋的证据。

(4) 任务4:雀鸟进食海芋果实的实验。学生成立雀鸟进食海芋果实的实验小组,制订实验方案,准备鸟、笼子、海芋种子等实验材料,进行实验探究,探究海芋种子是否会被鸟吃掉,以及种子是否被消化。

(5) 任务5:海芋果实种植实验。学生成立海芋果实种植实验小组,制订实验方案,准备海芋种子、花盆、土壤等实验材料,进行实验探究,探究海芋可否用果实种植新幼苗。

(6) 任务 6:活动总结。根据研究过程的收获和发现,共同完成相关的研究作品。

针对上面设计的任务,制定项目活动时间如表 10.4.1 所示。

表 10.4.1 项目活动时间表

阶段	时间	教师活动	学生活动	目标
第一阶段	第 1 周	计划活动以及实验,与学生讨论,指导学生搜集资料,记录学生对活动的想法,并进行分工	建立学生团队,网络、口头交流,搜集资料,明确研究任务、研究方式	提高学生数据整理分析的能力。网络协作交流的能力
第二阶段	第 2 周	制作统计表,指导学生进行海芋数量的调查	学生通过询问老师,实地观察,了解海芋数量,并进行统计分析	培养学生的科学探究精神和严谨的科学态度;提高学生观察记录、统计分析等能力
第三阶段	第 3 周	指导学生进行海芋果实的毒性实验	在老师的指导下,进行实验探究,发现问题,解决问题,并做记录	培养学生动手实践及协作沟通的能力
第四阶段	第 4 周	指导学生进行雀鸟进食海芋果实的实验	在老师的指导下,进行实验探究,发现问题,解决问题,并做记录	培养学生动手实践及协作沟通的能力、分析解决问题的能力
第五阶段	第 5 周	指导学生进行海芋果实种植实验	在老师的指导下,进行实验探究,发现问题,解决问题,并做记录	培养学生动手实践及协作沟通的能力、分析解决问题的能力
第六阶段	第 6 周	老师指导学生完成 VCT 作品	利用信息技术整理加工数据,总结经验,制作研究小报告并写出心得体会;汇总成 VCT 作品	提高学生信息素养、总结归纳能力;让学生学会在反思中创新

(二) 根据任务,设计过程

根据明确的任务和项目计划,制定本项目的实施过程如图 10.4.1 所示。

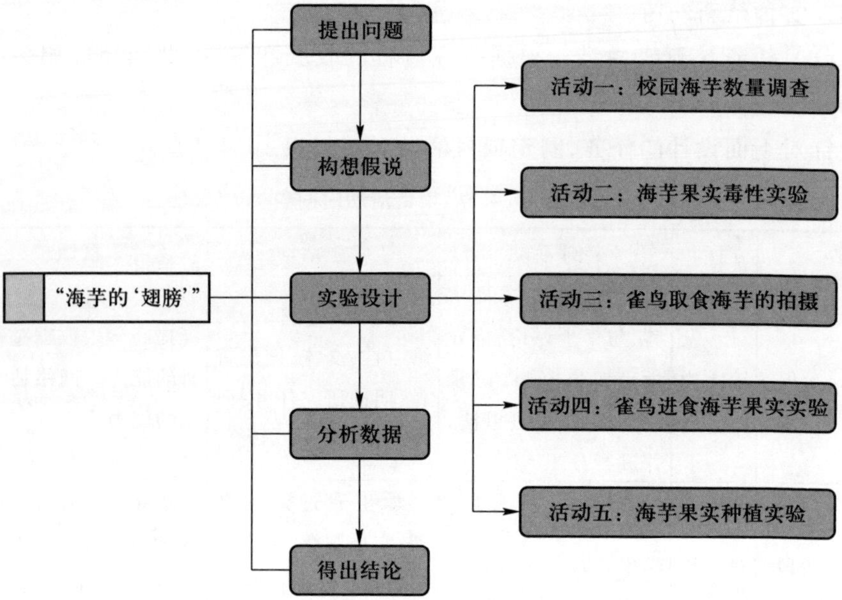

图 10.4.1　"海芋的'翅膀'"项目过程设计图

（三）小组合作学习评价设计

为对每个小组在项目开展过程中的合作情况以及学生自身学习的情况进行评价，设计了如表 10.4.2 和表 10.4.3 所示的自我评价表和小组成员互评表，供每个学生在活动结束后填写。

表 10.4.2　自我评价表

沟通	写出你曾对组员提出的意见
个人学习	写出你分辨重要信息的方法
价值观/态度	写出现阶段以"教育部-微软（中国）'携手助学'项目创新学习作品"的体验或见解

表 10.4.3　小组合作学习评价表

编号	题目	成员 1	成员 2	成员 3	成员 4
1	在大部分时间里他（她）踊跃参与，表现积极				
2	他（她）的意见总是对我很有帮助				
3	他（她）经常鼓励/督促小组其他成员积极参与协作				

续表

编号	题目	成员 1	成员 2	成员 3	成员 4
4	他(她)能够按时完成应该做的那份工作和学习任务				
5	我对他(她)的表现满意				
6	他(她)对小组的贡献突出				
7	如果还有机会我非常愿意与她(他)再分到一组				
8	对他(她)总体上是喜欢的				

三、项目实施

根据以上的项目过程设计图,本项目的具体实施分为以下 5 个阶段:

(一) 第 1 阶段:发现问题,调查海芋数量

1. 发现问题

科学课上,教师带领学生们去校园观赏,科学小组的同学们在一次校园植物调查中惊讶地发现了一个有趣又奇怪的现象:苗圃里、角落里总会长出一些外来的植物,包括墙缝里的小叶榕、灌木丛中夹着的长春花、苗圃里的杂草,尤其是海芋校园处处可见! 于是产生疑问:它们是从哪里来? 它们怎么会长到这里来的? 没有脚也没有翅膀,校园里漂亮的观赏植物,包括海芋到底是怎样大范围传播的? 怕人的野鸟行踪不定,怎样才能找到它传播海芋的证据?

2. 收集数据,调查海芋数量

学生成立海芋数量探究小组,数据收集阶段的主要活动为:

(1) 成立海芋探究小组;

(2) 从校长、花工叔叔中知道原来买下的海芋株数;

(3) 与同学们一起在校园里调查现在学校中的海芋株数;

(4) 上网调查权威资料;

(5) 从老师、家长手上借到需要的工具;

(6) 小组成员参加各种实践,获得各种间接证据。

经过调查,最后知道原来学校买下的海芋居然是两棵。那么校园里面现在究竟有多少海芋呢? 2010 年 6 月 8 日同学们开始了第一次探究,探究目标为进行一次地毯式的海芋数量调查,统计学校有多少棵海芋,弄清分布情况。

结果,学生统计出来的海芋株数相差非常大,如表 10.4.4 所示,最多数到 428 棵,最少为 120 棵,平均数为 260 棵,误差太大了。

表 10.4.4　学生统计海芋数量

观察员	肖梓鹏	陈思文	胡梦霖	万浩然	蔡天恺	刘琛明	王韵雅	郝玎玎	谭晰元	刘缙缙	张桢熙	钟昊宜	余瑞琪
统计数量	245 棵	265 棵	267 棵	203 棵	189 棵	155 棵	120 棵	215 棵	420 棵	361 棵	185 棵	325 棵	428 棵

总结失败经验:应该在调查前拟定周密的计划,这样才会有准确的结果。6 月 10 日开展第二次地毯式搜查,采用新办法:分工合作。分小组、分区域进行,每区域一组,每组两人,取平均数。每组发给记录单,用划正字的办法统计。统计表如表 10.4.5 所示。

表 10.4.5　校园的海芋数量统计表

区域	(区域、组别)	人员	(人员姓名)
统计	(画正字的地方)		
数量	(数据)		

实验结论:学校的海芋数量由开始的 2 棵生长到了现在的 326 棵,另外,海芋的分布范围十分广阔。传播最远的是学校食堂后面小花园里的海芋。这次活动,我们虽然经历过失败,但也品尝了成功的滋味。我们明白了:做任何事情都需要列一个规划,这样才不会让事情变得一团糟。

3. 提出问题

326 棵与学校之前的 2 棵形成了鲜明的对比,这么多海芋怎么传播开来的?

4. 建立假说

教师组织学生进行头脑风暴,大家各抒己见,有人认为是"种子被风吹走",有人认为是"果实被雨打落地上",还有人认为是"种子被鸟吃了排泄到别处"……由于各方意见不能达成统一,因此,教师建议以辩论赛的形式分析各种可能性,部分辩论记录如表 10.4.6 所示。

因此,师生共同确定研究方向:小鸟传播海芋可能性的研究。认为校园海芋是由雀鸟来传播的。

表 10.4.6 辩论赛纪要

各种 可能性	正方： 毛梓旭、林可殷、曹琪茗、梁菁洪	反方： 项雨欣、贺美琳、周开来、刘清杨
鸟	1. 查阅资料海芋可以种子繁殖 2. 花工看过鸟吃果实（内有种子） 3. 成熟的果实看起来又红又甜 4. 海芋在校园到处都有	楼顶没有海芋
出芽分苗	发现有几棵连根的海芋	大部分海芋间隔很远
爆开	子房（内有果实）的皮向外翻卷	果实有点黏并不干燥易爆
风、雨水	果实圆形，方便滚动	果实无蒲公英等容易飘的形状
动物携带	校园常有野猫出现	果实无钩，粘不住动物皮毛
人为	小朋友贪玩摘果实	果实有点黏稠并不好玩
分析	看来主要由小鸟传播海芋的可能性很大	

（二）第 2 阶段：海芋果实毒性实验

1. 建立新的假设

网络资料说海芋是有毒的，小鸟吃了海芋的果实难道不受毒害吗？

2. 制定实施计划

目标：想通过此次实验验证海芋的果实是否有毒，以及哪部分器官有毒。

实验材料：海芋的果实根、茎、叶、福寿螺、量杯（将海芋压成汁之后分别放入其中）、天平、砝码（称量海芋各部分）、钳子、剪刀（把海芋各部分压成汁）。

3. 实施探究过程

（1）将海芋的果实、根、叶茎各部分分割，并用工具压成汁；

（2）将海芋各部分汁液分别放入三个量杯中，按照“海芋果实汁∶池塘水”为 100 毫升∶300 毫升、“海芋根汁∶池塘水”为 100 毫升∶300 毫升、“海芋叶茎汁∶池塘水”为 100 毫升∶300 毫升配制三种液体；

（3）每一个烧杯里分别放一个大小相同、同样生猛的野生福寿螺；

（4）观察福寿螺在水中的反应，并记录不同时刻福寿螺的反应情况。如表 10.4.7 所示。

表 10.4.7　10 分钟后田螺反应

10 分钟后		
根须+池塘水	果实+池塘水	叶茎+池塘水

几分钟后田螺已在里面翩翩起舞，好像这是它的家了。	田螺早早伸出壳来大吃大喝起海芋的果实渣！	自始至终田螺都缩在壳内一动不动，这汁是剧毒？

4. 形成结论

海芋的叶、茎是有毒的，而它成熟后变红的果实是无毒的，小鸟吃了内含种子的果实之后并不会受毒害。

（三）第 3 阶段：雀鸟取食海芋实验

1. 产生新的假设

猜想：小鸟比较爱吃海芋的果实。

2. 制订探究计划

目的：验证雀鸟是否吃海芋，拍摄视频。

实验材料：高清望远镜和数码相机、塑料袋、伪装网、驱蚊水（风油精）、海芋果实与种子。

3. 实施探究过程

（1）头脑风暴，讨论如何有效地观察雀鸟进食海芋的过程；

（2）苦苦思索，屡次实践失败之后，找到了三大法宝：高倍远距离望远镜+数码相机（用数码相机来拍摄和录像，拿到证据，用望远镜能够远距离地观察和拍摄）；塑料袋（把所有成熟的海芋果实用塑料袋包起来，只留下远距离监控的那一株海芋）；伪装网+驱蚊水；

（3）各就各位，耐心等待、观察；

（4）小鸟们耐不住“诱惑”来吃果子。如图 10.4.2、图 10.4.3 所示。

图 10.4.2 红耳鹎吃果实

图 10.4.3 白头鹎吃果实

4. 形成结论

小鸟十分爱吃海芋的果实(种子)。

(四) 第 4 阶段:雀鸟进食海芋实验

1. 产生新的假设

海芋种子会被鸟吃掉,并且种子不会被消化掉。

2. 制定探究计划

目的:由于在野外很难看见小鸟吃海芋果子,也很难发现小鸟的排泄物中的海芋种子,这时,大家想到了毛梓旭家养的小鸟,便用它做了实验。

实验材料:鸟、笼子、海芋种子、杯子、海绵、纸巾、盒子、盘子、木筷子。

3. 实施探究过程

(1) 老师布置任务后,我们来到生态园,找了一棵活的最好的海芋,摘了14 颗种子,带回家;

(2) 将果实放到喂鸟食槽，喂养海芋；

(3) 鸟粪中有海芋的种子，用木筷子把5颗种子挑了出来；

(4) 种植排泄出来的种子：三个杯子，贴上了标签，然后把棉花弄湿了放在一边，又在五颗种子中找了三个完整的，跟棉花一起放了进去。种好在杯子里的海芋种子，其中，一个杯子里的“土壤”是纸巾，一个是海绵，一个是真正的土。

4. 形成结论

小鸟是会吃海芋果实的，海芋种子在通过肠胃的时候，不会被消化，而是和排泄物一起排泄出来。

(五) 第5阶段：海芋果实种植实验

1. 产生新的假设

海芋可以用果实(种子)种植新幼苗。

2. 制定探究计划

目标：成功种植出一株健康的海芋。

实验材料：几颗海芋的种子，一个花盆，一些土壤。

3. 实施探究过程

(1) 从生态园里摘来几颗海芋的果实，把果实和种子分开；

(2) 把种子放进盆子里，放上土壤；

(3) 每天给海芋种子浇水，同时观察，并撰写观察日记，如表10.4.8所示。

表10.4.8 海芋生长记录表

观察时间	生长状态
2008年6月26日	将果实(种子)种下
2008年7月4日	整株高约1厘米。我在阳台的花盆发现了一棵小植物，还以为是杂草，仔细一看是小海芋呢！它尖顶颜色翠绿
2008年7月6日	整株高约1.5厘米。顶上可看出卷叶，较粗，颜色翠绿
2008年7月8日	整株高约2.5厘米。顶上的卷叶渐渐展开颜色翠绿
2008年7月11日	整株高约4厘米。第一片卷叶已经基本展开，有一个小分枝(约0.2~0.4毫米)，小枝颜色淡绿，主杆颜色翠绿
2008年7月15日	整株高约4.5厘米。生长速度变慢，第一片叶子尚未完全展开，小分枝长长了约0.4~0.6毫米，小枝的颜色淡绿主杆颜色翠绿(之后由于我度暑假了，没继续写)
2009年6月8日	整株高约23厘米。有四个分枝，叶子都打开了，不大。最大的叶子直径约11厘米，最小约5厘米

4. 形成结论

海芋可以用果实(种子)培育新幼苗。新发现:通过这次的尝试,发现海芋可以用种子种植,但用花盘栽培没有学校生态园种在泥土里长得快。

(六) 第 6 阶段:制作作品

学生的作品有研究报告、反思日记等,联合国儿基会为项目师生提供了 VCT 模板,教师把所有学生的作品整合在 VCT 中。

四、项目成果与评价

该案例从学生发现的日常生活中的问题:校园的角落里、花圃里到处都是外来植物出发,由此产生了项目主题,经过师生的相互交流和讨论,衍生了几个层次的问题,学生在教师的组织与指导下,以小组协作的方式对“校园里海芋的数量”“海芋是否有毒”“海芋可否用果实种植”等问题进行了实验探究,设置了一系列的探究活动,把知识的学习与真实任务情境进行挂钩,培养了学生对自然科学的浓厚兴趣,增强了学生的动手实践能力、实验操作能力和协作沟通的能力,提高了学生的科学素养。

(一) 项目学习成果

在本项目的实施过程中,深圳市福民小学五年级 4 班的学生完成了观察记录、实验报告、反思日记等作品,完整地记录了学习的过程与收获。部分学习成果展示如图 10.4.4、图 10.4.5、图 10.4.6 所示。

各种可能性	正方 毛梓旭、林可殷、曹琪茗、梁菁洪	反方 项雨欣、贺美琳、周开来、刘清杨
鸟	1.查阅资料海芋可以种子繁殖 2.花工看过鸟吃果实(内有种子) 3.成熟的果实看起来又红又甜 4.海芋在校园到处都有	楼顶没有海芋
出芽分苗	发现有几棵连根的海芋	大部分海芋间隔很远
爆开	子房(内有果实)的皮向外翻卷	果实有点黏并不干燥易爆
风、雨水	果实圆形,方便滚动	果实无蒲公英等容易飘的形状
动物携带	校园常有野猫出现	果实无钩,粘不住动物皮毛
人为	小朋友贪玩摘果实	果实有点黏稠并不好玩
分析	看来主要由小鸟传播海芋的可能性很大。	

图 10.4.4 辩论记录

五项探究实验及结论

活动1. 校园海芋数量的调查
校园非人工繁殖的海芋数量很多，分布很广。

活动2. 海芋果实毒性实验
果实无毒，小鸟吃了之后并不会受毒害

活动3. 雀鸟采食海芋的拍摄
雀鸟非常爱吃成熟的海芋果实。

活动4. 雀鸟进食海芋果实的实验
海芋种子不会给雀鸟肠胃消化掉

活动5. 海芋果实种植实验
海芋可由果实（种子）繁殖幼苗

图 10.4.5　实验结论

海芋的果实是否有毒？

——实验感受

这段时间，我参加了以“教育部—微软（中国）‘携手助学’”这个项目研究学习。在这个项目中，我主要负责的实验为“海芋的果实是否有毒”。在这个实验中，我们也出了点小小的意外，以下便是我的实验感受。

据校医说，海芋有名为“滴水观音”，而它的汁液对人体会产生刺激性。所以，我在压榨海芋叶子的过程当中，我的手不幸过敏了，而其他队员也是与我“同命相怜”啊！我们这几个“千金大小姐”一会就叫起来了。

“啊，我的手好痒！”

“啊，我的手好痛！”

“啊，我的手好辣”

……

这次，“大小姐”的我们破例忍了又忍，终于在压榨完后，陈老师急忙将我们送往校医室抹药。抹药后的十几分钟，我们的手终于慢慢地恢复原样，真是药到病除！

我们的手是好了，但是问题却来了：海芋的汁液对我们人体都有这么大的刺激性，那何况是小鱼、田螺呢？这个实验到底要不要进行下去呢？经过一番激烈的讨论以后，我们还是执意将这个实验进行到底。因为还有一个问题一直回荡在我们的脑海中，为什么小鸟吃了对我们人体有刺激性的果实却不会中毒呢？于是，我们将实验进行下去，但还是放弃了小鱼，选择了福寿螺（因为资料显示福寿螺已在境内泛滥，选择田螺，尊重生命。）。最后，我们在实验中得到了一个满意的答案。

通过这次实验，我们有一时的开心，一时的紧张，还有一时身体的难受。我们还懂得了做什么是都要坚持到底，才能成功。要相信“阳光总在风雨后”。

图 10.4.6　反思日记

（二）小组合作学习评价

表 10.4.9 为深圳市福民小学五年级 4 班某位同学的自我评价表，从表中我们可以看出，该同学对如何更好地进行小组合作学习提出了自己的意见，并分享了自己在此次探究活动中总结出的识别重要信息的方法。表 10.4.10 为深圳市福民小学五年级 4 班某一小组成员的互评表，主要对小组其他成员的表现进行了评价。

表 10.4.9 “海芋的‘翅膀’”自我评价表

沟通	1. 写出你曾对组员提出的意见 (1) 希望组员能够积极参与网络论坛进行讨论 (2) 希望组员能够按时到达指定的位置进行观察、记录
个人学习	2. 写出你分辨重要信息的方法 (1) 上网查阅资料 (2) 与同学、老师讨论 (3) 询问父母,邻居 (4) 翻阅书籍
价值观/态度	3. 写出现阶段以“教育部-微软(中国)‘携手助学’项目创新学习作品”的体现或见解 我觉得这次活动能够提升我们的整理分析的能力、网络协作交流的能力,培养动手实践的能力,还能够培养科学探究精神和严谨的科学态度。这次活动让我们收获很大,我们感到十分开心

表 10.4.10 “海芋的‘翅膀’”小组成员互评表

编号	题目	成员 1	成员 2	成员 3	成员 4
		项雨欣	贺美琳	曹琪茗	林可殷
1	在大部分时间里他(她)踊跃参与,表现积极	优	优	良	良
2	他(她)的意见总是对我很有帮助	良	良	良	良
3	他(她)经常鼓励/督促小组其他成员积极参与协作	优	优	优	优
4	他(她)能够按时完成应该做的那份工作和学习任务	优	优	优	优
5	我对他(她)的表现满意	优	优	优	优
6	他(她)对小组的贡献突出	优	优	优	优
7	如果还有机会我非常愿意与她(他)再分到一组	优	优	优	优
8	对他(她)总体上是喜欢的	优	优	优	优

案例点评:项目教师组织学生发现并提出源于学生身边的问题“校园的海芋从哪里来”,然后组织学生像小科学家一样开展系列实践与探究活动,收集资料与证据,最后形成了完整的证据链条,验证了科学假设。项目驱动问题的提出能够吸引学生的学习热情、学习注意,学习活动层层紧扣,生动有趣,系列活动的开展,大大提升了学生的科学素养,培养了学生的逻辑分析能力、独立

思考能力和批判性思维。

项目获得了2010年“教育部-微软(中国)携手助学项目创新教师大赛”一等奖,并代表中国参加微软在南非开普敦举行的“全球创新教师论坛”,参与全球教师创新教学项目交流展示大会。

第五节　“国际沸点”项目

一、项目简介

“国际沸点”项目是一个国际合作项目,由工程和科学教育促进中心(the Center for Improved Engineering and Science Education,CIESE)发起和管理,每年开展两次,分别在春季和秋季进行。任何地方、任何年龄的学生都可以参与这个项目。在本项目中,学生登录官方网站申请开展水的沸点实验(见图10.5.1),并记录以下实验信息:水沸腾时的温度(沸点)、室温、水的体积、海拔、加热设备等。学生通过分析世界各地项目参与者提交的实验数据,得出实验结论,确定实验中对水的沸点影响最大的因素,从而发现与理解实验背后的科学原理。

图10.5.1　“国际沸点”项目学习网站①

① “国际沸点”项目学习网站[EB/OL].http://ciese.org/curriculum/boilproj,2014-7-28.

二、项目设计

(一) 确定主题,明确任务

世界各地的人们都有煮开水的经历,可能在室内,可能在室外,可能在山上,可能在田野,可能使用不同的加热设备,可能使用不同的容器,这都会导致水的沸点有所不同,但究竟哪个因素对水的沸点影响最大?针对这一问题,来自世界各地的老师和学生们相互合作、共同交流,一起来探寻影响水沸点的最大因素,揭开其神秘面纱。基于该主题学生需要合作完成以下任务:

(1) 任务1:通过观察明确概念。

(2) 任务2:通过实验收集数据。

(3) 任务3:通过作图法分析数据。

(4) 任务4:通过思考撰写并提交项目报告。

针对上面设计的任务,制定项目活动时间如表10.5.1所示。

表10.5.1 项目活动时间表

阶段	时间	教师活动	学生活动	目标
第一阶段	第1~2天	组织学生讨论,指导学生实验	小组讨论交流,进行烧水实验,准备学校的介绍信	探索确定水沸点的方法,培养学生动手实践及协作沟通的能力
第二阶段	第3~5天	准备实验材料,进行实验指导	进行不同条件下水的沸点实验,得出全班实验的平均沸点和平均室温	确定水的沸点,在地图上明确其他参与学校的地理位置,培养学生的动手实践能力、协作沟通的能力、分析解决问题的能力
第三阶段	第6天	指导学生对所有班级提交的数据进行分析	在老师的指导下,通过作图进行数据分析,撰写实验报告与日记	逐一确定实验中的每个因素与水的沸点之间是否有联系,培养学生动手实践能力、协作沟通的能力、分析解决问题的能力
第四阶段	第7天	查看学生提交的实验报告,引导学生讨论	在老师的指导下,进行讨论,将最终的报告提交到项目讨论区,与其他地区的参与者进行分享	探索沸点与海拔之间的关系,培养学生的总结归纳能力,让学生学会在反思中创新

(二)根据任务,设计过程

根据明确的任务和项目计划,制定本项目的实施过程如图 10.5.2 所示。

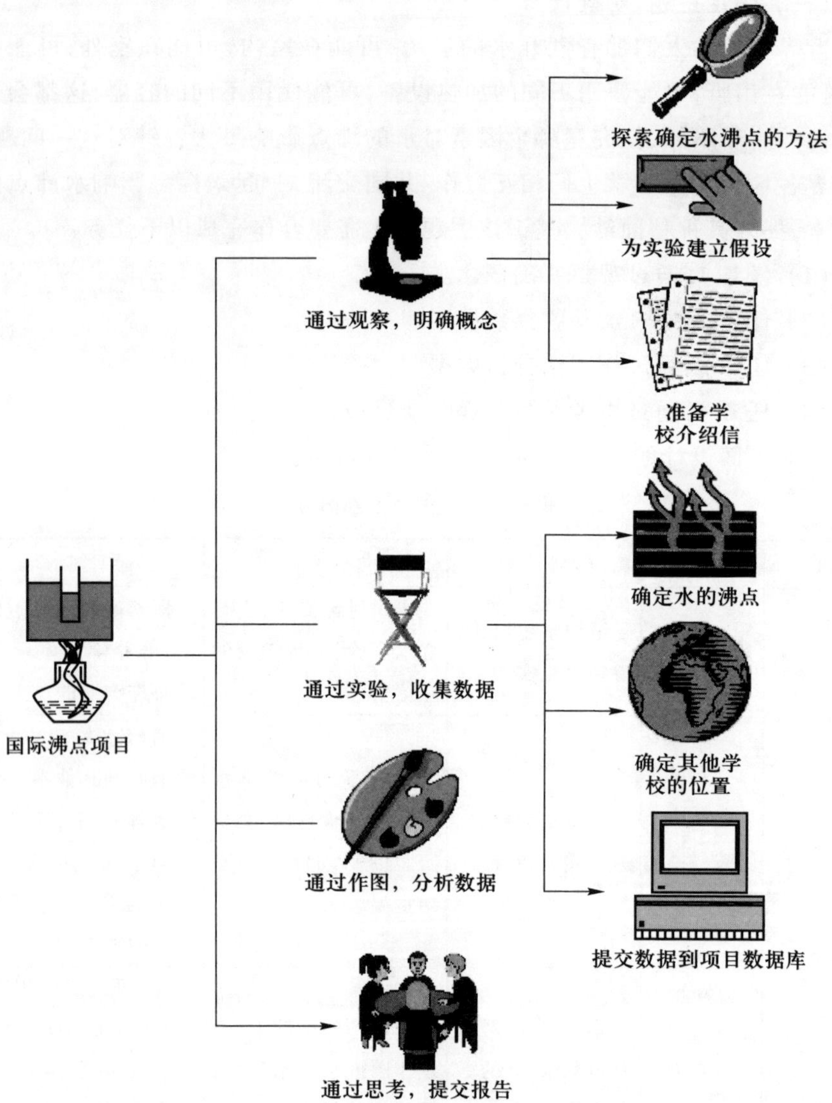

图 10.5.2　“国际沸点”项目过程设计图

三、项目实施

“国际沸点”项目的主要活动可以分 7 天完成,每天 1 个课时(40 分钟)。以下是针对中学生而设计的项目学习活动,对高年级或低年级学生的教学设计可以此为依据进行适当的调整。

(一) 第1阶段——通过观察明确概念(第1至2天)

第1天

学习目标:探索确定水沸点的方法。

(1) 带着问题开展头脑风暴:我们怎么知道水什么时候沸腾了?将学生的说法写在黑板上。

(2) 学生进行分组,开始烧水实验,每隔30秒记录水温,一直到水温至少5分钟保持不变时为止。

(3) 使用画图的方法,让学生以时间为X轴、温度为Y轴画出温度随时间变化的图形。画完后,让学生在图上指出:水在哪一点上开始沸腾。

学生继续认真观察“温度-时间”图,思考:为什么水温会保持稳定。这与水的物理状态有何联系?为什么会有这种联系?将思考的过程与结果写成日记。

第2天

学习目标:确定测量水沸点的方法;为实验建立假设;准备学校的介绍信。

(1) 通过小组合作、咨询专家的办法进一步掌握有关沸点的知识。运用头脑风暴法,给学生10分钟时间讨论之前的观察日志,让学生把观察的结果写在黑板上。如果有必要的话,学生可以向专家发送电子邮件进行咨询“为什么水温会保持稳定?这与沸点有什么联系?”等问题。

(2) 基于问题进行探究,建立实验假设。教师可以向学生提问:有没有想过今天水沸腾时的温度是否和昨天一样?明天也一样吗?在自己家和在其他地方一样吗?用不同的加热设备时也一样吗?让学生通过思考以上问题为实验建立假设:

实验中的哪个因素(水的体积、室温、学校的海拔、加热设备)将对水的沸点产生最大的影响,为什么?换句话说,哪个因素决定了水的沸点?

(3) 准备学校介绍信。让学生着手准备一封叙述所在学校情况的介绍信,内容包括学校信息,学生信息,班级人数,学校的海拔、经度和纬度,并将介绍信提交到项目学习网站上。图10.5.3为学生写的学校介绍信。

(二) 第2阶段——通过实验收集数据(第3至5天)

第3天

学习目标:开展实验,确定水的沸点。

实验材料:容器、蒸馏水(不是自来水或泉水)、摄氏温度计(最小刻度为1℃)、热源(煤气灯、轻便电炉等)。

Letter of Introduction

Posted by Tigerton Middle School on Monday, 23 October 19100, at 11:29 p.m.

Hi to everyone participating in the International Boiling Point Project. For this experiment we are representing Tigerton, Wisconsin. Tigerton is a small town, population 800, in the middle of Wisconsin. Our latitude and longitude is 44.741 N and 89.063 W. Our elevation is 850 feet. Our 8th grade science class consists of 24 students. For this project we are are broken into groups of three or four, all using the same type of materials. Most of us think the boiling point will be affected by elevation and/or the temperature of the surrounding area.

Letter of Introduction

Posted by Mt Hope High Period 2 on Monday, 23 October 19100, at 9:22 a.m.

Dear Students,

As ninth graders or freshman at Mt. Hope High we are very excited and proud in being part of the "International Boiling Point Project". Mt. Hope High School is located in Bristol Rhode Island, Which is the smallest state in the United States of America (USA). The USA is a country in the continent of Noth America. The longitude of where we are is 71.267 West. Our lattitude is 41.677 North. In addition to that our elevation is 23 feet.

This is a new but interesting experience for us. Our hypothesis on this boiling point project is that the lower the air pressure the lower it will take to boil. We are looking forward to hearing from you (the other schools) about if you are excited about tyhis project, your ideas, and of course your hypothesis. This way we get to know a little bit about you. We hope you are as excited about this boiling point project as us and have fun with it.

Sincerely,

Mt. Hope High School Ninth Grade Students

图 10.5.3　学校介绍信

记录实验数据:水的体积、室温、教室的海拔、加热器类型和水的沸点(请参考实验指南)。图 10.5.4、图 10.5.5 为来自不同国家的同学在做水沸点的实验。

图 10.5.4　澳大利亚新南威尔士金斯克里弗高中

图 10.5.5　美国法戈南高中

注意:同一班级的所有学生必须使用相同体积的水和相同的加热器。实验步骤虽然比较简单,但是为了保证数据的精确性,请严格按照实验指南进行实验。因为即使小小的失误，也会导致结果不正确，从而大大影响学生数据分析的结果。实验指南如表 10.5.2 所示。

表 10.5.2 “国际沸点”项目实验指南

步骤	实践操作
1	以班级为单位，使用相同体积的水（250～750 毫升之间的任意值），将水的体积（ml）记录在数据表中。同一班级的所有学生必须使用精确的相同体积的水，不同班级可以使用不同体积的水
2	以班级为单位，使用相同的加热设备，将其记录在数据表上，同一班级的所有学生必须使用相同类型的加热设备，不同班级可以使用不同的加热设备
3	以班级为单位，将所在教室的海拔（m）记录在数据表上，如果可能的话，试着找出所在学校的精确海拔高度（可能在学校的设计图或当地的地图上找到），如果有机会使用 GPS，可以找出所在教室的精确海拔高度，如果不能获得这些信息的话，使用所在城市或城镇的海拔高度
4	校准实验要使用的温度计，在数据表上记录校准值
5	测量室温（℃）并在数据表上作记录，确信数据包含了校准值
6	按班里规定的蒸馏水体积，量出实验用的蒸馏水，倒入容器中
7	将温度计放入水中，水银球高于容器底部几厘米，不要将温度计的水银球接触容器底部，也不要用手握住温度计，可以用夹子夹住温度计或者用橡皮筋将温度计绑在一块放入水中的木块上
8	开始加热
9	继续读温度计，直到读数至少 5 分钟不变为止。在数据表上记录沸点（℃），确信数据包含了校准值
10	考虑到空气条件的不同，在不同的 3 天分别做本试验（最好是连续的 3 天）。请使用相同类型的加热设备和相同体积的水，在数据表上记录每天的室温和沸点
11	确定 3 天的平均室温和平均沸点，将其记录在数据表上
12	根据全班 3 天的数据确定平均沸点和平均室温
13	选定班里的一个人（教师或指定的学生）将班级的结果提交到项目网站上，包括： √班级所用的加热设备 √班级所用的水的体积（ml） √海拔（m） √班级平均室温（℃） √班级平均沸点（℃）

第 4 天

学习目标：确定水的沸点；在地图上明确其他参与学校的地理位置。

（1）第二次做水的沸点实验，画出温度随时间变化的曲线图（见图 10.5.6），记录实验数据。提醒学生必须使用与前一次实验相同体积的水和相同的加热设备开展实验。

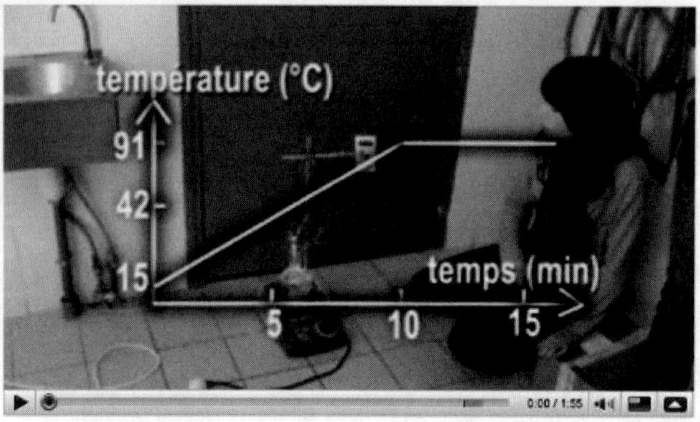

图 10.5.6　海拔 2 860 米时温度随时间变化的曲线图

（2）阅读来自其他参与学校的信息，让学生在地图上指出其位置。

第 5 天

学习目标：确定水的沸点；明确班级的平均沸点和平均室温；将数据提交到项目数据库中。

（1）第三次进行实验，画出温度随时间变化的曲线图，记录实验数据。

注意：学生必须使用与前两次实验相同体积的水和相同的加热设备。

（2）每个小组汇报连续 3 天实验得出的水的平均沸点值，根据汇报数据得出全班的平均沸点和 3 天的平均室温。

（3）将结果提交到项目数据库中，每一个班级只提交一份数据，图 10.5.7 为法国安东尼学院提交的相关数据。

（三）第 3 阶段——通过作图法分析数据

第 6 天

学习目标：查看数据库中所有项目参与班级提交的数据，逐一确定实验中的每个因素（室温、水的体积、学校的海拔、加热器类型）与水的沸点之间的联系。

以小组为单位，学生查看数据库中其他学校提交上来的数据。依次画出水的沸点与每一因素的关系图，找出其联系。确定实验中哪个因素与水的沸点之间的联系最强，撰写实验报告与日记，写明水的沸点与哪些因素有关，并解释原因。图 10.5.8、图 10.5.9、图 10.5.10 为法国安东尼帕尔博科（Perbosc）学院绘制的关系图。

volume of water : 250mL
heat source : hot plate
precision of the thermometer + / - 0,3°C

Class	Room Temperature(°C)	Atmospheric pressure (hPa)	Boiling point (°C)
5°1	22	1005	100,6
5°1	22	1005	99,8
5°1	22	1005	99,7
5°1	22	1005	100,3
5°1	22	1005	100,0
5°1	22	1005	99,5
5°2	20	991	99,5
5°2	20	996	100,0
5°3	24	1000	99,6
5°3	24	1000	100,3
5°3	24	1000	99,8
5°3	24	1000	100,3
5°3	24	1000	100,1
5°3	24	1000	100,1
5°4	21	988	99,9
5°4	21	988	99,3
5°4	21	988	100,1
5°4	22	987	99,9
5°4	22	987	99,7
5°4	22	987	100,5
5°4	22	987	99,3
AVERAGE	22,2	997	99,9

图 10.5.7 法国安东尼帕尔博科学院提交的水的平均沸点和平均室温

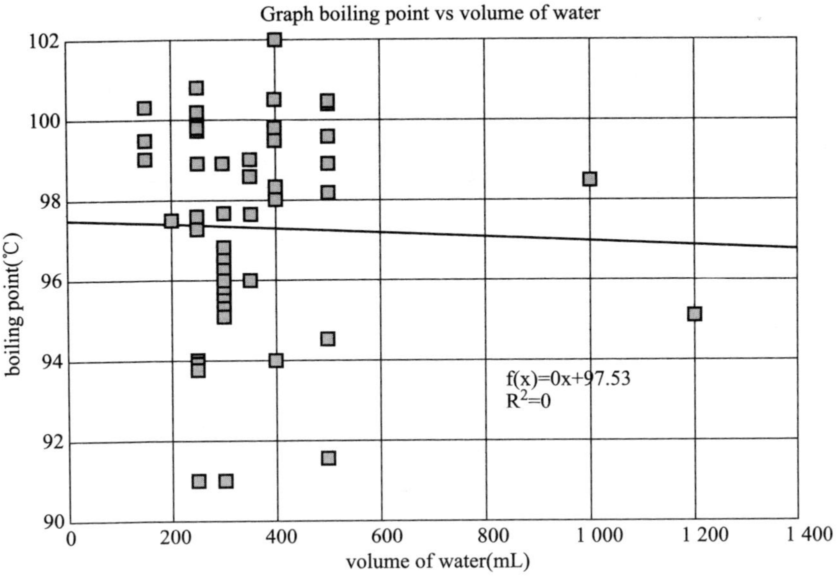

图 10.5.8 水的体积和沸点的关系

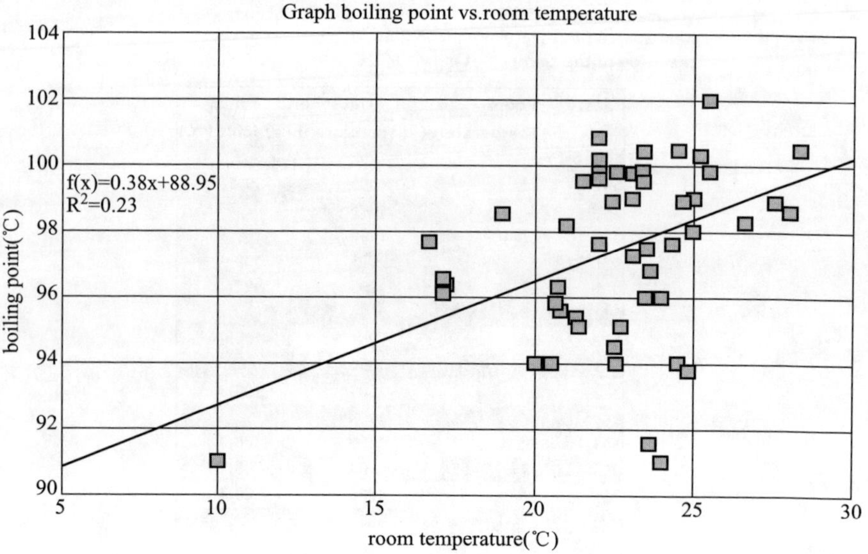

图 10.5.9　室温和沸点的关系

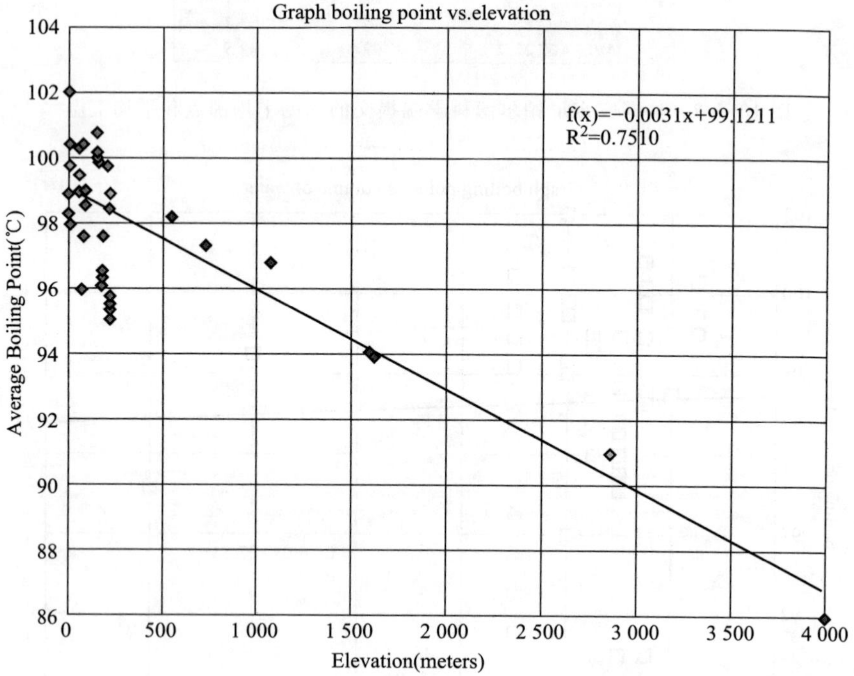

图 10.5.10　海拔和沸点的关系

(四) 第4阶段——通过思考撰写并提交最终报告

第7天

学习目标:探索沸点与海拔之间的关系。

(1) 教师查看学生的家庭作业,可以发现水的沸点和海拔之间的关系。让学生解释它们之间的关系是如何发现的。

(2) 教师引导学生讨论这种现象。学生将最终的报告提交到项目讨论区,与其他地区的参与者进行分享。

(五) 项目成果

在本项目中,通过反复开展水的沸点实验,提高了学生科学的实验探究能力与数据的收集与处理能力。通过本次活动,学生收集了大量实验数据,得出结论,并对实验结果提供了合理的解释,为下一次的实验提出改进建议,最终形成观察日记、实验报告等作品。部分学习成果展示如图10.5.11、图10.5.12所示。

H. H. Poole Middle School - Stafford, Virginia, United States

Final Report -- H. H. Poole Middle School - Virginia (U.S.)

FINAL REPORT
H. H. Poole Middle School Stafford, Virginia, USA

During the Boiling Point Experiment we learned that water doesnt always boil at the advertised temperature of 100 degrees Celsius. Our school had temperatures recorded at 94, 95, and three 93 degrees Celsius class averages. We noticed that temperatures ranged from 82 degrees Celsius at 1370 meters in Iran to 101 degrees Celsius in Wisconsin (U.S.). Schools at higher altitudes tended to have lower boiling points. The school in Bolivia, with an elevation of 4000 meters had a boiling point that was consistently low at 86 Celsius degrees in both trials. When we did our graphs using the Spring 2008 data and data from the previous run, we noted that elevation seemed to affect the boiling point of water more than any other variable. The volume of the water and the room temperature did not seem to have an effect on the boiling point. Interestingly enough, all of the 100 degree readings were obtained by schools that used Bunsen Burners as the experiment heating device, so there is a correlation between type of heating device used and the boiling point temperature. The conclusion that we reached is that the elevation of the school has the strongest correlation to the boiling point of water. If we did this experiment again we'd like to try to standardize the amount of water used, i.e. everyone uses 250 milliliters, and the type of heat source, i.e. everyone uses hot plates by a certain manufacturer. We would also like to standardize the thermometers used, i.e. specific brands, digital or not, etc We enjoyed the experiment and thank you for giving us this opportunity!

Respectfully,
Mrs. Collins' 1st, 2nd, 5th, 6th and 7th Period Science Classes

图10.5.11 2008年美国弗吉尼亚州普尔中学所做的实验报告

Academician Kiril Popov

Plovdiv, Bulgaria

To 13-18 years-old students from The Mathematical Secondary School "Academician Kiril Popov" in Plovdiv conducted the experiment . In the course of three days the students measured the temperature of the Boiling Point .The measurements are showed in charts and tables . There were three groups of student who worked individually and they gathered their results.

We reached these conclusions :

1. The elevation is the factor which shows the strongest correlation to boiling point.

2. Other factors like : room temperature , volume and heating devices do not show much correlation to boiling point.

3. When the water boils there are bubbles which are rising from the bottom of the pot . The pressure is the most important factor which has influence on the bubbles and because of the close bond between the elevation and the pressure the elevation is the most important factor of boiling point.

4. If we pick a location where the elevation is higher than our location we will predict the pressure will be lower and because of that the boiling point will be lower.

图10.5.12 1998年保加利亚基里尔·波波夫中学所做的实验报告

案例点评：项目围绕“水的沸点由什么决定”这一驱动问题展开，项目通过网络组织来自全球不同地区的学生开展从建立假设、收集数据、分析数据、讨论观点到结论形成等活动，让学生体验科学探究的乐趣，并在活动中理解科学研究的基本过程、基本方法、基本操作技能。此外，项目通过网络让学生共享来自世界各地学生收集的实验数据，把对方的差异转化为学习的资源，形成一个“全球化网络课堂”，项目在帮助学生建构科学知识、提升科学素养的同时，培养了学生的全球化视野，提高了他们的批判性思维与协作沟通能力。

参考文献

（按作者姓名音序排列）

[1] Alexander McAuley, Bonnie Stewart, George Siemens and Dave Cormier. The MOOC Model for Digital Practice[EB/OL].http://bit.ly/GWB7hL, 2014-8-25.

[2] Aaron Sams.Classroom Management and the Flipped Class[EB/OL].http://www.edutopia.org/blog/classroom-management-and-flipped-class-jon-bergmann,2014-6-20.

[3] Amanda Ronan. 10 Free Resources for Flipping Your Classroom | Edudemic [EB/OL].http://www.edudemic.com/10-resources-for-flipped-classroom. 2015-4-26.

[4] Barkley,E.F.,Cross,K.P.,and Major,C.H..Collaborative Learning Techniques [M].San Francisco,CA:Jossey-Bass,2005-4-26.

[5] Britannica white paper series. Five Ways to Support Flipped Classrooms. [EB/OL].http://info.eb.com/wp-content/uploads/2013/09/FlippingWhite-Paper.pdf,2014-9-20.

[6] Centre for Teaching Excellence,University of Waterloo.Online activities and assessment for the flipped classroom [EB/OL].https://uwaterloo.ca/centre-for-teaching-excellence/teaching-resources/teaching-tips/lecturing-and-presenting/delivery/online-activities-and-assessment-flipped-classroom,2014-9-20.

[7] Daniel Light,Elizabeth Pierson.Increasing Student Engagement in Math The Use of Khan Academy in Chilean Classrooms[J].International Journal of Education and Development using Information and Communication Technology (IJEDICT),2014,Vol.10,Issue 2,pp.103-119.

[8] Downes.Access 20ER: The CCK08 Solution [DB/OL]. http://halfanhour.blogspot.com/2009/02/access2oer-cck08-solution.html,2013-7-28.

[9] Flipped Classroom Field Guide [DB/OL].http://www.cvm.umn.edu/facstaff/prod/groups/cvm/@pub/@cvm/@facstaff/documents/content/cvm_content_454476.pdf,2014-5-20.

[10] Horizon Report:2015 Higher Education Edition[EB/OL].http://horizon.wiki. nmc. org/? responseToken = 096102f3e7fad4fe217693c1f5857c12c,2015-1-20.

[11] Inge de Waard.MOOC Guide[DB/OL].http://bit.ly/GT7a0M,2014-9-30.

[12] JiTTDL.What is JiTT? [EB/OL].http://jittdl.physics.iupui.edu/jitt/what.html,2013-5-20.

[13] Johnson,L.,Adams,S.,& Cummins,M.(2012).The NMC horizon report:2012 higher education edition.Austin,Texas:The New Media Consortium,Retrieved May 9,2012,from http://net. educause. edu/ir/library/pdf/HR2012.pdf.

[14] Jonathan Bergmann,Aaron Sams?.Flip Your Classroom:Reach Every Student in Every Class Every Day[M].International Society for Technology in Education,2012.

[15] Kelly Walsh.8 Great Free Flipped Classroom Resources[EB/OL].http://www. flippedclassroomworkshop. com/8 - great- free- flipped- teaching- resources,2014-7-30.

[16] Logan D,Caldwell F.Knowledge Mapping Five Key Dimensions to Cansider[J].Gartner Group,2000.

[17] Markham,Thom et al.Project Based Learning Handbook[M].Buck Institute for Education,2003.

[18] Maureen J.Lage,Glenn J.Platt,Michael Treglia.Inverting the Class-room:A Gateway to Creating an Inclusive Learning Environment [J].The Journal of Economic Education,2000,(1):30-43.

[19] McKeachie, William and Marilla Svinicki (eds.). McKeachie ' s Teaching Tips:Strategies, Research, and Theory for College and University Teachers[M].MA:Wadsworth Publishing Co Inc,2006.

[20] Meris Stansbury.A First-hand Look inside a Flipped Classroom[EB/OL].http://www. eschoolnews. com/2012/02/09/a- first-hand-look-inside-a-flipped-classroom/3,2012-9-20.

[21] NWEA.MAP to Khan Academy Khan Academy Practice Exercises Correlated to RIT for Common Core Math MAP for Grades 2-5[EB/OL].https://support.nwea.org/sites/www.nwea.org/files/resources/Khan%20PDF%202-5%20July%202014_0.pdf,2014-8-25.

[22] Project- Based Learning vs. Problem- Based Learning vs. X- BL [EB/OL]. http://www.edutopia.org/blog/pbl-vs-pbl-vs-xbl-john-larmer,2014-8-25.

[23] Ramsey Musallam.Explore-Flip-Apply Introduction [EB/OL]. http://flip-teaching.com/explore-flip-apply-introduction,2014-9-15.

[24] Ramsey Musallam. Should You Flip Your Classroom? [EB/OL]. http://www.edutopia.org/blog/flipped-classroom-ramsey-musallam,2011-5-20.

[25] Robert Talbert. Inverting the Linear Algebra Classroom [DB/OL]. http://prezi.com/dz0rbkpy6tam/inverting-the-linear-algebra-classroom,2011-5-20.

[26] Rochester Institute of Techonology. Models & Infographics | Teaching & Learning Services | RIT [EB/OL]. http://www.rit.edu/academicaffairs/tls/course-design/flipped-classroom/models-infographics,2014-7-29.

[27] Sawyer,R.K.The Cambridge Handbook of the Learning Sciences[M].New York:Cambridge University Press,2006.

[28] Skirpan M,Yeh T.Beyond the Flipped Classroom:Learning by Doing Through Challenges and Hack-a-thons[C].Proceedings of the 46th ACM Technical Symposium on Computer Science Education.ACM,2015:212-217.

[29] Solomon,G.Project-Based Learning:a Primer[J].Technology & Learning, January 2003:20-30.

[30] The Flipped Classroom Field Guide [EB/OL].http://www.cvm.umn.edu/facstaff/prod/groups/cvm/@ pub/@ cvm/@ facstaff/documents/content/cvm_content_454476.pdf,2014-9-25.

[31] Bill Tucker.The Flipped Classroom:Online Instruction at Home Frees Class for Learning,Education [EB/OL].http://educationnext.org/files/ednext_20121_BTucker.pdf,2012-7-25.

[32] Vail III Edmond F.Knowledgempping:getting started with knowledge management[J].Information Systems Management,1999,16(4):16-23.

[33] Wikipedia, Project-based Learning [EB/OL]. https://en.wikipedia.org/wiki/Project-based_learning,2014-6-20.

[34] A.J.哈罗,E.J.辛普林.教育目标分类学·第三分册:动作技能领域[M].上海:华东师大出版社,1989.

[35] D.R.克拉斯沃尔,B.S.布卢姆等.教育目标分类学·第二分册:情感领域[M].上海:华东师大出版社,1989.

[36] (美)巴巴拉.西尔斯,丽塔.里齐.教学技术:领域的定义和范畴[M].北

京:中央广播电视大学出版社,1999.

[37] 陈强.基于知识地图的知识管理应用研究[J].广东教育学院学报,2006,(5).

[38] 陈婷.基于微课程支撑下的高中美术翻转课堂教学策略研究[D].桂林:广西师范大学,2014.

[39] 程姗姗.基于BLOG的学习策略研究[D].南昌:江西师范大学,2007.

[40] 程艳静.基于Moodle的翻转课堂在《Photoshop CS3图形图像处理》中的实践研究[D].呼和浩特:内蒙古师范大学,2014.

[41] 迟艳杰.教学论[M].北京:高等教育出版社,2009.

[42] 邓三鸿.知识地图的构建与使用[D].南京:南京大学,2003.

[43] 方圆媛.翻转课堂在线支持环境研究——以可汗学院在线平台为例[J].远程教育杂志,2014,06.

[44] 郭爱红.探究式实验教学培养学生创新能力的研究[D].昆明:云南师范大学,2007.

[45] 何克抗,郑永柏,谢幼如.教学系统设计[M].北京:北京师范大学出版社,2002.

[46] 何克抗.建构主义—革新传统教学的理论基础[J].电化教育研究,1997,(4).

[47] 胡铁生."微课":区域教育信息资源发展的新趋势[J].电化教育研究,2011,10.

[48] 黄荣怀.计算机支持的协作学习——理论与方法[M].北京:人民教育出版社,2003.

[49] 柯清超.混合学习的评价方法——以中小学教师教育技术能力培训课程为例[J].中国电化教育.2008(8).

[50] 黎加厚.信息技术课程改革与实践[Z].http://www.ictedu.cn/bbs2008/sf_upload/sf_20041218105318.rar,2014-5-15.

[51] 李克东.新编现代教育技术基础[M].上海:华东师范大学出版社,2002.

[52] 李曼丽.MOOCs的特征及其教学设计原理探析[J].清华大学教育研究,2013,34(4).

[53] 刘珂.课堂教学中的设问应有度[J].中国政治教学参考,1997,(09).

[54] 刘延申.美国高等师范教育改革简述[J].教育研究,2001,(10).

[55] 马明山,乔丹丹.汪向征.公众视野中的可汗学院课程评价及其启示[J].中国电化教育,2014,(1).

[56] 马伟豪.小学数学翻转课堂的实践与思考[J].中小学信息技术教育，2014,(7).

[57] 萨尔曼·可汗(Salman Khan).翻转课堂的可汗学院[M].浙江:浙江人民出版社,2014.

[58] 施良方,崔允漷.教学理论:课堂教学的原理、策略与研究[M].上海:华东师范大学出版社,1999:152.

[59] 宋艳玲,孟昭鹏,闫雅娟.从认知负荷视角探究翻转课堂——兼及翻转课堂的典型模式分析[J].远程教育杂志,2014,(01).

[60] 王策三.教学论稿[M].北京:人民教育出版社,2005.

[61] 王陆,杨卉.合作学习中的小组结构与活动设计研究[J].电化教育研究,2003,(8).

[62] 王荣.基于知识地图的高中信息科技系列微课程的设计与应用[D].上海:华东师范大学出版社,2014.

[63] 王颖,张金磊,张宝辉.大规模网络开放课程(MOOC)典型项目特征分析及启示[J].远程教育杂志,2013,(04).

[64] 王永华.美国 Coursera、Udacity 和 edX 三大 MOOCs 网络教学平台的分析与比较[J].吉林省教育学院学报,2015,(02).

[65] 魏忠英.项目学习的评价研究[D].广州:华南师范大学,2011.

[66] 杨刚,徐晓东.基于在线项目的科学教育理念、模式及其启示——以美国 CIESE 的学习环境为例[J].中国电化教育,2010,(9).

[67] 杨九俊.教学评价方法与设计[M].北京:教育科学出版社,2004.

[68] 杨开城.网络时代的教学设计理论发展应关注的几个问题[J].现代教育技术,2002,(1).

[69] 杨开城.学生模型与学习活动的设计[J].中国电化教育,2002,(12).

[70] 尹睿.中小学基于专题的网络协作学习活动的设计[D].广州:华南师范大学,2005.

[71] 张金磊,王颖,张宝辉.翻转课堂教学模式研究[J].远程教育杂志,2012,(04).

[72] 张晓娜,柯清超.PBL 网络学习社区的设计研究——以“特酷”项目学习社区为例[J].中小学电教,2010,(7).

[73] 张晓娜.项目学习中学习支架的设计研究[D].广州:华南师范大学,2011.

[74] 张渝江.翻转课堂变革[J].中国信息技术教育,2012,(10).

[75] 章学梅.基于项目的学习:VCT 设计模板与案例研究[J].电化教育研究,2009,(3).

[76] 赵祥麟,王承绪编译.杜威教育论著选[M].上海:华东师范大学出版社,1981.

[77] 郑大伟.基于项目的远程协作学习研究[J].电化教育研究,2010,(6).

[78] 郑艳敏.国内外翻转课堂教学实践案例分析[J].中小学信息技术教育,2014,02.

[79] 知行网.个别化学习教学组织形式特点概述[EB/OL].http://www.zhixing123.cn/lilun/21746.html,2011-12-25.

[80] 中国教师报教育家成长工程办公室.中小学梯次发展策划研究院—重庆市聚奎中学[EB/OL].http://www.tcfzch.com/doc_detail.php?id=1147,2013-11-20.

[81] 钟晓流,宋述强,焦丽珍.信息化环境中基于翻转课堂理念的教学设计研究[J].开放教育研究,2013,(2).

[82] 朱宏洁,朱赟.翻转课堂及其有效实施策略刍议[J].电化教育研究,2013,(08).

[83] 庄善洁.从情报学角度谈知识地图的应用[J].现代情报,2005,(8).

索　　引

（页码为词条首次出现时页码）